POURQUOI LA TORTURE ?

DANS LA MÊME COLLECTION

BOURGEOIS-GIRONDE S. et DIMIER D., *Comment l'argent vient à l'esprit*, 2009, 144 pages.

SPITZ J.-F., *Abolir le hasard ? Responsabilité individuelle et justice sociale*, 2008, 384 pages.

PHILOSOPHIE CONCRÈTE

Directeur : Jean-Baptiste RAUZY

POURQUOI LA TORTURE ?

par

Serge PORTELLI

PARIS

LIBRAIRIE PHILOSOPHIQUE J. VRIN

6, Place de la Sorbonne V[e]

2011

ISSN 1961-2648
ISBN 978-2-7116-2325-9

www.vrin.fr

INTRODUCTION

La torture, capitalisation des effets de la violence extrême, instrument redoutable d'asservissement

Comment la torture est-elle née ? Émettons l'hypothèse que, fille de la violence et de la peur, elle fut une invention progressive. Et qu'elle le reste.

Il suffit d'observer les effets d'une agression, de regarder la transformation considérable de la victime. La violence engendre souffrance, peur, humiliation. Plus elle est forte, longue, dirigée, plus ses effets s'exacerbent, emportant la victime, mais aussi l'agresseur, dans un monde différent de la seule souffrance.

La torture est la systématisation de ce processus : elle n'est pas qu'un acte violent, elle est sa conceptualisation en tant qu'arme. Elle est à la fois l'application d'une violence extrême et la volonté d'en distiller les effets dans le temps. On ne peut la réduire à un mécanisme cruel : la cruauté sadique peut se retrouver chez un « simple » criminel qui ajoutera à son acte tous les raffinements de son imagination ou sera entraîné par les délires de sa folie. Ce qui caractérise la torture, c'est le but poursuivi, la capitalisation de ses effets, l'intention d'en faire une force, un levier, d'aller chercher froidement, méthodiquement, tout ce qui se trouve au-delà de la douleur, d'en rechercher délibérément les conséquences perverses jusqu'à ce que soit atteint ce point de l'être qui le modifie. La torture est très exactement l'inverse de la médecine qui cherche tous les moyens pour calmer, faire disparaître la souffrance et retrouver le bien-être.

La torture doit son succès aux formidables pouvoirs qu'elle donne, transformant l'homme en un simple objet soumis aux volontés et aux caprices morbides d'un autre homme. Terroriser la victime, ses proches, ceux qui lui ressemblent ou qui seraient tentés de la suivre. Abaisser, humilier, asservir, ôter toute dignité pour réduire à merci. Contraindre la volonté : obliger à dire ce qu'on voulait cacher, à accomplir ce qu'on s'interdisait. On comprend qu'une fois découverte et adoptée, la torture soit entrée au panthéon des institutions, qu'elle ait fait florès pendant tant de siècles et qu'on la retrouve dans toutes les civilisations. Son seul ennemi est la dignité de l'homme dont les partisans s'interdisent absolument de telles méthodes : handicap sérieux, lutte *a priori* inégale qui explique le très long cheminement d'une condamnation jamais achevée.

Le débat relancé, le silence complice

Il fut un temps, assez proche, où écrire sur la torture était, peu ou prou, une façon de protester contre elle ou de la conjurer. Ce temps n'est plus. Face à elle, l'unanimité a disparu, à supposer qu'elle existât un jour. La torture n'a jamais cessé. Mais sa défense, voire sa promotion, n'est plus honteuse. Ses adeptes reprennent la parole. Un peu partout dans le monde, aux États-Unis plus ouvertement qu'ailleurs. Le débat est posé : la torture n'aurait-elle pas, tout compte fait, une certaine utilité ? Ne pourrait-on pas, dans certains cas, y recourir ? N'y aurait-il pas quelques exceptions à l'interdit (quand il est posé) ? Les démagogues et les dictateurs s'engouffrent dans la brèche. Les opinions publiques, ébranlées, hésitent. Raison suffisante pour reprendre la parole. Car si certains esprits se laissent séduire, des corps, eux, continuent de souffrir atrocement, dans le monde entier. Il faut donc reprendre, dans ses fondements, ce discours que l'on croyait acquis. La torture a de multiples complices. Les plus fidèles d'entre eux s'appellent le silence et l'oubli, dans les abîmes duquel s'endorment les consciences et se glissent les bourreaux. Oublions le « devoir de mémoire » tellement associé à l'hypocrisie des cérémonies, des discours de circonstance et des breloques inutiles. La mémoire est l'outil du présent. Elle permet de le lire, de rattacher les abominations inexplicables d'une actualité livrée en vrac, à toutes les traces d'un passé honteux, tu ou falsifié.

La torture et le sacré

Dans l'échelle de l'horreur, la torture vient après d'autres crimes contre l'humanité que le XXe siècle a minutieusement inventés, planifiés, mis en œuvre. Mais elle tutoie le pire du pire car elle s'attaque, elle aussi, à l'essence de l'homme. Il y a, chez le tortionnaire, qui s'arroge le droit de vie ou de mort, mort programmée ou risquée, une recherche étonnamment fine d'un au-delà du supportable, de l'exprimable. La torture a conduit beaucoup de victimes dans des contrées dont, quand la mort les a épargnées, elles peuvent difficilement revenir et que les mots ordinaires peinent à décrire. Ce cap de douleur, cette intensité exceptionnelle et indicible de souffrance les ont fait basculer dans un au-delà de l'humanité connue. Mais le regard du tortionnaire, son intentionnalité, les a surtout entraînés dans un en deçà. En arrachant à la victime sa dignité, le bourreau a tenté d'emporter, dans un pic de douleur, son principal signe distinctif. Tout ce qui, peu à peu, l'avait fait accéder à la conscience de sa singularité. La possibilité d'un lien entre les hommes, la reconnaissance mutuelle de valeurs communes, la confiance partagée entre membres d'une même espèce. Tout ceci est parti en lambeaux au fil des coups, des humiliations, des atrocités, des mutilations.

Le tortionnaire réduit peu à peu sa victime à sa simple enveloppe charnelle. Il vise l'âme, il attaque en l'homme la marque de dieu. La torture est en avant tout une traque sadique et morbide du sacré. En tentant d'éteindre cette flamme-là, le bourreau abaisse non seulement sa victime, mais l'ensemble de l'humanité. Car tous les hommes sont solidaires de cette souffrance qui les atteint dans la part symbolique de l'humanité, dans une valeur que nous partageons tous et qui nous constitue. En acceptant la torture, les hommes s'associent à cette dégradation. Leur silence ou leur acceptation tacite les ravalent tous à l'état de bête.

L'entreprise blasphématoire

Pensée, préméditée, la torture est un blasphème permanent. Chaque coup, chaque dégradation, chaque humiliation est une injure sacrilège. Au-delà de l'instant du mal, et de la formulation momentanée, il y a son organisation. Le tortionnaire, même s'il n'en pas conscience, s'inscrit dans une histoire qui le dépasse et le précède. Il n'est qu'en partie – parfois très peu, parfois totalement – l'expression d'une violence personnelle blasphématoire. Le combat qu'il mène contre la part sacrée de l'homme est l'actualisation d'un vieux projet, d'une longue obstination à s'attaquer à son essence. La forme qu'elle prend, selon les âges, les lieux, les circonstances, n'a de variété que l'apparence. On peut la regarder comme une sorte de folklore du mal, où les hommes, selon leurs coutumes et leur imagination, ont à chaque fois mis tout ce qu'ils pouvaient de leur hargne, de leur désir et de leur force à se détruire eux-mêmes, en croyant peut-être inventer une nouvelle arme, un nouveau procédé. La difficulté à mettre bout à bout dans l'histoire de l'humanité, ou d'un continent à l'autre, d'une civilisation à l'autre, les manifestations de la torture, fait que l'entreprise tortionnaire n'apparaît jamais dans son ensemble. Il ne s'agit pas de fantasmer sur une sorte de coalition internationale de la torture, un complot obscur traversant les âges dont les membres se recruteraient dans le secret en se transmettant des formules kabbalistiques. Mais de trouver le lien entre tous ces êtres qui s'ignorent et se ressemblent pourtant, qui perpétuent sans le comprendre une lutte gigantesque contre l'homme, qui peuvent, au même moment, dans des prisons différentes, dans des langues différentes, sacrifier aux mêmes rites, accomplir les mêmes gestes sans avoir jamais l'idée qu'ils participent du même dessein.

Une constante humaine

Si l'entreprise est énorme, son fonctionnement est banal. Il y a dans ce phénomène une permanence désolante qui traverse les siècles, réunit les cultures et atteint tout type d'individus. Mêmes mécanismes, mêmes ressorts, mêmes justifications et, en définitive, mêmes manifestations, si l'on met de coté les innovations dues aux inévitables adaptations de l'horreur à la science. Comment expliquer cette rémanence? Est-elle si profondément ancrée dans l'humanité qu'elle resurgisse spontanément dès que les circonstances le permettent? Toute organisation sociale, tout système politique conduit-il nécessairement un jour ou l'autre à la torture? N'importe qui peut-il dès lors devenir tortionnaire comme le fonctionnaire ordinaire d'une quelconque administration? Quelle est la part de l'individu ? Quelle est la part de la structure sociale ? Comment situer les responsabilités ?

On ne peut pas parler de la torture comme d'une simple séquelle de l'histoire, la tenir pour une aberration momentanée d'un droit primaire ou d'une justice balbutiante sur la route d'un progrès inévitable. Même à ce titre, elle mériterait d'ailleurs qu'on s'y arrête. Quand une institution a, pendant si longtemps, fait partie du paysage quotidien, quand elle s'est si constamment glissée dans les codes, les lois et les coutumes, la trace s'en retrouve toujours plusieurs siècles plus tard. La mémoire collective évolue lentement. L'ampleur actuelle du phénomène interdit de toutes façons de se réfugier dans cette reposante perspective historique où la torture apparaîtrait dans un chapelet d'erreurs épisodiques et regrettables. Beccaria écrivait « c'est une cruauté consacrée par l'usage dans la plupart des nations que de soumettre l'accusé à la torture »[1]. Changeons « accusé » par « homme » et nous serons au XXIe siècle.

Il serait d'ailleurs tout aussi prématuré de croire à une aggravation de la situation, trompé par l'accroissement des instruments d'observations et la multiplication des alertes d'un monde plus attentif, plus judiciarisé et moins indifférent. Il serait plus honnête d'admettre que la torture est une constante humaine, une manifestation permanente du mal qui ronge l'homme et le tourne toujours contre lui-même. Elle a toujours existé et existera toujours. Ce qui peut varier, c'est la résistance de la société, les instruments qu'elle se donne pour la combattre et la faire reculer. Officialisée, au grand jour, ou bien clandestine, la torture sera toujours là, tapie, prête à surgir et à s'étendre. Les cages de torture de la dictature chilienne ressemblent étonnamment à celles de Louis XI. Les tortures de l'armée américaine ont eu lieu, en Irak, dans la même prison où Sadam Hussein avait fait supplicier ses opposants.

L'entrée dans la clandestinité : de la loi au crime

Nous acceptons de voir progressivement la taille de la bête et ses immenses tentacules : notre regard s'est modifié mais il est encore

1. Cesare Beccaria, *Des délits et des peines* (1764), Paris, Flammarion, 1991, p. 95.

loin d'avoir tout exploré. La torture a changé de forme : elle n'est plus une institution. Elle est passée du code de procédure au code pénal. Elle est restée dans la loi mais a été dégradée. Pendant des siècles, des législations l'ont mise en œuvre et réglementée avec une minutie étonnante. Puis, à compter du XVIIIe siècle, un grand mouvement abolitionniste l'a supprimée progressivement, la faisant entrer dans une apparente clandestinité. Elle est passée d'un coup de l'autre côté de la barre : le tortionnaire n'est plus un juge, il est – selon la loi – un criminel. Beaucoup d'États se sont ralliés à la nouvelle règle. Mais bien d'autres sont devenus délinquants, pratiquant, à l'abri des regards ou en sous-main, parfois même sans beaucoup se cacher, ces méthodes barbares niées devant l'opinion publique nationale ou internationale. Combattre la torture a cessé d'être un combat normatif : sur les principes, tout est dit. Le combat a changé de forme. Il s'agit de rechercher activement la réalité de la torture tapie dans l'ombre, en ne se limitant plus aux déclarations officielles. Cette recherche nécessite des instruments performants puisque les contrevenants sont les États eux-mêmes : pourquoi l'État délinquant irait-il rechercher sa propre responsabilité ? Les conventions internationales ont créé d'ailleurs des instruments nouveaux : elles ont créé des « comités contre la torture » aptes à mener de véritables enquêtes. Ils ont la charge de surveiller les pratiques étatiques avec les limites que l'on imagine aisément. De nombreuses autres instances ont vu le jour au XXe siècle sous forme essentiellement d'organisations non gouvernementales : Amnesty International par exemple. La justice tente de jouer son rôle mais la tâche est rude ; le petit juge national peine à enquêter sur les agissements d'un pouvoir clandestin qui intimide les survivants ou les témoins. Nombre de journalistes essaient d'en savoir plus qui le paient souvent de leur vie. Des juridictions internationales ont vu le jour mais leur compétence est des plus limitées et elles dépendent encore étroitement des États qui ont largement bridé leur procédure et leurs initiatives.

L'alliance des deux dérives, celle de l'homme et celle de l'État

Notre regard sur la torture a changé, celui que nous portons sur les hommes qui la pratiquent ou l'ordonnent aussi. Finis les bourreaux émargeant au budget de l'État, ils sont désormais les « tortionnaires ». Plus de métier, plus de statut ni d'habit. Leurs actes sont ceux d'un criminel et questionnés comme tels. Pourquoi, comment un individu peut-il descendre à ce point de barbarie? Que s'est-il passé dans son histoire qui puisse l'expliquer? Quels instincts, quelles pulsions l'ont poussé? Peut-on parler de pathologie?

Plus déroutant est le questionnement sur l'État. Comment appréhender une responsabilité collective, une organisation politique? Où situer les responsabilités? À quel niveau? Suffit-il de s'en prendre aux gouvernants qui ont toléré, encouragé ou organisé? L'exécutant peut-il échapper aux poursuites? Si le Chili compte environ 100.000 victimes de la torture, combien y a-t-il eu de tortionnaires? N'étaient-ils qu'un rouage? Si les victimes de la torture au Cambodge se comptent par centaines de milliers, combien de bourreaux? Au nom de qui, au nom de quoi agissaient-ils?

La torture, élaboration collective

La mondialisation de la torture et sa pratique à très grande échelle nous renvoient, plus encore que son ancien statut légal, à la vraie question de fond: rechercher le pourquoi de la torture nécessite de casser les schémas classiques, les simplifications artificielles, les rôles distribués une fois pour toutes, avec d'un côté le bon, la victime, de l'autre le méchant, le tortionnaire, et ailleurs, la foule immense de ceux qui ne sont pas concernés et, pour tout dire, s'en moquent. La réalité est douloureusement plus complexe et sournoise. Il n'y a pas seulement l'auteur et sa victime. Il y a l'immense peuple de ceux qui se taisent et laissent faire, en parfaite connaissance de cause, en oubliant, en fermant les yeux, en changeant de conversation. Il y a, dans notre culture, au cinéma et surtout à la télévision, cette banalisation de la torture qui prolifère dans de multiples fictions et séries et fabrique lentement l'image du tortionnaire au bon cœur et à la « juste » cause, un habit de héros évidemment réutilisable. Il y a cette désignation collective de la victime potentielle, jamais choisie au hasard, mais au sein d'une catégorie de population honnie, humiliée, stigmatisée puis sacrifiée. La torture prend sa source là où elle ne se pratique pas: dans les mentalités collectives. Dans l'adhésion progressive du groupe à une discrimination de plus en plus tranchée, grosse de toutes les violences. Elle se fabrique lentement, au fil du temps, au rythme insensible des lâchetés, des abandons, des approximations sur les libertés.

La torture en chacun de nous

Fabrication collective, la torture est aussi une production individuelle. Inutile de chercher la torture trop loin. Elle est en nous et pas seulement dans l'alibi facile d'une organisation sociale, d'une histoire lointaine, d'un pays éloigné, d'une idéologie honnie. Elle est en nous, ce qui signifie qu'elle peut être là demain ou tout à l'heure. Elle est, à l'état latent, présente en chacun de nous, prête à s'exprimer, signant un retour à l'état primaire de l'humanité, exprimant une violence fondamentale jusque là officiellement régulée. Elle est en moi. Juge, je suis l'héritier de siècles de magistrats qui ont ordonné la question sans état d'âme. Je suis de ceux qui sont chargés de garantir les libertés dans un pays condamné trois fois par la cour européenne des droits de l'homme ces dix dernières années pour des tortures commises en garde à vue. Je suis de ceux qui sentent encore en eux monter la colère devant le mensonge supposé de l'accusé. Et qui me bat contre elle pour que les autres se battent aussi.

La torture, mal absolu

Ce livre n'est pas un argumentaire, mais un questionnement sur la torture. Il n'est pas une discussion sur l'utilité ou l'inutilité de la torture. Il ne s'agit pas de d'exposer le pour et le contre, les avantages et les inconvénients. Peut-être d'ailleurs la torture est-elle utile. Beaucoup le soutiennent encore aujourd'hui, après des siècles de justifications de toutes sortes. Toute discussion de ce type est vaine. Personne ne débat du bon ou du mauvais usage du cancer. Chacun en convient : c'est une maladie contre laquelle le monde entier se mobilise. Mais lutter contre elle suppose qu'on en connaisse l'histoire, les causes, les symptômes, les traitements possibles…

La torture, comme le cancer, est un mal absolu. Ce qui est au cœur de son dessein ce n'est pas d'infliger des blessures maximales, des douleurs hors normes, des privations insoutenables, d'obtenir un aveu : ceci n'est que l'apparence, l'expression abominable d'un projet. Si effroyables soient-elles, ces pratiques ne sont que des moyens. L'essentiel est ailleurs. Dans l'entreprise de destruction de l'homme et de son humanité à laquelle la torture participe. Au cœur de la torture nous arrivons dans le même pays de l'absolu où vivent les valeurs fondamentales de l'humanité : un socle qui ne peut être remis en cause, qu'on ne peut discuter.

Accepter de discuter du principe de la torture, ce serait admettre qu'un jour, il puisse se trouver un bon argument, que quelqu'un soit suffisamment intelligent, suffisamment persuasif. C'est envisager qu'un meilleur raisonnement ou un contexte plus favorable puisse finalement emporter notre adhésion. Nous convaincre non pas que la torture est juste ou pertinente, mais qu'il faut redéfinir l'homme, que le socle peut être changé, que la dignité et l'unité de l'homme ne font pas partie de son essence, qu'elles sont relatives, qu'on peut les conditionner, les mesurer, les oublier un peu, beaucoup, au gré des circonstances. Ce livre ne fournira donc aucune explication d'un mal qui n'a pas à être expliqué. Le mal est là. Indiscutable. Préalable à tout raisonnement. Le « non » à la torture préexiste à la torture.

Cet ouvrage n'a donc d'autre ambition que de décrire une maladie mortelle. Mortelle pour les victimes. Mortelle surtout pour l'humanité. Il y sera beaucoup question du nazisme car jamais dans l'histoire, la torture n'aura été alliée aussi clairement à une tentative de nouvelle définition de l'homme. Le nazisme a voulu créer une nouvelle forme d'humanité. Plus que n'importe quelle autre forme de totalitarisme, il a tenté d'aller jusqu'au bout de cette logique et, avec l'aide de ses alliés, a constamment utilisé la torture dans l'éventail complet de sa cruauté, à l'échelle de la planète. Ce faisant, il a non seulement voulu abolir la dignité de l'homme mais abroger son unité. Le dogme nazi des « Untermenschen », inlassablement programmé, est précisément la base de la torture qui ne peut exister sans qu'ait préalablement été définie, délimitée et stigmatisée une catégorie de « sous-hommes ». La torture, elle aussi, accomplit ce programme : la victime sort officiellement, définitivement, de l'humanité : elle devient autre chose. Elle débaptise l'homme.

CHAPITRE PREMIER

PERMANENCE DE LA TORTURE

Lynndie Rana England, l'héritière

Lorsque Lynndie Rana England torture des prisonniers irakiens dans la prison d'Abou Ghraïb (on la voit notamment sur une photographie qui a fait le tour du monde tenir en laisse un prisonnier nu, à terre), elle n'est pas seulement cette jeune femme brune de 22 ans, née en 1982 dans le Kentucky qui s'est engagée dans la réserve de l'armée américaine pendant ses études secondaires et dont le procès nous a révélé la vie privée (elle a, en définitive, été condamnée à trois ans de prison en septembre 2005). Une brebis galeuse, s'empressait de dire sa hiérarchie et les plus hautes autorités de l'État. Jusqu'à ce que, de révélation en révélation, d'enquête en enquête, on s'aperçoive que ces tortures ne pouvaient pas être considérées uniquement comme le produit d'un « cerveau malade », d'un individu pervers ou sadique, mais qu'elles s'inscrivaient dans toute une dérive militaire et politique remontant aux plus hautes marches de l'État et qu'elle portait en elle, comme chacun de nous, le poids d'une vieille histoire.

Lynndie Rana England n'est pas que cette jeune femme-là. Elle n'est pas seulement la réserviste de la 372e Compagnie de Police Militaire, elle est aussi l'une des innombrables héritières de longs siècles de torture. Sans même parler des atrocités de Sadam Hussein, quelques années plus tôt, elle s'inscrit dans une longue lignée, depuis l'aube de l'humanité. C'est dans cette même terre d'Irak, 3700 ans auparavant, quand elle s'appelait Babylone, que le roi

Hammurabi avait élaboré son «code». Gravé sur une stèle aujourd'hui visible au Louvre, on peut y lire que la femme adultère accusée par la rumeur publique sera jetée dans le fleuve pour vérifier ses dires.

Torture et politique : des liens inextricables ?

Utiliser la violence, la souffrance pour asseoir son autorité ou découvrir la vérité : est-ce une pratique permanente ? La torture est-elle un accident de l'histoire ? Arrive-t-elle au hasard de la décision d'un homme, voire d'un groupe d'hommes ? Pourquoi apparaît-elle davantage à certaines époques ? Y a-t-il vraiment eu des temps où elle n'existait pas ? A-t-elle un jour disparu ?

Il faut inévitablement, dans un premier temps, se plonger un peu dans l'histoire pour tenter d'apporter une réponse à ces questions et à tant d'autres qui se bousculent aussitôt.

La prétendue disparition de la torture pendant le Moyen Âge

L'une des périodes les plus connues de l'utilisation de la torture est cette de l'Inquisition. La «question» s'est alors répandue dans de multiples législations européennes, les gangrenant pour longtemps. Comment peut-on soutenir que la torture est alors «réapparue»? Interroger ces siècles-là – le XIIe et le XIIIe siècles – c'est, nous dit-on, faire revivre des pratiques datant de l'Empire Romain, retrouvées à la fin du Moyen Âge. Un détour s'impose par ces époques lointaines car la réponse ne concerne pas seulement cette période reculée. Elle importe pour aujourd'hui et pour demain.

Rome

On oublie vite que la torture s'est appliquée depuis l'Antiquité, déjà en Grèce, puis à Rome, mais à une catégorie très particulière de l'humanité : les esclaves. Notre vision du monde antique est très souvent déformée et idéalisée. La vénération ordinaire pour l'Antiquité occulte cette réalité atroce : le développement de ces civilisations fondatrices aurait été impossible sans l'exploitation féroce d'une vaste catégorie de sous-hommes, les esclaves, qui représentait, estime-t-on, près du quart de la population totale. L'existence de cette « race inférieure » nécessitait des moyens de contrainte exorbitants dont la torture était l'une des manifestations principales. Il fallait à la société antique une arme qui soit à la mesure de la menace terrible que faisait peser sur elle cette masse d'êtres perpétuellement humiliés. La torture et la mise à mort étaient de ces armes-là. Car la révolte – ou la révolution – était plus qu'une simple hypothèse. Sa figure emblématique fut Spartacus qui, pendant trois ans, conduisit une guerre sans merci et défit plusieurs unités romaines avant la défaite et la mort. Mais elle n'est que l'une des guerres, dites « serviles », qui secouèrent l'Italie pendant une soixantaine d'années (135-71 av. J.-C.). Les répressions furent horribles : 6.000 esclaves furent crucifiés sur la via Appia après la défaite de Spartacus.

La torture était employée systématiquement contre les esclaves. Rien d'étonnant à cela. Si l'on pouvait les tuer, pourquoi ne pas leur appliquer la question en cas de suspicion ou pour obtenir des renseignements sur un prévenu ? La République romaine ne respectait qu'une petite partie de l'humanité, mais elle la respectait scrupuleusement : les citoyens étaient protégés, car la torture ne pouvait pas – en principe – être utilisée dans des affaires concernant les maîtres des esclaves. On trouve toutefois des exceptions notables dans les procès politiques.

Comme à chaque fois que la torture a été acceptée dans une société, évidemment toujours à titre exceptionnel au début, elle fait tâche d'huile. Peu à peu les pouvoirs donnés aux juges et l'effacement progressif de la procédure accusatoire amènent à étendre la torture à tous. Dès le Ier siècle des hommes libres y sont soumis dans des affaires « importantes ». Inévitablement la liste des infractions autorisant l'emploi de la torture s'agrandit peu à peu. La définition du crime de lèse-majesté (cheval de Troie de la torture) s'étend de plus en plus. On l'utilise pour des infractions telles que la fausse monnaie, l'empoisonnement, le faux, la magie, l'homicide, l'adultère … Le seul rempart est celui de la classe sociale. On ne distingue plus – au sein des hommes libres – qu'entre gens considérés et hommes de peu; les premiers, les « honestiores » échappent à la question, pas les autres, les « humiliores ». Au Bas-Empire, la boucle est bouclée. Certes la question ne peut être ordonnée en théorie qu'en raison d'indices suffisants (Hadrien, D., 48, 18, 1, 1). En fait, elle est devenue le procédé de droit commun de l'enquête : l'aveu est devenu la reine des preuves (Code Théodose, 9, 40, 1) et pour longtemps.

La « réapparition » de la torture au XII*e siècle*

Après la chute de l'Empire Romain on retrouve quelques rares traces de la torture dans les législations « barbares », nous disent les historiens, avant qu'elle ne soit définitivement abandonnée vers le VIIIe siècle. En Europe, du moins, il n'en est plus question, en tant que telle, jusqu'au XIIe siècle. Une longue éclipse de quatre siècles. C'est cette « réapparition » qu'il faut questionner, car la torture s'exprime alors avec une violence inouïe. Elle n'arrive pas seule. C'est l'époque où quelques sociétés, comme la société française, se structurent fortement : un État naît qui s'appuie progressivement sur des institutions stables, fortes, centralisées, tournées vers la personne du roi. Le système judiciaire est l'un des leviers principaux de cette réorganisation. Les méthodes d'enquête en sont la manifestation la plus nette. Plus question de laisser à la seule victime le soin de déclencher les poursuites ou de chercher les preuves. L'État va prendre en main progressivement la mise en œuvre des poursuites et la recherche des preuves. Cette procédure-là, dite inquisitoire, est fondée sur la recherche de l'aveu, notamment par la torture.

Elle s'inspire directement de la procédure romaine telle qu'elle est alors découverte en Italie du Nord dans un vaste et long mouvement de retour au droit romain. C'est l'œuvre de Justinien, empereur à Byzance (527-565) qui est retrouvée. « Une sorte de révélation » dira Portalis. Quatre grands recueils, le Codex, le Digeste, les Institutes et les Novelles, vont être minutieusement étudiés, disséqués, commentés à l'infini. C'est l'œuvre de ceux que l'on nomme les glossateurs. Ils travaillent en marge des textes, par « glose », au mot à mot. Les écoles d'étude du droit romain se développent, en premier lieu à Bologne dès le début du XIIe siècle. L'école de

Bologne est alors un puissant foyer de diffusion des institutions romaines dans toute l'Europe. L'enseignement se fait en latin : très abstrait, il n'interroge pas le sens de la règle. Gloser n'est pas critiquer. C'est essentiellement commenter. Cette diffusion s'opère rapidement, en quelques décennies. De très nombreux étudiants viennent de plusieurs pays voisins, de France notamment et plus particulièrement du sud de la France. Ils repartent travailler dans les gouvernements et juridictions d'Europe. Le droit romain se répand alors, non sans réticence car il se heurte à de fortes traditions juridiques, notamment en France qui est largement un pays de droit coutumier, mais il s'étend de façon inexorable. Il est enseigné à Montpellier dès la fin du XIIe siècle. La torture est charriée par cette diffusion du droit romain redécouvert, que l'on diffuse au goutte à goutte. Car la torture était explicitement réglementée dans les différentes législations romaines. Elle est donc passée, avec le reste, et a imprégné ces universitaires, ces fonctionnaires du droit. On ne peut que s'étonner d'une telle présentation de la réalité. À Bologne, comme ailleurs, ces hommes lettrés avaient une conscience. Quelle que soit leur admiration pour l'Antiquité, ils n'ont pas pu ne pas s'interroger sur ce qu'ils « découvraient ». Qu'ils aient admiré une construction intellectuelle qu'ils souhaitaient imiter ne les empêchait en rien de critiquer et encore moins de sélectionner leurs emprunts. Il est vrai que le droit n'a jamais été une discipline brillant par son imagination et sa faculté critique, mais la réalité est ailleurs. Cette « découverte » de la torture arrangeait bien les affaires des puissants de l'époque à qui elle fournissait une arme de première qualité pour asseoir leur domination.

Ce ne sont pas les juridictions laïques qui utilisent les premières cette procédure inquisitoriale inspirée du droit romain, mais les tribunaux religieux. L'église catholique la met progressivement en place au XIIIe siècle. Du droit de l'Église, elle passera sans difficulté dans le droit laïc.

Si la procédure religieuse redécouvre si vite la torture dans les codes romains, si elle l'adopte avec si peu de réticence, c'est que l'Église est extrêmement menacée par l'hérésie. Elle cherche à combattre par tous les moyens, un danger qu'elle ressent comme mortel, celui des églises dissidentes qui pullulent alors. Nombre de mouvements religieux se développent aux XIe et XIIe siècles : les Bogomiles, les Patarins, les Vaudois. Mais c'est surtout le mouvement cathare qui représente la plus grave des menaces : l'Église albigeoise connaît un succès inquiétant pour l'Église dans le sud de la France et les régions limitrophes. Il s'agit d'une église très structurée. L'État fait, en partie, cause commune avec l'Église, car la même menace qui pèse sur Rome, pèse aussi sur le Roi. Lutter contre l'hérésie albigeoise, ce n'est pas tant lutter contre une église dissidente que contre une désagrégation en marche de l'État royal. La menace apparaît tout aussi lourde pour le pouvoir laïc. L'unité du royaume est en jeu. Les intérêts religieux et politiques sont étroitement mêlés. Il s'agit d'une vraie guerre. Innocent III prêche la croisade contre Raymond VI, Comte de Toulouse. Simon de Monfort mène une guerre sans merci jusqu'à la prise de Montségur en 1244.

La procédure inquisitoire fut utilisée notamment dans les différents tribunaux d'inquisition. Il y eut d'abord « l'Inquisition » proprement dite, créée au XIIIe et qui fonctionnera jusqu'au XVe siècle pour combattre l'hérésie albigeoise. L'Inquisition espagnole, sera, elle, créée en 1478 par les rois catholiques en Espagne, pour poursuivre les juifs et les musulmans relaps. Grégoire IX confia en 1231-1235, la connaissance des cas d'hérésie aux tribunaux d'inquisition, confiés rapidement aux dominicains.

La torture a été utilisée avec une certaine réticence dans les premiers temps par les tribunaux ecclésiastiques, les règles morales de l'église interdisant assez hypocritement toute effusion de sang qui aurait constitué une irrégularité de procédure. Les tribunaux laïcs s'étaient permis dès le XIIe siècle l'usage de la torture mais de façon encore modeste. Très poliment, dans les premiers temps, les juges de l'église se sont défaussés sur leurs collègues civils en leur demandant de l'appliquer à leur place. Une bulle d'Innocent IV de 1252 prévoyait que les Inquisiteurs pouvaient demander aux juges laïcs de donner la torture. Mais la compétence des tribunaux laïcs en matière d'hérésie n'était pas sans inconvénient : leur discrétion était faible. Le pape, Urbain IV, tourna donc la difficulté en permettant aux juges religieux de se relever réciproquement de l'irrégularité encourue, ce qu'ils firent sans trop de réticence. Les règles d'utilisation des tribunaux ecclésiastiques étaient strictes : la question était une méthode subsidiaire utilisable en l'absence d'autres preuves. Il fallait des indices graves ou le suspect devait avoir vacillé dans ses réponses. L'aveu extorqué par la torture devait être réitéré. Des excès eurent évidemment lieu contre lesquels la papauté dut sévir : la torture ne devait plus mettre le suspect en danger ni le laisser estropié. La mort pouvait résulter de la sentence, non de l'enquête.

En France la justice laïque adopte vraiment la procédure inquisitoriale et la torture au début du XIIIe siècle. La torture apparaît essentiellement dans les juridictions royales, qui comporte davantage de légistes (formés au droit romain) que les cours seigneuriales. On retrouve le même enthousiasme chez les juges « civils » que chez les juges d'église. La première apparition de la question dans un texte officiel important, l'ordonnance de réformation de 1254, est, dans une large mesure une réaction du roi, Saint Louis, contre les excès des magistrats et une tentative de restriction de son usage. Le roi, reprenant une distinction du droit romain, interdit en effet de soumettre à la question les personnes honnêtes et bien famées, dès lors qu'elles sont mises en cause par un seul témoin. L'article 51 de cette ordonnance concerne en fait uniquement le Languedoc où l'usage de la torture est la plus répandue et où l'influence du droit romain est la plus forte.

L'emploi de la torture se généralise donc au XIIIe siècle. Elle est utilisée dans toute sa cruauté, sans le moindre ménagement. Pour preuve le procès des Templiers. Cet Ordre avait été fondé en 1128 pour assurer la garde des Lieux Saints et protéger les routes des pèlerinages. Leur fortune et leur pouvoir devinrent de plus en plus importants. Leur influence s'étendit dans l'Europe. Les Templiers étaient sollicités pour des prêts par différentes cours d'Europe dont celle du roi de France. Philippe Le Bel, lourdement endetté auprès d'eux, fut à l'origine de leur perte. Son « Garde des Sceaux », Guillaume de Nogaret, mena contre eux un combat sans merci. Lors d'une opération de police menée sur l'ensemble du territoire, le 13 octobre 1307, des centaines de Templiers furent arrêtés, dont les principaux dignitaires de l'Ordre. Les motifs retenus étaient plus que douteux : profanation de la croix, sodomie, idolâtrie d'une tête de chat… La procès des Templiers dura près de sept ans et fut marqué par de nombreux rebondissements. Procès religieux ou procès laïc ? La question mérite d'être posée. Le procès était instruit par le « Grand Inquisiteur de France », Guillaume Imbert, au nom de l'Église. Mais des agents royaux assistaient aux interrogatoires. La torture fut employée avec férocité sous les directives de Guillaume de Nogaret qui apparaît comme l'un des tortionnaires les plus sanguinaires de l'histoire. Théoriquement elle ne devait pas entraîner la mort, mais au moins trente-trois Templiers en moururent directement pendant l'enquête. Le Pape, Clément V, apprenant ce massacre, décida de retirer ses pouvoirs à l'inquisition, mais, sous la pression de Philippe Le Bel, il rétablit les tribunaux ecclésiastiques.

Il valait mieux ne pas parler des tortures. En 1314, deux des dignitaires de l'Ordre, furent sortis de leurs prisons pour écouter le verdict : prison à perpétuité. Ils protestèrent publiquement, affirmant que leurs aveux avaient été extorqués. Ils furent aussitôt condamnés à mort et, sur ordre de Philippe le Bel, finirent sur le bûcher.

La torture avait-elle disparu ? L'ordalie, une autre torture

La torture serait donc réapparue, après une longue éclipse, retrouvée dans les cendres du droit romain. Curieux paradoxe puisqu'elle aurait précisément disparu pendant ces siècles obscurs où le droit était moins présent, la civilisation moins florissante. La torture serait-elle le signe d'un progrès de la civilisation ? Et sa disparition d'un déclin ? On peine à le croire. D'autant que, pendant cette longue parenthèse, les mœurs ne s'étaient pas particulièrement assagies. Ni dans la société en général, ni dans la façon dont était rendue la justice. C'est précisément à cette époque qu'était utilisée l'ordalie, pratique que l'on trouve dans bien d'autres civilisations et dans bien d'autres temps : dans le code d'Hammourabi[1] par exemple. L'ordalie était-elle préférable à la torture ? En était-elle si différente ? Constituait-elle un « progrès » ? En quoi consistait-elle ?

1. Ce texte a été élaboré vers 1750 av. J.-C. par Hammurabi qui fut le sixième roi de la dynastie de Babylone. Il est considéré comme le plus ancien texte de loi. La stèle sur lequel il est gravé se trouve au Louvre.

Il s'agissait de mettre à l'épreuve l'accusé en le faisant souffrir horriblement, en le soumettant à des traitements extrêmement cruels, pour savoir s'il mentait ou non. Sauf pour de fins juristes, la différence semble quasi inexistante avec la torture. Elle tient au fait que la parole du suspect précédait l'usage de la violence : sa version avait été donnée aux juges, il avait prêté serment. C'est pour vérifier la validité de ce discours et du serment qui l'accompagnait, qu'on faisait souffrir. La réaction à cette torture était alors interprétée par les juges qui y voyaient une décision divine. C'est « Dieu » qui était censé choisir la vérité : l'ordalie est d'ailleurs nommée « jugement de dieu ».

Les modalités de l'ordalie pratiquée au Moyen Âge ne sont rien d'autre qu'une modalité de la torture épicée de religiosité. Ainsi le fer rouge : l'accusé était obligé de tenir une barre d'acier brûlée à rouge. Une fois cette souffrance infligée, la main qui avait saisi la barre était bandée. Quelques jours plus tard, on ouvrait le pansement : si la plaie s'était bien cicatrisée, on en déduisait que l'accusé avait dit la vérité. Dans le cas contraire, il était présumé avoir menti. Autre atrocité : l'épreuve de l'eau bouillante. L'eau était chauffée dans un chaudron au fond duquel on avait mis un caillou. Le suspect devait s'en emparer. Le bras était alors bandé et ainsi de suite. Plus atroce encore, l'épreuve de l'eau. L'accusé était plongé dans l'eau glacée d'un fleuve ou d'un lac. Différence avec la torture simple : cette eau était préalablement bénite. Si le suspect coulait, il avait dit vrai. Encore fallait-il évidemment qu'il remontât. Certains s'y sont noyés. Si le corps flottait c'est que l'homme avait menti. Dans certaines régions l'interprétation de l'épreuve était inversée : flotter était synonyme de vérité, couler de mensonge. On retrouve les mêmes raffinements absurdes que pour la torture : dans quelques régions, avant de mettre le suspect à l'eau, on attachait la main gauche au pied droit, et la main droite au pied gauche.

Force est de constater que la torture n'était qu'une variété de l'ordalie et que sa prétendue disparition n'est qu'une vue de l'esprit. La violence est toujours là. Dans un cas comme dans l'autre, on l'utilise de façon tout aussi absurde pour départager la vérité du mensonge. La torture ne disparaît pas à la chute de l'Empire romain, elle ne réapparaît pas plus au XIIe siècle. Elle se transforme. Elle mute. Elle s'adapte. On ne peut qu'être frappé par la concomitance : c'est le même saint Louis qui interdit les ordalies et qui réglemente la torture. Ce curieux saint porte en lui tous les paradoxes et les contradictions de l'époque.

Il est un domaine toutefois où l'ordalie ne disparut pas complètement, celui de la « chasse aux sorcières ». L'épreuve de l'eau a été appliquée jusqu'au XVIIe siècle aux présumées sorcières. On les jetait donc dans un plan d'eau, parfois lestées d'une lourde pierre. Si elles flottaient, c'est que le diable voulait les préserver, disait-on. Un diable pas très futé, pourrait-on rétorquer puisque sa bienveillance désignait immédiatement ses prétendus adorateurs pour qu'ils soient mis à mort. Si le corps coulait à pic, l'accusé était considéré comme innocent.

En réalité, l'ordalie a coïncidé, en Europe, avec un déclin du droit et l'affaiblissement de l'appareil judiciaire. L'ordalie est la torture du pauvre, pourrait-on dire. Elle charrie exactement la même cruauté, le même sadisme, le même acharnement à faire souffrir. Elle est l'expression de la même foi dans la violence. L'invocation d'un dieu quelconque n'est évidemment qu'un pieux alibi. Une fois mise de côté de cette couverture facile, il reste cette même croyance que de la douleur infligée va naître une vérité. Les amateurs du droit romain du XIIe siècle n'ont donc rien découvert. La torture n'est pas réapparu, en tournant la page d'une édition poussiéreuse du code Justinien découverte en haut d'une bibliothèque. La continuité est totale de la plus haute antiquité jusqu'à la fin de l'ancien régime.

Ce n'est d'ailleurs que l'opinion de Beccaria qui écrivait dès 1764 :

> Cet infâme « creuset » de la vérité est un reste de l'ancienne et sauvage législation. [...] La seule différence entre la torture et les épreuves du feu et de l'eau bouillante est que l'issue de la première semble dépendre de la volonté du coupable, tandis que celle des autres tient à un fait purement physique et extérieur; encore cette différence est-elle plus apparente que réelle. Il est aussi impossible de dire la vérité dans les affres de la torture qu'il l'était autrefois d'empêcher sans fraude les effets du feu et de l'eau bouillante[1].

1. Cesare Beccaria, *Des délits et des peines*, *op. cit.*, p. 99.

ABOLITIONS ET PROHIBITIONS INTERNATIONALES

L'abolition de la torture par Louis XVI

La torture n'a pas disparu au VIe siècle. À la fin du XVIIIe, elle a été abrogée officiellement en France par Louis XVI. On oublie parfois que ce roi pataud a eu de bons côtés (on lui doit aussi l'abolition – provisoire – du servage).

Par une Déclaration du 24 août 1780, sous le gouvernement de Necker, il supprima la question dite « préparatoire », destinée à extorquer les aveux pendant un interrogatoire à la demande du juge. Toute la sagesse et la prudence du roi sont là. La mesure est courageuse mais le souverain ne la justifie qu'en s'appuyant sur le passé, sur les avis de quelques magistrats qui s'étaient interrogés un siècle plus tôt sur la pertinence de la mesure.

> Nous nous sommes fait rendre compte des motifs qui avaient déterminé à autoriser d'une manière aussi précise l'usage de la question préparatoire, et avons été informé que, lors des conférences tenues préalablement à la rédaction de l'ordonnance du mois d'août 1670, des magistrats recommandables par une grande capacité et par une expérience consommée, s'étant expliqué sur ce genre de question, auraient déclaré qu'elle leur avait toujours semblé inutile, qu'il était rare que la question préparatoire eut tiré la vérité de la bouche d'un accusé, et qu'il y avait de fortes raisons pour en supprimer l'usage, et il nous parait que l'on n'a cédé pour lors qu'à une sorte de respect pour son ancienneté ; nous sommes bien éloigné de nous déterminer trop facilement à abolir les lois qui sont anciennes et autorisées par un long usage ; il est de notre sagesse de ne point ouvrir des facilités pour introduire en toutes choses un droit nouveau qui ébranlerait les principes et pourrait conduire par degrés à des innovations dangereuses[1].

Le 1er mai 1788, un édit supprima l'usage de la sellette (siège très bas où l'on faisait asseoir l'accusé), confirma l'abolition de la torture et supprima la question préalable (l'autre torture, appliquée avant la mise à mort pour obtenir de nouveaux aveux), mais cet édit

1. J.C. Lauret et R. Lasierra, *La torture et les pouvoirs*, Paris, Balland, 1973, p. 173.

ne fut pas enregistré par le Parlement. On retrouve les mêmes justifications : les résultats sont incertains, la torture est inefficace, elle n'aide pas la justice. Plus surprenante, l'allusion à la présomption d'innocence.

> Un autre abus [écrit le roi] que nous pouvons supprimer dès à présent, c'est l'interrogatoire sur la sellette. Cette formalité n'entra jamais dans la classe des peines imposées par los lois ; elle blesse d'ailleurs ouvertement le premier de tous les principes en matière criminelle, qui veut qu'un accusé, fut-il, condamné à mort, en première instance, soit toujours réputé innocent aux yeux de la loi jusqu'à ce que la sentence soit confirmée en dernier ressort. Il n'est donc pas juste que le supplice de l'ignominie précède cet arrêt définitif, qui peut seul constater irrévocablement son crime et l'expose à perdre la tranquillité d'esprit dont il a besoin pour se défendre devant ses juges ... De nouvelles réflexions nous ont convaincu de l'illusion et des inconvénients de ce genre d'épreuve, qui ne conduit jamais sûrement à la connaissance de la vérité, prolonge ordinairement sans fruit le supplice des condamnés et peut plus souvent égarer nos juges que les éclairer[1].

Après de telles condamnations, on pouvait imaginer que la torture ne reverrait pas le jour de si tôt. Effectivement pendant la période révolutionnaire l'abolition ne fut pas remise en cause. Mais pour appliquer la torture, encore faut-il en avoir le temps. Il est des périodes d'extermination si intensive qu'elle apparaît comme une perte de temps, un luxe inutile. Quand il n'y a rien à chercher, que tout est joué d'avance, la torture est inutile. La peine de mort est suffisante. On estime que pendant la Terreur 16 à 17.000 personnes ont été guillotinées (à la suite, le plus souvent de jugements expéditifs) et qu'un peu plus encore (25.000 environ) ont été victimes d'exécutions sommaires.

Il reste que l'abolition de la torture résultait implicitement de la déclaration des droits de l'homme de 1789. Son article 9 qui fonde la présomption d'innocence interdit une « rigueur » excessive dans l'arrestation et la détention et englobe nécessairement ainsi la prohibition de la torture : « tout homme étant présumé innocent jusqu'à ce

1. J.C. Lauret et R. Lasierra, *La torture et les pouvoirs*, *op. cit.*, p. 173.

qu'il ait été déclaré coupable, s'il est jugé indispensable de l'arrêter, toute rigueur qui ne serait pas nécessaire pour s'assurer de sa personne doit être sévèrement réprimée par la loi »[1]. Cette abolition a été confirmée par un vote du 31 mai 1791 à l'occasion d'un débat plus large sur le projet de code pénal où était discutée notamment la peine de mort. Cette dernière fut maintenue malgré l'opposition de Le Pelletier de Saint-Fargeau et de Robespierre, mais l'abolition de la question ne fut pas remise en cause. Le 6 octobre 1791, une loi rappelait que la torture qui précède un procès était interdite mais décidait que « tout condamné à mort aura la tête tranchée ». Depuis lors plus personne, en France, n'a eu l'idée de rétablir le système de la torture judiciaire. La peine de mort, elle, a connu une histoire mouvementée et passionnée qui s'est achevée par son abolition en 1981.

Le changement de statut de la torture

Le même élan qu'en France, celui des « lumières », a entraîné dans le monde entier, à des périodes voisines, une démarche d'abolition. En Suède la torture a été supprimée par Gustave II en 1772. En Autriche, elle fut abolie par Joseph II en 1780, en Prusse dès 1740 par Frédéric II, le despote éclairé, ami de Voltaire. En Russie, Catherine II a ébauché un projet d'abolition de la torture mais il ne sera adopté que par Alexandre Ier en 1801. La plupart des pays ont assez facilement, à partir de la fin du XVIIIe siècle, opté pour la suppression de la torture. Cette abolition participait d'un mouvement général d'adoucissement des systèmes pénaux. La papauté n'avait pas été parmi les pionniers malgré sa lourde responsabilité dans l'emploi de la torture. Elle n'a été abolie par le pape qu'à compter du 31 mars 1818 : elle ne peut plus, dès lors, être appliquée dans les tribunaux relevant du Saint Office. L'inquisition a été supprimée deux ans plus tard.

Victor Hugo avait donc raison de se réjouir en 1874 : la torture avait cessé d'exister en Europe. Mais ce qui avait alors disparu, c'était la torture légale, la « question officielle », celle dont on se

1. http://www.legifrance.gouv.fr/html/constitution/const01.htm

cachait pas et qui avait été réglementée dans le plus humble et atroce détail. La consécration officielle et internationale des droits de l'homme, l'émergence d'une sorte de conscience mondiale des droits des gens, l'extension progressive et les victoires des pays démocratiques, tout ceci a contribué à mettre peu à peu hors la loi la torture judiciaire et ses succédanés.

Mais la torture n'a pas disparu pour autant. Elle a changé de statut : elle est devenue hors la loi. Elle faisait partie officiellement de la procédure pénale comme méthode de recherche de la preuve. Elle est désormais dans le code pénal à titre d'infraction, théoriquement punissable. Elle permettait autrefois de réprimer. C'est elle aujourd'hui qui doit être réprimée. Elle subsiste donc, mais dans la clandestinité. Elle fait officiellement partie de la délinquance.

En même temps que la morale publique gagnait quelques combats, que la torture était mise à la porte, la barbarie revenait par la fenêtre. Le XXe siècle a aussi été celui des grands massacres, des génocides, des crimes contre l'humanité. Ces monstrueuses exactions allaient être lourdes de conséquences car elles se traduisaient non seulement par des exterminations de masse mais par la mise en œuvre d'abominables et expéditives méthodes de recherche et d'enquête. Quand il s'agit de faire disparaître des peuples entiers, de les déporter, de les faire mourir de faim, de soif ou d'épuisement, le niveau ordinaire des remords et des scrupules s'abaisse brutalement. Quand on peut donner la mort, à des milliers ou des millions de gens, qu'importe l'usage de la torture ? Il y a une sorte de solidarité des abominations. On ne trouve plus de loi pour autoriser la torture. Mais on est confondu devant l'abondance de régimes dictatoriaux ou totalitaires prêts à l'utiliser systématiquement ou sporadiquement; et par sa dissémination clandestine au sein d'innombrables pays qualifiés de démocraties.

Les grandes conventions internationales générales du XXe interdisant la torture

La période de l'après seconde guerre mondiale connaît, au niveau international, une floraison de textes mettant la torture hors la loi. La communauté des hommes, au sortir d'une barbarie inégalée, tente de conjurer le retour du nazisme et du totalitarisme.

Ces ennemis semblent alors hors d'état de nuire. La dignité de l'homme devient la préoccupation primordiale. Le spectre des camps, des exterminations de masse, des tortures systématiques hantent tous les responsables politiques. Tout comme à la fin de l'Ancien Régime, c'est à la loi, internationale cette fois-ci, que l'on demande de préserver l'humanité contre les errements passés. La foi est la même. La règle de droit viendra à bout de ces maux. De nouveaux catalogues de leurs droits sont élaborés. Dans un premier temps, par les pays qui comptent après la victoire des alliés, et, peu à peu, par l'ensemble des nations rassemblées dans l'ONU. La prohibition de la torture fait partie de ce mouvement du droit international. La condamnation est d'abord portée par des traités ou des conventions.

Les pays signataires de la Charte des Nations Unies signée à San Francisco le 26 juin 1945 proclament solennellement « leur foi dans les droits fondamentaux de l'homme, dans la dignité et la valeur de la personne humaine ». L'un des premiers textes élaborés par les Nations Unies, la Déclaration universelle des droits de l'homme du 10 décembre 1948 [1], consacre un article spécifique à la prohibition de la torture sans toutefois prévoir d'institution spéciale destinée à contrôler cette interdiction. Son article 5 se contente d'édicter que « nul ne sera soumis à la torture ni à des peines ou traitements cruels, inhumains ou dégradants », formule qui sera ensuite reprise sans changements dans de multiples actes.

Qui pourrait s'opposer à ces nobles principes ? Mais à eux seuls, quelle force ont-ils ? Les tortionnaires s'arrêtent-ils dans leurs entreprises à la lecture d'un texte de loi, fût-il signé par l'humanité entière ? Les initiatives suivantes ont tenté d'aller au-delà de la pétition de principe en prévoyant des organismes susceptibles d'assurer un minimum d'effectivité à cette prohibition.

L'Europe a joué un rôle fondamental dans cette nouvelle approche teintée de pragmatisme. L'élaboration d'une convention spécifique pour ce continent où se sont développés les régimes totalitaires, où sont nées deux guerres mondiales et où la Shoah a été mise en œuvre, apparaît un progrès immense, dans la mesure où les

1. http://www.un.org/fr/documents/udhr/

droits de l'homme ne sont pas seulement célébrés dans un texte solennel mais sanctionnés par une juridiction spécifique appelée à juger des violations des normes posées à la requête de simples citoyens. Le souci d'effectivité est réel. L'interdiction de la torture est une nouvelle fois rappelée, mais le champ de l'interdiction est élargi. Sont rattachés à la torture deux autres fléaux du même type, les peines et les traitements inhumains. Ce rapprochement est essentiel : les défenseurs des droits de l'homme s'aperçoivent que la violence institutionnelle qui s'exprime dans des sanctions, des enfermements, des traitements mis en œuvre par l'État s'assimile parfois à une torture. De la torture à la peine de mort ou aux supplices en tout genre, il y a moins qu'un pas à franchir. Quant aux méthodes ou aux techniques d'enfermement (en prison, dans des centres, des camps, des hôpitaux ...), elles peuvent s'avérer tout aussi destructrices. L'autre innovation de la Convention est que des juges sont chargés de vérifier que l'interdiction est respectée.

C'est ainsi qu'est signée à Rome, le 4 novembre 1950, *la Convention européenne de sauvegarde des droits de l'homme et des libertés fondamentales*[1]. Elle prévoit dans son article 3 que « nul ne peut être soumis à la torture ni à des peines ou traitements inhumains ou dégradants ». Elle crée la Cour européenne des Droits de l'Homme siégeant à Strasbourg. Tous les citoyens des pays qui ont autorisé ce recours peuvent la saisir en cas de violation des dispositions de la Convention, notamment de l'article 3. Une importante jurisprudence peut ainsi se développer en matière de torture. Les pays condamnés se trouvent dans toute l'Europe. Les décisions concernent souvent des pratiques instaurées par les gouvernants dans des périodes de forts troubles pour combattre des opposants considérés comme des terroristes : l'IRA au Royaume-Uni, le PKK en Turquie, le FLNC en France. Beaucoup d'affaires, notamment contre la France, traitent de méthodes d'interrogatoire pendant de simples enquêtes de police judiciaire. L'effet des décisions de la cour européenne est réel mais limité. Réel, car les condamnations de la cour font mauvais effet dans l'opinion publique nationale ou internationale. Limité, car la cour est lente, très lente. Ses décisions

1. http://conventions.coe.int/treaty/fr/treaties/html/005.htm

interviennent largement après les faits et aboutissent, concrètement, à de simples condamnations pécuniaires. Quant aux abus, ils se perpétuent sans égard à une jurisprudence pourtant toujours plus exigeante.

Les grandes conventions internationales spécialisées des XXᵉ et XXIᵉ siècles interdisant la torture

Des instruments internationaux spécifiques de lutte contre la torture vont alors être créés. La torture ne disparaissant pas sous la simple menace du droit et des foudres judiciaires, même internationales, l'idée est de mettre au point une convention internationale mais surtout de créer un organisme spécifique chargé non pas de juger les cas signalés, mais de surveiller les lieux où peut se pratiquer la torture. L'élaboration de ces instruments est beaucoup plus lente. Il faut près de quarante ans après la victoire alliée pour que soit mis au point un instrument international digne de ce nom.

Le premier des textes spécifiques sur la torture, est la « Déclaration sur la protection de toutes les personnes contre la torture et autres peines ou traitements cruels, inhumains ou dégradants » [1], adoptée par l'Assemblée générale des Nations Unies le 9 décembre 1975. Malgré la modestie de l'entreprise, cette déclaration contient pour la première fois une définition de la torture (article 1) : « acte par lequel une douleur ou des souffrances aiguës, physiques ou mentales, sont délibérément infligées à une personne par des agents de la fonction publique ou à leur instigation, aux fins notamment d'obtenir d'elle ou d'un tiers des renseignements ou des aveux ». Elle comporte aussi une condamnation absolue de la torture (article 2) quelles que soient les circonstances (article 3), même si elles sont considérées comme exceptionnelles, « telles qu'un état de guerre ou une menace de guerre, l'instabilité politique intérieure ou tout autre état d'exception ».

Cette Déclaration est décisive car elle préfigure l'importante « Convention contre la torture et autres peines ou traitements cruels,

1. http://www2.ohchr.org/french/law/protection.htm

inhumains ou dégradants» du 10 décembre 1984[1]. Cette convention-là est aujourd'hui l'instrument juridique le plus important dans le monde pour lutter contre la torture. En 2008, 138 États ont ratifié cette Convention ou y ont accédé. Adoptée par l'Assemblée générale des Nations Unies dans sa résolution 39/46 du 10 décembre 1984, elle est entrée en vigueur le 26 juin 1987. Elle prend la suite de la Déclaration de 1975 dont elle constitue en quelque sorte l'aboutissement. Ce n'est pas dans la définition ou l'interdiction de la torture que se situe l'originalité de cette convention, puisque tel était déjà l'objet de la précédente Déclaration, mais dans les moyens que la Convention met en œuvre pour surveiller cette interdiction. Elle crée dans sa seconde partie (articles 17 à 24) un «Comité contre la torture» composé de dix experts élus par les États parties. En 2005, 138 États ont ratifié la Convention ou y ont accédé.

La première partie de la convention, regroupant les articles 1 à 16 concerne les définitions et la procédure applicable. L'article premier fournit une définition de la torture très proche de celle de la Déclaration de 1975. L'article 16 évoque, lui, les traitements inhumains et dégradants. L'article 2 pose une interdiction absolue et inconditionnelle de la torture: aucune justification d'aucune sorte n'est permise. L'article 3 prévoit une autre interdiction: celle d'expulser ou d'extrader en cas de risque de torture. L'article 4 oblige les États contractants à incriminer les actes de tortures ainsi que leur tentative ou leur complicité. Les articles 5 à 9 fixent les règles de compétence internationale ainsi que les mécanismes d'entraide internationale dans des affaires de torture. Chaque État doit procéder à une enquête impartiale en cas de plainte pour torture (article 12); toute personne doit être assurée de pouvoir porter plainte et d'obtenir immédiatement l'examen de sa cause (article 13) puis une indemnisation satisfaisante (article 14). L'article 10 reprend de la Déclaration de 1975 l'obligation pour chaque État partie d'intégrer l'interdiction de la torture dans l'enseignement et la formation des professionnels concernés : personnel civil ou militaire chargé de l'application des lois, personnel médical, agents de la fonction publique et toutes personnes pouvant «intervenir dans la

1. http://www2.ohchr.org/french/law/cat.htm

garde, l'interrogatoire ou le traitement de tout individu arrêté, détenu ou emprisonné de quelque façon que ce soit». L'article 11 met à la charge de l'État une surveillance de tout ce qui touche à l'interrogatoire et à la détention. Le texte crée dans sa seconde partie (articles 17 à 24) un «Comité contre la torture» composé de dix experts élus par les États parties. Cet organisme, entré en fonction le 1er janvier 1998, siège à Genève. Il est composé de dix experts indépendants, siégeant à titre personnel. Régulièrement il examine des rapports sur la situation de tous les pays signataires au regard de la torture. La lecture de ces documents est riche d'enseignements, d'autant que les sources d'information du comité sont variées. Il peut s'agir de particuliers. Le Comité peut aussi se saisir d'initiative. Mais dans la réalité l'inefficacité et l'impuissance de cet organe au fonctionnement très diplomatique sont consternante. Il n'a pas fait évoluer d'un pouce le problème de la torture dans le monde et est très révélateur de la situation actuelle : savoir et ne rien faire. Nombre de gouvernements mis en cause par le Comité n'ont pas tenu le moindre compte des mises en garde ou des dénonciations contenues dans des rapports parfois accablants. Certains ne prennent parfois même pas la peine de répondre aux observations ou aux demandes d'explications qui leur sont ainsi adressées.

Un Protocole facultatif à la Convention contre la torture du 18 décembre 2002[1] a été adopté en 2002 après dix années de négociation par l'Assemblée Générale des Nations Unies (127 voix pour, 4 contre – les États-Unis, les Iles Marshall, le Nigéria et Palau – et 42 abstentions). Il instaure, dans les États parties, un système de visites régulières dans les lieux de détention (prisons, commissariats ...) par des experts indépendants nationaux et internationaux. Le critère de compétence est la privation de liberté. Selon l'article 4, on entend par privation de liberté «toute forme de détention ou d'emprisonnement, ou le placement d'une personne dans un établissement public ou privé de surveillance dont elle n'est pas autorisée à sortir à son gré, ordonné par une autorité judiciaire ou administrative ou toute autre autorité publique».

1. http://www.aidh.org/Biblio/Trait_internat/tort_02.htm

Deux sortes de visites sont prévues : par un organisme international et par une instance nationale. L'organisme international est le *Sous-comité pour la prévention de la torture*, créé à cet effet. Il existe en effet déjà un Comité contre la Torture. Le Sous-Comité dépendra de lui. Par ailleurs, dans chaque État partie, un organe national de visite doit être créé, s'il n'en existe pas déjà un. Ces organes nationaux et internationaux devront travailler ensemble. Le but de ces visites est d'évaluer les conditions de détention des personnes privées de liberté et de formuler des recommandations concrètes en vue de leur amélioration. Les États parties doivent coopérer avec les experts chargés des visites et prendre les mesures nécessaires pour donner suite aux recommandations. Les visites peuvent avoir lieu à tout moment et sans autorisation préalable de l'État partie.

L'article 17 du Protocole accorde à chaque État partie un délai d'un an, après son entrée en vigueur pour mettre en place un ou plusieurs organes internes indépendants chargés de l'application du texte. Le Protocole est entré en vigueur le 22 juin 2006, à la suite des dernières ratifications nécessaires.

Le 20 décembre 2006, l'Assemblée Générale des Nations Unies a adopté la *Convention internationale pour la protection de toutes les personnes contre les disparitions forcées*[1]. Elle a été signée le 6 février 2007 à Paris, par les représentants de 57 pays et elle entrera en vigueur lorsque vingt pays l'auront ratifiée, ce qui ne saurait tarder. Cet instrument juridique important concerne directement la torture dans la mesure où les disparitions sont très souvent en réalité des meurtres faisant suite à des tortures. Le texte donne une définition de la disparition :

> L'arrestation, la détention, l'enlèvement ou toute autre forme de privation de liberté par des agents de l'État ou par des personnes ou des groupes de personnes qui agissent avec l'autorisation, l'appui ou l'acquiescement de l'État, suivi du déni de la reconnaissance de la privation de liberté ou de la dissimulation du sort réservé à la personne disparue ou du lieu où elle se trouve, la soustrayant à la protection de la loi.

Les États parties doivent prendre des mesures préventives incluant l'interdiction absolue des détentions secrètes et donnant aux proches ou à l'avocat du disparu le droit d'habeas corpus. Les victimes, affirme la convention, ont le droit de connaître la vérité, et tous les États parties doivent leur reconnaître le droit d'obtenir réparation ainsi qu'une compensation rapide, équitable et suffisante.

Les conventions internationales régionales sont parfois un peu moins inefficaces. À l'échelle européenne a ainsi été créé le Comité européen pour la prévention de la torture et des peines ou traitements inhumains ou dégradants (le CPT). Ce Comité a été instauré par la *Convention européenne pour la prévention de la torture et des peines ou traitements inhumains ou dégradants* (CEPT[2]) adoptée le 26 juin 1987. Il dépend du Conseil de l'Europe et est intégralement financé par lui. Son siège est à Strasbourg. Le CPT a des fonctions essentiellement préventives qu'il exerce grâce aux informations qu'il reçoit et surtout grâce aux visites auxquelles il procède. C'est là l'innovation fondamentale de cette institution. Le Comité est autorité à visiter les lieux relevant de la juridiction d'un État partie où des personnes sont privées de liberté par une autorité publique : établissement de police ou de gendarmerie, établissement pénitentiaire, établissement militaire, établissement psychiatrique, centre de détention pour mineurs, centre de rétention pour étrangers… Le CPT procède à deux types de visites : des visites périodiques régulières dans les États parties et des visites dans les pays et les lieux où sont signalés des cas de torture. Malheureusement les rapports ne sont pas toujours rendus publics car leur publication est subordonnée à l'accord du pays concerné !

Les juridictions pénales internationales

Parallèlement à l'adoption des conventions internationales réglementant l'interdiction de la torture, on assiste depuis la seconde guerre mondiale à la multiplication de juridictions internationales chargées de juger et de réprimer les crimes contre l'humanité,

1. http://www2.ohchr.org/french/law/disappearance-convention.htm
2. http://www.cpt.coe.int/fr/documents/cept.htm

la torture faisant partie des infractions de leur compétence. Ce mouvement part du constat que le mal essentiel dont souffre la répression de ces crimes est l'impunité. Seule une autorité internationale peut avoir la force et l'indépendance nécessaires pour mener à bien les recherches nécessaires et délivrer une sentence sereine.

Le Tribunal Militaire International de Nuremberg

Le tribunal Militaire International de Nuremberg[1] créé en 1945 est la première de ces juridictions.

Dans les statuts de cette juridiction le mot de « torture » n'est pas employé mais on y trouve des équivalents : les « mauvais traitements » et les « actes inhumains ». Cette juridiction a d'ailleurs finalement retenu à l'encontre de certains condamnés des actes de torture perpétrés systématiquement par la Gestapo. Ce statut du TMI est annexé à l'accord de Londres du 8 août 1945. Les crimes entrant dans la compétence sont énumérés à l'article 6 : crimes contre la paix, crimes de guerre et crimes contre l'humanité. Les *crimes de guerre* sont ainsi définis :

> les violations des lois et coutumes de la guerre. Ces violations comprennent, sans y être limitées, l'assassinat, *les mauvais traitements* et la déportation pour des travaux forcés, ou pour tout autre but, des populations civiles des territoires occupés, l'assassinat ou *les mauvais traitements des prisonniers de guerre* ou des personnes en mer…

Les crimes contre l'humanité sont définis comme :

> l'assassinat, l'extermination, la réduction en esclavage, la déportation, et *tout autre acte inhumain commis contre toutes populations civiles*, avant ou pendant la guerre, ou bien les persécutions pour des motifs politiques, raciaux ou religieux, lorsque ces actes ou persécutions, qu'ils aient constitué ou non un violation du droit interne du pays où ils ont été perpétrés, ont été commis à la suite de tout crime rentrant dans la compétence du Tribunal ou en liaison avec ce crime.

1. http://www.icrc.org/dih.nsf/FULL/350 ? OpenDocument

Le Tribunal Militaire pour l'Extrême Orient ou Tribunal de Tokyo

On oublie souvent l'existence de cette juridiction, éclipsée par celle de Nuremberg. Il fut pourtant son pendant pour les crimes commis par le Japon. Créée en 1946, elle avait une compétence similaire à celle de Nuremberg. Son fonctionnement, extrêmement politique, montra d'emblée les limites de ce genre de tribunal. En effet, l'Empereur Hirohito et ses proches ne furent pas poursuivis. Quant aux responsables des ignominieuses expérimentations humaines[1] menées dans des camps tels que l'Unité 731, ils ne furent pas davantage inquiétés en échange d'information sur les résultats de leurs travaux.

Le Tribunal Pénal International pour l'ex-Yougoslavie (TPIY)

Le Conseil de Sécurité de l'ONU avait décidé dans sa résolution n° 808 (RGDIP, 1993, 534), le 22 février 1993, « la création d'un tribunal international pour juger les personnes présumées responsables de violations graves du droit humanitaire international commises sur le territoire de l'ex-Yougoslavie depuis 1991 ». Peu après, la résolution 827 (RGDIP, 1993, 552) du Conseil de sécurité des Nations Unies a créé le tribunal international pour l'ex-Yougoslavie, précisant qu'il serait compétent pour juger de faits commis à compter du 1er janvier 1991.

Ce tribunal a été installé à La Haye le 17 novembre 1993. Il est composé de 11 juges élus par l'assemblée générale des Nations Unies et d'un procureur nommé par le Conseil de Sécurité. Selon le statut du tribunal, ce dernier est compétent pour connaître

> des infractions graves aux Conventions de Genève du 12 août 1949, à savoir les actes suivants dirigés contre des personnes ou des biens protégés aux termes des dispositions de la Convention de Genève pertinente : l'homicide intentionnel ; la torture ou les traitements inhumains, y compris les expériences biologiques ; le fait de causer

1. Voir p. 68.

> intentionnellement de grandes souffrances ou de porter des atteintes graves à l'intégrité physique ou à la santé …

et aussi des crimes contre l'humanité s'ils ont été commis au cours d'un conflit armé, de caractère international ou interne, et dirigés contre une population civile. Sont visés notamment, là encore, les assassinats, exterminations, tortures, viols …

Cette juridiction fonctionne toujours actuellement. Une cinquantaine de personnes est en passe d'être jugée. Cinquante-cinq personnes ont été condamnées.

Le Tribunal Pénal International pour le Rwanda (TPIR)

La résolution 955 du 8 novembre 1994 du Conseil de sécurité agissant en vertu du chapitre VII de la Charte des Nations Unies a institué un tribunal international en vue de juger les personnes présumées responsables d'actes de génocide ou d'autres violations graves du droit international humanitaire commis en 1994 sur le territoire du Rwanda et, s'agissant des citoyens rwandais, sur le territoire d'États voisins. Le TPIR, suite à une décision du Conseil de Sécurité du 22 février 1995, siège à Arusha en Tanzanie. Sa composition et son fonctionnement sont calqués sur ceux du tribunal international pour l'ex-Yougoslavie. Au 30 juin 2009, quarante-cinq accusés avaient déjà été jugés en première instance.

La Cour Pénale Internationale

La Convention portant statut de la Cour Pénale Internationale a été adoptée à Rome le 17 juillet 1998 après de très longues discussions qui avaient commencé officiellement en 1989. Cette cour a été créée comme une juridiction permanente et indépendante reliée au système des Nations Unies.

Le statut de Rome de la Cour Pénale Internationale est entré en vigueur le 1er juillet 2002 après sa ratification par soixante États. Fin 2009, cent dix États ont procédé à sa ratification. Mais des États aussi importants que les États-Unis, la Russie ou la Chine n'ont toujours pas ratifié le traité quand ils l'ont signé. Cette juridiction ne peut juger que des infractions commises après le 1er juillet 2002. Dans son chapitre II traitant de la compétence, de la recevabilité et du droit applicable, les articles 5 et suivants énumèrent les crimes relevant de la compétence de la cour. Quatre chefs de compétence principaux peuvent justifier la saisine de la cour :

– le crime de génocide
– le crime d'agression
– les crimes de guerre
– les crimes contre l'humanité.

L'article 7 évoque les crimes contre l'humanité :

> 1. aux fins du présent statut, on entend par crime contre l'humanité l'un quelconque des actes ci-après lorsqu'il est commis dans le cadre d'une attaque généralisée ou systématique lancée contre toute population civile et en connaissance de cette attaque [...] f) torture [...] 2. Aux fins du paragraphe 1 [...] e) par « torture », on entend le fait d'infliger intentionnellement une douleur ou des souffrances aiguës, physiques ou mentales, à une personne se trouvant sous sa garde ou sous son contrôle ; l'acception de ce terme ne s'étend pas à la douleur ou aux souffrances résultant uniquement de sanctions légales, inhérentes à ces sanctions ou occasionnées par elles.

De multiples dispositions limitent sévèrement la compétence de la CPI. L'une des plus importantes est celle qui prévoit que cette compétence n'est que subsidiaire : elle est « complémentaire des juridictions pénales nationales » (préambule). La Cour Pénale Internationale a été installée. Elle se heurte encore à l'hostilité de nombreux pays (États-Unis, Chine, Israël ...). Siégeant à La Haye, elle est composée de 18 juges.

Le bilan de fonctionnement de la Cour Pénale Internationale après huit ans d'existence est plutôt décevant. Si des centaines de plaintes ont été déposées, seules quatre affaires ont été ouvertes. Toutes concernent le continent africain. Trois d'entre elles ont débuté sur saisine des États concernés, la République démocratique du Congo, l'Ouganda et la République Centrafricaine. La quatrième concernant le Soudan a été déférée par le Conseil de Sécurité des Nations Unies. À cette occasion un mandat d'arrêt a été lancé contre le chef d'État soudanais, Omar Hassan El Béchir en mars 2009 mais cette mesure a fait l'objet de larges controverses en Afrique et cela ne l'a pas empêché d'être « réélu » en avril 2010 à l'issue de manœuvres évidentes mais sous la surveillance d'une partie de la communauté internationale.

Perpétuation de la torture malgré les prohibitions

Quels ont été les effets de ces normes législatives, de ces textes? Comment les mesurer? Ont-ils touché juste? La réponse risque d'être désespérante si l'on essaie de retracer rapidement l'évolution récente de la torture à l'échelle du monde. Car elle existe toujours. Plus que jamais semble-t-il. Plus qu'avant? Qui peut le dire? La façon de regarder la torture a profondément changé en quelques siècles. C'est le changement de ce regard qui risque d'être mesuré plus que l'objet regardé. La vigilance des organismes mis en place par les conventions internationales tout comme celle des organisations non-gouvernementales (*Amnesty International*, *Human Rights*, *ACAT*...) nous permet d'avoir une vision très acérée de la réalité. Mais cette masse d'informations risque aussi d'engendrer l'abattement : un sentiment d'impuissance qui naît en constatant l'étendue du phénomène. Tous les continents sont atteints; peu de pays y échappent. Si les mêmes sources d'informations avaient existé il y a un siècle ou deux, sous l'ancien régime, au Moyen Âge et avant..., si elles avaient permis d'apprendre ce qui se pratiquait en Chine, en Amérique, en Afrique, au Moyen Orient... peut-être serions nous effarés de la barbarie du passé et persuadés de vivre malgré tout dans une sorte de paradis.

La torture pendant la guerre d'Algérie (1954-1962)

Où jeter plus particulièrement le regard pour tenter de mesurer le phénomène, aujourd'hui? Puisque je suis Français, né en 1950, quatre ans avant le début de la guerre, en Algérie, à Constantine, près du centre de torture de la ferme Ameziane, le centre de renseignement et d'action (C.R.A.), autant parler de ce que je connais ou ai fini par connaître. Des exactions commises par des membres de ma famille ou des amis de mes parents. Ceux dont on parlait dans mon enfance. Cette torture pratiquée par l'armée française qui a étonné et indigné le monde entier. Ces périodes sombres sont exemplaires de la torture contemporaine. Plus triste encore, la guerre d'Algérie permet de comprendre les liens, très étroits, entre toutes les tortures pratiquées dans le monde entier. Chacun sait aujourd'hui ce qui s'est passé en Algérie. Partout, et pas seulement en Algérie et en France. Mais aucun procès véritable n'a jamais eu lieu en raison d'une loi d'amnistie du 31 juillet 1968. La France ne s'est toujours pas décidée à dire la vérité.

Il reste que les innombrables témoignages des victimes joints au récit des acteurs de l'époque ou des journalistes et à de multiples documents irréfutables, ont été confirmés par les aveux des auteurs de tortures eux-mêmes. Le paradoxe, difficilement admissible, est que les tortionnaires peuvent parler, eux, à condition de prendre un minimum de précautions. C'est ce qu'a oublié le général Paul Aussaresses quand, en 2001, il publia *Services spéciaux, Algérie 1955-1957*[1]. Il n'est pas et ne sera jamais condamné pour les crimes qu'il a commis. Aucune victime, aucun survivant ne viendra lui réclamer justice à la barre d'un tribunal. Il n'a été condamné que pour apologie de la torture, parce qu'il s'en glorifiait et justifiait des « actes constitutifs de crimes de guerre », selon les termes mêmes de l'arrêt de décembre 2004 de la chambre criminelle de la cour de cassation (rejetant le pourvoi de M. Aussaresses qui avait été condamné à 7500 € d'amende en appel !).

On peut donc lire comment il tortura « la première fois » un homme arrêté à la suite d'attentats à Philippeville en juin 1955.

> L'homme refusait de parler. Alors, j'ai été conduit à user des moyens contraignants. Je me suis débrouillé sans les policiers. C'était la première fois que je torturais quelqu'un. Cela m'a été inutile ce jour-là. Le type est mort sans rien dire. Je n'ai pensé à rien. Je n'ai pas eu de regrets de sa mort. Si j'ai regretté quelque chose, c'est qu'il n'ait pas parlé avant de mourir.

Paul Aussaresses continuera pendant toute la guerre, à plus grande échelle, et avec l'aval de ses supérieurs et des autorités politiques. Il rédigeait chaque jour un rapport sans fard qui évoquait les tortures qu'il pratiquait comme bien d'autres. Dans son livre il raconte comment il exécuta deux opposants, après les avoir « interrogés ». Pas question de les livrer à une justice incertaine. Il pend

1. P. Aussaresses, *Services spéciaux, Algérie 1955-1957*, Paris, Perrin, 2001.

lui-même l'avocat Ali Boumendjel et fait pousser le leader du FLN, Ali Ben M'Hidi, du haut d'une passerelle de 6 mètres.

Même le général Massu, qui commandait la 10e division parachutiste, chargée en 1957 du rétablissement de l'ordre à Alger, a reconnu cette réalité :

> le principe de la torture était accepté, mais, personnellement, j'avais autre chose à faire, et je n'y ai jamais été directement mêlé. Les civils, membres du gouvernement, trouvaient cela très bien. Je pense en particulier à deux d'entre eux qui venaient régulièrement nous voir, visitaient nos centres d'interrogatoire et ne s'étonnaient de rien[1].
>
> La torture a été généralisée en Algérie. Elle a été ensuite institutionnalisée avec la création du CCI (Centre de coordination interarmées) et des DOP (dispositifs opérationnels de protection), et institutionnaliser la torture, c'est pire que tout[2].

Ce qu'on appela la « bataille d'Alger » (1957) fut l'un des moments les plus dramatiques mais elle est loin d'en avoir été le seul. Il s'agissait d'obtenir des renseignements par tous les moyens. Et les méthodes furent terribles. Le procédé le plus courant était la « gégène », la baignoire, mais tout était bon : brûlures, pendaisons, viols et violences sexuelles de toutes sortes, sans compter les privations de nourriture et de soins. Le nombre de disparus est évidemment un sujet de polémique. Trois mille pendant la seule « bataille d'Alger », dit-on, mais bien d'autres, avant et après, et ailleurs qu'à Alger. Les victimes n'étaient pas seulement des arabes ou des membres du FLN. Le plus connu fut le professeur communiste Roger Audin, dont la mort sous la torture est une évidence. Beaucoup furent enterrés, « coulés » ou jetés en pleine mer (la « crevette Bigeard »). Henri Alleg a relaté les tortures subies dans *La question* imprimé en 1958 et que le gouvernement français tenta inlassablement d'interdire.

La torture était généralisée. Elle faisait l'objet d'instructions précises même si le mot n'était jamais prononcé. Dans un conflit où le renseignement était devenu l'obsession de toute une armée, la

1. Interview du général Massu par Florence Beaugé, *Le Monde*, 22 juin 2000.
2. *Le Monde*, 23 novembre 2000.

torture était devenue une arme essentielle. Dans une directive du 10 mars 1957, le général Massu, après avoir décrit les « méthodes de coercition » nécessaires conclut :

> la technique policière constitue la partie fondamentale de la lutte contre l'OPA (Organisation Politico-Administrative du FLN) et par voie de conséquence la partie fondamentale de la guerre subversive[1].

Était-il possible de refuser la torture ? Il fallait une volonté et un courage hors du commun. Jean-Charles Jauffret a décrit quelques-unes de ces officiers, peu nombreux, il faut bien le constater, qui ont osé[2]. Parmi eux, Pâris de Bollardière, le plus connu qui demanda à être relevé de son commandement en 1957 pour protester contre la torture. Mais quelques autres aussi qui trouvaient dans leur foi chrétienne, leurs convictions marxistes ou leur foi dans l'humanité, dans des valeurs d'humanité en tout cas, le ressort de leur courage. Beaucoup d'intellectuels courageux ont dénoncé l'emploi de la torture en Algérie. Son ampleur a été connue assez vite. François Mauriac notamment, dès 1954, dans son *Bloc-Notes* de *L'Express*. Paul Teitgen, ancien résistant, alors secrétaire général de la Préfecture d'Alger chargé de la police, avait, en 1957 démissionné de son poste après avoir relevé sur des personnes assignées à résidence, des « traces profondes des sévices ou des tortures » que quatorze ans plus tôt il avait lui-même subis dans les caves de la Gestapo de Nancy. Dans sa lettre de démission il affirmait « qu'au cours de certains interrogatoires, des individus étaient morts sous la torture »[3].

L'accent mis sur la guerre d'Algérie risque de faire oublier que la torture n'est pas apparue subitement à partir de 1954. Elle est une vieille tradition qui a suivi l'armée coloniale de Saigon à Alger.

1. Cité dans M.-M. Robin, *Escadrons de la mort, l'école française*, Paris, La Découverte, 2004, rééd. 2008, p. 127.

2. J.-Ch. Jauffret, *Ces officiers qui ont dit non à la torture, Algérie 1954-1962*, Paris, Éditions Autrement, 2005.

3. Lettre publiée par *Le Monde*, 1er octobre 1960.

La torture pendant la guerre d'Indochine (1945-1954)

> Quand je suis arrivé en Algérie en 1955,

raconte le général Massu au Monde, le 22 juin 2000, à propos du colonel Bigeard,

> je me souviens l'avoir vu en train d'interroger un malheureux avec la gégène… Je lui ai dit : mais qu'est-ce que vous faites là ? Il m'a répondu : on faisait déjà cela en Indochine, on ne va pas s'arrêter ici.

Il y a entre les deux guerres, une continuité qu'on oublie parfois, non seulement des acteurs mais des méthodes.

C'est qu'en effet la pratique régulière de la torture date de cette guerre-là qui prend fin en 1954, le 7 mai, par la victoire des forces vietnamiennes à Dien Bien Phu. Le conflit algérien débutera six mois plus tard, le 1er novembre 1954, le jour des premiers attentats dans le Constantinois. Pendant la guerre d'Indochine certains militaires français ont fourni peu à peu l'armature idéologique qui allait permettre de justifier pleinement l'usage de la torture. La théorisation de la guerre révolutionnaire date de Mao Tsé Toung. Les militaires français ont développé, eux, une théorie de la guerre contre-révolutionnaire ou, si l'on préfère, de la contre-guerre révolutionnaire. Théorie désastreuse car constamment et totalement inefficace. L'aveuglement de ces soldats, tout fiers de leurs idées « neuves », qu'ils exposent dans des cercles de gradés ou des écoles militaires, fait peine à voir. L'émancipation des peuples colonisés est une loi de l'histoire contre laquelle nul n'a pu se dresser bien longtemps. Ni cette théorie militaire, ni aucune autre n'y pouvait rien. L'armée française s'est épuisée dans un combat perdu d'avance quand bien d'autres pays s'engageaient sur la seule voie possible, celle de la décolonisation.

Les preuves de l'usage de la torture en Indochine sont multiples mais en France, le phénomène algérien a quelque peu éclipsé cette période à peine plus ancienne. À l'époque les témoignages existaient mais ils avaient peu d'écho. La presse ne brillait pas par sa curiosité. Dans les grands quotidiens existaient, mais on y lisait peu d'articles sur le sujet, peu d'investigations. Hubert Beuve-Méry, dans *Le Monde*, le 17 janvier 1948, évoque bien la « sale guerre ». Il faut attendre l'année suivante pour que paraisse une série d'articles bien documentés qui vont bouleverser une partie de l'opinion publique. En 1949, un journaliste de *L'Aube*, quotidien modéré, Jacques Chegaray, envoyé en Indochine, en revient avec des témoignages accablants. Devant le refus de son employeur il s'adresse à *Témoignage Chrétien* qui a le courage d'accepter ses articles. Le premier paraît le 29 juillet.

> Un officier militaire m'avait invité à visiter un petit poste à Cholon. L'adjudant de service, jovial et sympathique, m'expliqua le fonctionnement du système défensif, puis nous entrâmes dans son bureau.
> — Une cigarette ?
> — Volontiers.
> Quelques instants après, à la recherche d'un cendrier, ma main heurta une masse ronde et blanche sur le bureau. Je n'y fis pas d'abord attention. Puis attiré de nouveau par l'objet, je m'approchai et découvris que c'était un crâne humain.
> — Ce n'est pas un vrai … demandais-je.
> — Quoi ? ce crâne ! Mais si, bien sûr. Un sale Viet, vous savez, c'est moi qui lui ai coupé la tête. Il criait … il fallait l'entendre ! Vous voyez ça me sert de presse-papiers. Mais quelle affaire pour enlever la chair. Je l'ai fait bouillir quatre heures ; après, j'ai gratté avec mon couteau …
> Quinze jours plus tard, au Tonkin cette fois, un jeune officier me faisait les honneurs de son poste de brousse, un poste bien tenu, propre, ordonné, c'était à Phul-Cong.
> — Vous êtes journaliste de France ? Enchanté. Venez voir ma maison. Ici, c'est le poste de guet ; là le PC de la compagnie.
> Nous entrons, tout est dans un ordre impeccable. Je le félicite.
> — Ici, continue-t-il c'est mon bureau. Table, machine à écrire, lavabo ; et là dans le coin, la machine à faire parler.
> Comme j'ai l'air de mal comprendre il ajoute :
> — Oui, la dynamo, quoi ! C'est bien commode pour l'interrogatoire des prisonniers. Le contact, le pôle positif et le pôle négatif ; on tourne et le prisonnier crache !
> Et il enchaîne sur le même ton :
> — là le téléphone ; ici le classeur pour les cartes de l'état major …
> Huit jours plus tard conversation avec un sous officier de l'escadron blindé de Dau Tieng.

> — Pas toujours commodes à obtenir, les renseignements. Cette semaine, nous avons attrapé une femme, elle n'a rien voulu dire, la garce ! Je l'ai accroché par les poignets au plafond, complètement nue. On l'a « travaillée » pendant trois jours ... rien ! Vous m'entendez ? Rien ! Elle n'a rien voulu dire et le plus fort, la troisième nuit, elle a réussi à se décrocher et elle a foutu le camp dans la brousse, dans l'état où elle était; on ne la pas retrouvée [1].

Bien d'autres ont osé parler. Jules Roy a terminé sa carrière militaire en Indochine. Jeune lieutenant-colonel, il démissionne en 1953, refusant ces méthodes qu'il dénoncera lorsqu'elles seront utilisées en Algérie. Il racontera quelques dizaines d'années plus tard :

> Sur toutes les bases aériennes, à l'écart des pistes, étaient construites des cahutes qu'on évitait, et d'où, la nuit, montaient des hurlements qu'on feignait de ne pas entendre. Sur la base de Tourane, de mon camarade Marchal, où je disposais d'une certaine liberté de mouvement, on m'avait montré cela avec répugnance : les hommes de main des renseignements s'exerçaient là. Marchal me disait : « c'est comme ça partout, c'est obligé ». Pourquoi ? Comment ? Un jour, au cours d'une nouvelle opération, comme je parcourais la zone en jeep, j'aperçus devant une pagode un troupeau de paysans accroupis sous la garde de soldats. Je demandais à l'officier qui m'accompagnait ce que c'était. « Rien. Des suspects ». Je demandai qu'on s'arrêtât. J'allai à la pagode, j'entrai : on amenait des files de Nha Que devant les tables où les spécialistes leur brisaient les couilles à la magnéto [2].

La torture, vieille tradition de la culture coloniale

Ce serait une erreur profonde que d'imaginer la torture comme une apparition soudaine dans la culture militaire française d'après 1945. Les guerres coloniales l'ont implantée au cœur des mœurs militaires françaises depuis bien plus longtemps. Mais il s'agissait de pratiques qui ne faisaient l'objet d'une doctrine officielle et d'une publicité plus que restreinte.

1. *Témoignage Chrétien*, 29 juillet 1949.
2. J. Roy, *Mémoires barbares*, Paris, Albin Michel, 1989.

Paul Vigné d'Octon, médecin, officier de marine, écrivain, député de Lodève, décédé en 1943 à l'âge de 84 ans, a été un des plus courageux pourfendeur des injustices et des excès de la colonisation française. Il avait connu l'Afrique, le Maghreb. Le 19 novembre 1900 il déclare à la Chambre des Députés :

> La torture judiciaire, l'affreuse torture du Moyen Âge, sévit non seulement à Madagascar, mais au Tonkin et au Soudan français [1].

En Indochine, douze ans avant le début de la guerre, en 1932, Andrée Viollis, une des grandes figures du journalisme de l'entre-deux-guerres, témoigne sans fard de l'usage de la torture [2]. Elle accompagne le ministre des colonies de l'époque, Paul Reynaud, lors d'une longue tournée.

> Il y a [écrit-elle] des tortures qu'on peut appeler classiques: privation de nourriture avec ration réduite à trente grammes de riz par jour; coups de rotin sur les chevilles, sur la plante des pieds, tenailles appliquées aux tempes pour faire jaillir les yeux des orbites, poteau auquel le patient est attaché par les bras et suspendu à quelques centimètres du sol, entonnoir à pétrole, presse de bois, épingles sous les ongles.

La gégène est déjà appliquée :

> attacher un bout de fil de fer au bras ou à la jambe, introduire l'autre bout dans le sexe; relier un fouet aux fils de fer entrelacés à un courant électrique; attacher une des mains du prévenu par un fil métallique que l'on branche ensuite sur le circuit.

C'est ce qu'on constate de plus en plus souvent dans les commissariats.

En 1951, bien avant le début de la guerre d'Algérie, Pierre Bourdet, dans *France Observateur* [3] dénonçait l'usage fréquent de la torture par la police dans des conditions qui rappelaient celles de la Gestapo, quelques petites années auparavant. On retrouvait pêle-

1. Cité dans A. Ruscio, *Du Tonkin à Alger, « des violences de détail »*, *Le Monde Diplomatique*, juin 2001.
2. A. Viollis, *Indochine S.O.S.* (1935), Pantin, Les Bons Caractères, 2008.
3. *France Observateur*, 6 décembre 1951.

mêle les violences évoquées par des accusés et qui seront systématisées peu après :

> leur description est convaincante pour un homme connaissant l'atmosphère des locaux de la Gestapo; il y a des détails qu'il faut avoir vus soi-même. [...] Il y a la mâchoire fracassée de l'un des inculpés. [...] Il y a les brûlures d'électrode relevées sur les mains d'un accusé, et il y a surtout les plaintes déposées par tous, ou presque. [...] Tous parlent de coups violents sur tout le corps; presque tous affirment avoir été soumis au supplice de la baignoire, certains parlent de tortures électriques et de pendaison.

Le XXe siècle a été pour la France, le grand siècle de la torture, pendant la guerre, et même en dehors de périodes de conflit. L'histoire des conquêtes coloniales françaises au siècle précédent est remplie de tortures et d'exactions en tout genre. Il n'y a aucune raison de croire qu'à partir de 1900 une vague de sadisme se soit abattue sur les militaires français. Dès le début du XIXe siècle la guerre d'Espagne menée par Napoléon – « un enfantillage », affirmait-il au début, en 1807 – avait été le théâtre des pires excès. Le terme de guérilla est né de ce conflit où moururent plus de 100.000 soldats français. Guerre de partisans, guerre urbaine, embuscades, massacres, viols... Il suffit de regarder l'œuvre de Goya. La torture est aussi au rendez-vous de ce conflit dont on retrouvera l'écho dans bien des guerres contemporaines. Tout au long du XIXe siècle, les conquêtes coloniales ont été un terreau particulièrement propice à l'éclosion de toutes les horreurs possibles. Le racisme, l'exotisme des lieux, l'esprit militaire, la violence propre à toute guerre, la persistance de l'esclavage dans la première moitié de ce siècle-là : tous les facteurs de la torture se bousculaient. La France coloniale a eu une très longue tradition de torture. Que ce soit en Algérie, en Indochine ou ailleurs. En Algérie par exemple, que la France a conquis à partir de 1830, les supplices ou la torture ont toujours servi à terroriser et soumettre les populations algériennes.

Le plus atroce des supplices est l'enfumade. Elle rappelle le principe des chambres à gaz. Utilisée comme arme de guerre, elle vise à la fois à faire souffrir abominablement avant la mort, par une lente asphyxie, à terroriser la population survivante, horrifiée par le supplice, et à exterminer massivement une population civile, femme, enfants compris. Des tribus qui ne veulent pas se soumettre à la domination française, et combattent ses soldats les armes à la main, se réfugient parfois dans des grottes. Certains officiers français décident alors de mettre le feu à de la végétation à l'entrée de la grotte et laissent tous ceux qui se sont engouffrés à l'intérieur périr. Une technique mûrement réfléchie et soigneusement organisée. L'un de ces nombreux massacres a été perpétré par le colonel Pélissier en juillet 1845 dans la région du Dahra (Mostaganem). Près de mille morts. Mais ce militaire bénéficiera de l'impunité ordinaire des tortionnaires. Critiqué à l'Assemblée Nationale et dans la presse, il sera défendu bec et ongle par sa hiérarchie et par le pouvoir politique. Pire, ce massacre ne nuira en rien à une superbe carrière : il fut ambassadeur de France, vice-président du Sénat, Maréchal de France … Les enfumades continueront donc avec la bénédiction de tous conformément aux instructions de Bugeaud, alors maréchal de France et gouverneur général de l'Algérie, ce chef militaire qui créa une prime à la tête coupée. L'un de ses adeptes, le colonel Saint Arnaud, futur Maréchal lui aussi, inhumé aux Invalides, et dont Victor Hugo disait qu'il avait « les états de service d'un chacal », se vantait d'enfumer jusqu'à cinq cent personnes. La torture « classique » existait aussi en Algérie. Moins sophistiquée qu'au siècle suivant, mais avec les mêmes ressorts. Battre le suspect, ou n'importe qui choisi au hasard, le frapper en public de préférence, pour obtenir des aveux ou terroriser la population. Affamer, assoiffer, jusqu'à la mort s'il le faut.

Les écoles de torture : les théoriciens français de la guerre subversive

L'Algérie, l'Indochine auparavant, les guerres coloniales : la France a toujours connu la torture, mais elle ne s'est pas contentée de la pratiquer inlassablement partout où elle était censée « apporter la civilisation ». Elle en a aussi développé l'idée et favorisé la pratique dans de multiples pays du monde entier. Il ne s'agit en aucun cas de jeter la pierre à ce pays en particulier. D'autant que la France n'a jamais eu le privilège de l'utilisation de la torture. Que ce soit en Indochine ou en Algérie, ses adversaires du moment en ont largement usé, chacun à leur façon, en fonction de leur passé et de leur culture propres. Il est bon toutefois de rappeler que, si la diffusion des Droits de l'Homme est grandement redevable à la France, la diffusion d'une théorisation de la torture lui doit beaucoup également. Plusieurs historiens ont décrit avec précision, en s'appuyant sur un travail minutieux, comment les militaires français avaient essaimé leurs méthodes de contre-guerre révolutionnaire mises au point en Indochine, puis théorisées en Algérie, dans beaucoup de pays de dictature, mais surtout en Amérique du Sud. Marie-Monique Robin, dans son livre capital, *Escadrons de la mort, l'école française*, démonte toute cette mécanique de diffusion de théories porteuses de torture.

Des militaires français ont enseigné leurs doctrines dans plusieurs pays d'Amérique latine, le Brésil, l'Argentine notamment. On retrouve comme instructeurs dans des écoles de guerre américaines plusieurs officiers français et notamment… le général Aussaresses. Il apportait tout son bagage de techniques infaillibles : la recherche du renseignement, le quadrillage, la torture, les « disparitions » … Il l'a fait dans des écoles militaires américaines où Pierre Messmer l'avait envoyé (de 1962 à 1966) comme instructeur en tant que spécialiste de la guerre révolutionnaire. École d'infanterie de Fort Benning puis École des forces spéciales de Fort Bragg aux États-Unis. L'enseignement ne portait pas seulement sur le quadrillage du territoire, le contrôle de la population, les hiérarchies parallèles … Il concernait aussi les méthodes d'interrogatoire et la torture. Ces techniques, ses élèves (des officiers sud-américains qu'on retrouvera dans les juntes des années 60, 70) ne les ignoraient pas : « J'en ai parlé, mais ils en savaient autant que moi ». Dix ans plus tard, on retrouve le général Aussaresses dans le *Centre d'Instruction de la guerre dans la jungle* de Manaus au Brésil. Dans son dernier livre, « Je n'ai pas tout dit, Ultimes révélations au service de la France »[1], le général se confie à Jean-Charles Deniau qui l'interroge.

1. P. Aussaresses, *Je n'ai pas tout dit. Ultimes révélations au service de la France*, Paris, Éditions du Rocher, 2008.

— L'enseignement de la torture, c'était uniquement théorique, donc ? Ou est-ce qu'il y avait des exercices ?
— Il y avait des exercices.
— Sur des cobayes ... Il y avait des stagiaires qui jouaient le rôle de torturés et d'autres celui de tortionnaires ?
— Voilà.
— Chacun jouait son rôle ?
— Oui.
— Mais ils ne faisaient pas vraiment ?
— Non.
— Mais parfois ils le faisaient vraiment ?
— Parfois ils le faisaient vraiment.

Plusieurs militaires chiliens, argentins ou même originaires des États-Unis ont officiellement admis qu'ils avaient été instruits, notamment en matière de torture, par les officiers français et ont déclaré qu'ils avaient pris pour modèle la « Bataille d'Alger », film qui était régulièrement diffusé dans les écoles militaires qui les avaient recrutés. Beaucoup ont lu également le livre du colonel Trinquier, *la guerre révolutionnaire*, traduit en espagnol et en anglais.

Renouveau de la torture dans le monde contemporain

La mondialisation de la torture

Il ne s'agit donc pas d'attribuer à la France la paternité de toute la torture du monde. Il n'y aurait rien de plus faux et de plus dangereux. Il y a, dans chaque pays, de quoi allumer le feu de cette folie sans que personne d'extérieur n'ait à s'en mêler. Il est plus souvent question de la France car elle a joué, dans l'histoire, un rôle important, sur presque tous les continents. Des armées plus entreprenantes, mais sans rigueur morale particulière, des chefs militaires sans humanité, des dirigeants lâches, une population indifférente ..., on pourrait multiplier les facteurs qui ont fait de la France, dans certains moments de son histoire, une nation plus exposée.

Elle n'est évidemment pas la seule. L'Allemagne nazie a, elle aussi, exporté ses maîtres ès-torture. Klaus Barbie, parmi tant d'autres, est le prototype du praticien que l'on s'arrache pour son expérience. À partir de 1947, il est utilisé par les services secrets américains dans le cadre de la lutte contre le communisme et de la guerre froide. Le *Counter Intelligence Corps* (CIC) de l'armée américaine, le protège ouvertement, à l'époque où, par contumace, il est sous le coup d'une double condamnation à mort prononcée à deux reprises en France en 1952 et 1954. En 1951, il est exfiltré, comme bien d'autres tortionnaires nazis vers l'Argentine, puis il s'installe en Bolivie sous l'identité de Klaus Altman. Non seulement il se livre à des trafics d'armes mais il aide et conseille l'armée bolivienne dans la chasse aux opposants et l'application de la torture.

Lorsqu'on lit aujourd'hui les rapports des organisations non gouvernementales, des organismes internationaux de l'ONU ou de l'Europe chargés de surveiller et de combattre la torture, les responsabilités s'équilibrent rapidement. Le mal est absolument partout. La nouveauté est là, dans la précision des informations dont nous disposons. Avant *Amnesty International*, *Human Rights*..., avant la Convention internationale de 1984, les informations partielles dont nous disposions, pouvaient excuser des analyses fragmentaires et justifier des théories incertaines.

Il est, pour cette raison, plus difficile aujourd'hui de soutenir une vision manichéenne des conflits. Les tortionnaires sont le plus souvent des deux côtés. Chacun sait aujourd'hui que l'Algérie, après le départ des Français, a torturé elle aussi. Il n'y avait pas de conseillers français ni d'école française, américaine ou autre. Dès lors peut s'installer une autre vision de l'histoire. Les anciens tortionnaires n'y trouvent pas plus de répit. Simplement, ils sont rejoints par d'autres que l'histoire avait jusque là épargnés. Il est dès lors possible de dire, en même temps, que les militaires français ont torturé en Indochine mais que les camps du Vietminh étaient des centres de torture où étaient mises en œuvre des techniques tout aussi indignes : lavage de cerveau, violences physiques, privations de toute sorte et où sont morts des milliers de personnes (le tristement célèbre camp « 113 » par exemple). Il est possible de dire aussi qu'en Algérie, le FLN a, lui aussi, horriblement torturé, y compris dans son propre camp, s'attaquant à de supposés traîtres.

La torture a toujours existé et nous apprenons maintenant qu'elle existe partout, à plus ou moins grande échelle. On pourrait craindre que cette vision plus complète ne brouille l'analyse et qu'une certaine confusion ne profite en définitive à la torture elle-même. Le champ d'observation est simplement plus vaste. Il nécessite davantage d'observateurs. Mais l'image d'ensemble est plus précise et les évolutions sont plus nettes. Nous pouvons constater aujourd'hui la mondialisation de la torture : impossible de détourner le regard de ce qui se passe « trop loin ». Impossible de ne pas voir les liens immédiats qui existent d'un pays à l'autre. Les informations arrivent quotidiennement, d'un théâtre de guerre à l'autre, d'une dictature à l'autre, d'un pays soi disant démocratique à l'autre … Un terrible carte de la torture se dessine chaque jour sous nos yeux, avec ses donneurs d'ordre, ses sous-traitants, ses témoins silencieux, ses exécutants, ses exécutés …

La « démocratisation » de la torture

La politique des États-Unis en matière de torture est particulièrement symptomatique de cette mondialisation de la torture. Préférant ne pas pratiquer sur son propre sol des actes qui pourraient lui valoir des poursuites, le gouvernement des États-Unis, sous la direction de Georges Bush, a mis en œuvre une politique d'exportation ou de délocalisation de la torture. Plusieurs pays « amis » ont été mis à contribution pour détenir et interroger des suspects de terrorisme. Le constat est officiel : il suffit de lire, entre autres, les deux rapports du Conseil de l'Europe consacrés au sujet. « De nombreuses personnes ont été enlevées de divers endroits un peu partout dans le monde pour être remises à des pays où elles étaient persécutées et où il est notoire que l'on pratique couramment la torture »[1]. Des accords ont été passés dans le cadre de l'OTAN. Dick

1. Rapport du 12 juin 2006 de l'Assemblée Parlementaire du Conseil de l'Europe, Doc. 10957, Allégations de détentions secrètes et de transferts interétatiques illégaux de détenus concernant des États membres du Conseil de l'Europe, Commission des questions juridiques et des droits de l'homme; rapporteur, M. Dick Marty, Suisse; http://assembly.coe.int/Mainf.asp?link=/Documents/WorkingDocs/Doc06/FDOC10957.htm

Marty, rapporteur spécial du Conseil de l'Europe a révélé qu'un accord secret avait été passé peu après le 11 septembre. Il a permis l'installation, en Roumanie et en Pologne notamment, de centres de détention secrets entre 2003 et 2005. Autre méthode mise en œuvre depuis 2001 et jusqu'en 2006, au moins : les navires utilisés comme prisons flottantes. L'ONG *Reprieve* en a fait état en 2008. George Bush a annoncé officiellement l'abandon de cette pratique en 2006. Deux cents personnes auraient été détenus sur dix-sept navires croisant pour la plupart au large de l'île de Diego Garcia, une possession britannique dans l'Océan Indien, louée aux États-Unis. Et évidemment, la base de Guantanamo est devenue le symbole de la torture américaine. La décision du président Obama de fermer ce centre a remis en lumière cette autre mondialisation : il demandait aux pays amis d'accueillir ces anciens dangereux terroristes puisque, à l'issue de plusieurs années de détention illégale et de tortures de toutes sortes, il n'y avait plus rien à leur reprocher.

Les États-Unis portent, d'une certaine façon, une lourde responsabilité. Leur apparente transparence a décomplexé l'usage de la torture. Pour la première fois, un pays considéré comme démocratique, utilisait ouvertement la torture. Un débat s'instaurait sur le sujet dans la presse et le peuple américain. Il était possible de parler de la torture comme on aurait discuté du réchauffement climatique ou de la crise financière. Était ainsi brisé de façon définitive le lien ordinaire entre torture et dictature. Les démocraties, elles aussi, peuvent vivre avec la torture. Sans la légaliser complètement, comme sous l'ancien régime, sans renier non plus les conventions internationales qu'elles ont solennellement signées, elles peuvent louvoyer, finasser et trouver mille compromis en attendant un jour de réintégrer officiellement la torture dans leurs arsenaux législatifs.

Rapport du 11 juin 2007 de l'Assemblée Parlementaire du Conseil de l'Europe, Doc. 11302 rév., *Détentions secrètes et transferts illégaux de détenus impliquant des États membres du Conseil de l'Europe*, Commission des questions juridiques et des droits de l'homme; rapporteur, M. Dick Marty, Suisse; http://assembly.coe.int/mainf.asp?Link=/documents/workingdocs/doc07/fdoc11302.htm

L'industrialisation de la torture

Le champ de la torture se précise : c'est la terre entière. Les méthodes de la torture changent d'échelle.

Le plus spectaculaire des changements dans la pratique de la torture au XXe siècle, puis au XXIe, est l'industrialisation de la torture : elle est devenue une pratique de masse. Non seulement elle s'applique à des populations entières mais elle fait l'objet de méthodes de masse. Des camps de torture sont créés. Il ne s'agit plus seulement d'actes individuels. La marque des méthodes nazies est évidente. Mais il serait trompeur de se cantonner à cette période horrible de l'histoire. Des camps spécialisés ont été inventés au XXe siècle. Que ce soit en Algérie ou en Amérique latine, ou ailleurs, le besoin s'est fait sentir, chez les tortionnaires, de regrouper leurs activités dans des lieux plus « fonctionnels », le plus souvent pour faire face à la masse des prisonniers à « traiter ».

Le camp dénommé S 21 (Sécurité 21), au Cambodge, pendant la période des Khmers rouges, est un des plus tristement célèbres. Il était situé en plein cœur de la capitale, Phnom Penh. Dix-sept mille personnes y ont été amenées pour être torturées puis exécutées. Sept prisonniers ont survécu. Le film *S 21. La machine de mort Khmère rouge* de Rithy Panh (2004) retrace avec une redoutable exactitude quatre années d'horreur absolue. Le bâtiment qui était auparavant un lycée est devenu un musée, le musée de Tuol Sleng. Il contient les photographies de tous les prisonniers et les archives de tous les documents établis à l'époque. Et notamment tous les cahiers sur lesquels sont retranscrits minutieusement les aveux des prisonniers, écrits de leur propre main, quand ils savaient écrire. Le but de la torture était d'aboutir à ces aveux, le plus souvent imaginaires. Il fallait nécessairement expier quelque chose. Des complots sortis tout droit de l'imagination des interrogateurs sont ainsi relatés dans le détail. Mais il y avait surtout les dénonciations. Les prisonniers donnaient tous les noms qu'ils pouvaient, grossissant ainsi sans fin le nombre des suspects et des futurs prisonniers. Chaque personne était de toutes façons arrêtée avec toute sa famille, enfants compris. Il suffisait d'avoir l'air d'un intellectuel pour être arrêté : porter des lunettes était l'un des signes. L'exécution suivait inexorablement la signature du dernier feuillet. Quand le prisonnier avait échappé à la mort par épuisement, par maladie ou n'était pas décédé pendant la torture. Trois équipes étaient prévues selon le degré de résistance : les « Gentils », les « Chauds » et les « Mordants », de plus en plus féroces dans leurs brutalités. Les méthodes étaient classiques. La plupart étaient bastonnés avec une violence inouïe. On déposait aussi parfois des insectes piqueurs sur le ventre des prisonniers ou bien ils étaient étouffés dans une cuvette remplie d'eau, pendus par les pieds. Le responsable du camp, Douch, de son vrai nom Kang Kek leu, a été traduit devant le tribunal du génocide cambodgien à compter de février 2009.

Priorité aux tortures sans traces

L'une des évolutions les plus consternantes de ces dernières décennies est le « raffinement » croissant de la torture. Le docteur Pierre Dutertre qui a soigné pendant quinze ans en France les victimes de torture constate qu'il a « vu l'usage de la torture se répandre dans le monde et se "raffiner" »[1]. Cette constatation d'un médecin rejoint celles de tous les thérapeutes dans le monde entier. Pas simplement parce que nos outils sont plus performants, que la clinique et l'écoute des soignants sont plus expérimentées, mais parce que les tortionnaires ont mis au point, eux aussi, des techniques plus fines. Certes, les méthodes rudimentaires sont toujours à l'honneur. La torture est un des lieux où le sadisme humain se recrée et se développe à des degrés insoupçonnés. De ce point de vue, le raffinement est permanent, à chaque époque et dans chaque pays.

La vraie nouveauté vient de ce que ces nouvelles méthodes de torture sont, aujourd'hui, longuement réfléchies, travaillées et mises au point de façon quasi scientifique pour aboutir à ce que l'on appelle la « torture blanche » ou la « torture propre ». Celle qui ne laisse pas de trace visible, pas de contusions, ni de bleus, ni de blessures, mais qui atteint tout aussi profondément l'être dans son entier et peut-être même plus, car elle s'attaque violemment à son psychisme. Là encore rien de bien neuf, pourrait-on dire. La technique de privation de sommeil, par exemple, est connue de tout temps et elle ne laisse

1. P. Dutertre, *Terres inhumaines, un médecin face à la torture*, Paris, J.C. Lattès, 2007.

pas de trace. Elle était déjà pratiquée par l'Inquisition. Elle a été largement utilisée pendant les procès staliniens des années 30 aux années 50. Artur London, vice-ministre des Affaires étrangères de Tchécoslovaquie, arrêté en 1951 et jugé l'année suivante (il échappa à la pendaison, contrairement à la plupart de ses co-accusés) évoque avec précision dans son livre *L'aveu* (1968) l'une de ces méthodes « blanches » : la privation de sommeil, l'épuisement qui en résulte et qui va le conduire aux aveux (voir p. 82).

Ce sont précisément ces techniques, apparemment simples, mais efficaces, de « lavage de cerveau » utilisées dans les pays de l'Est qui, à l'époque de la guerre froide, ont entraîné une surenchère des grandes puissances pour mettre au point des méthodes de torture utilisables lors d'interrogatoires. Les traitements subis par les prisonniers de guerre américains pendant la guerre de Corée ont accéléré les recherches.

Les recherches occidentales sur la torture « propre »

Tout ce qui tient en revanche de la désorientation temporo-spatiale résulte d'études minutieusement menées. La CIA s'est intéressée dès les années 50 à ces techniques. Certes, des travaux étaient effectués, par ailleurs, dans une perspective purement scientifique, sur les effets de la privation sensorielle. Ainsi aux États-Unis, à l'hôpital de Boston en 1957, des psychiatres avaient été intrigués par les effets observés sur des personnes atteintes de poliomyélite et placées pour leur traitement dans des « poumons d'acier » : leur immobilisation forcée pouvait entraîner des effets proches de la psychose. Des volontaires ont accepté de vivre à titre expérimental dans ces appareils à l'intérieur d'une salle très peu éclairée, avec un champ de vision très réduit. Très peu ont réussi à aller jusqu'au bout de l'expérience et beaucoup ont présenté des symptômes inquiétants : douleurs au dos et à la tête, perte des notions de temps et de durée, perceptions fortement troublées pouvant aller jusqu'à l'hallucination.

Mais, avant même ces découvertes, la CIA finançait des expérimentations du même type dont elle comptait bien tirer profit pour ses interrogatoires. Des chercheurs en psychologie du comportement furent mis à contribution. Donald Olding Hebb (1904-1985) en a été l'une des figures majeures. Spécialiste canadien de la neuropsychologie, il s'est d'abord intéressé aux rats – thèse à Havard en 1936 sur la privation sensorielle chez cet animal – puis aux chimpanzés, avant de s'attaquer aux hommes. En 1951, à l'Université McGill de Montréal, il expérimente cette privation sensorielle non plus sur des animaux mais sur vingt-deux étudiants volontaires. Pendant quelques jours, ils sont installés dans des chambres insonorisées et privés de toute stimulation sensorielle. Il constate alors des effets d'affaiblissement et de fragilisation importants : apparition d'hallucinations, régression mentale se manifestant par diverses perturbations. La plupart des étudiants renoncent au bout de deux jours. La CIA s'est aussi intéressée de très près aux travaux du Dr Donald Ewen Cameron (1901-1967) sur la narco-hypnose. Lui aussi a travaillé à l'université McGill. Il s'agit, rien de moins, que d'effacer la mémoire. Le traitement par électrochocs permet ainsi d'aboutir à une forme d'amnésie. Un programme de « destructuration » permet de transformer le sujet et de le reprogrammer grâce à une technique de « conduite psychique ». Dans les années 50, le Dr John Cunningham Lilly, plus connu par son travail sur le langage des dauphins, directeur de l'Institut National pour la Santé Mentale (NIMH) met aussi ses connaissances au service de la CIA. Son invention du caisson d'isolation sensorielle aboutit aux mêmes conclusions.

Toutes ces techniques ont été étudiées, théorisées puis appliquées par la CIA. Toutes pouvaient avoir pour effet d'affaiblir le suspect et de le conduire plus facilement à des aveux. Mais leur avantage primordial était de ne laisser aucune trace physique et d'être indétectable.

D'autres expériences du même type ont eu lieu dans les pays anglo-saxons et ont abouti aux mêmes constatations. Il est devenu évident que les privations sensorielles et les situations d'isolement conduisaient à une très forte déstabilisation du sujet et qu'elles pouvaient être utilisées pour briser la résistance d'un homme. Le lien avec les techniques d'interrogatoire était rapidement établi, aux États unis, en Angleterre et en Allemagne. Il fut très vite théorisé, pratiqué et enseigné puis utilisé comme méthode de torture.

Les manuels de torture américains

Chacun peut lire aujourd'hui sur internet des manuels de la CIA dont l'authenticité ne fait aucun doute. Ils datent de 1963 et de 1983. Le premier[1], le *Kubark Counterintelligence Interrogation*, détaille de façon « froide » les différentes méthodes d'interrogatoire, non-coercitives et coercitives. On peut y trouver toutes les références aux travaux de Donald Olding Hebb, du Dr Donald Ewen Cameron et du Dr John Cunningham Lilly. Et des conseils précis sur les techniques.

> Toutes les techniques coercitives doivent produire un état de régression. [...] Les pressions doivent être suffisamment intenses pour produire la perte des défenses les plus récemment acquises par l'homme civilisé. [...] Ces fonctions peuvent se détériorer sous l'effet de dérangements homéostatiques relativement légers : fatigue, douleur, privation de sommeil. [...] En manipulant son régime alimentaire, son sommeil et autres éléments fondamentaux [éléments du temps, de l'espace, de la perception sensorielle], en lui faisant perdre toute régularité, on peut aisément produire dans le sujet des sentiments de peur et de détresse. [...] Une fois cette perturbation produite, la résistance du sujet est sérieusement diminuée. Si celui qui interroge peut intensifier ces sentiments de culpabilité, cela augmentera l'angoisse du sujet et son désir de coopérer pour en finir.

Le manuel de 1983, sous l'appellation très administrative de « Manuel d'entraînement à l'exploitation des ressources humaines »[2] contenait d'égales abominations, recommandant de « manipuler l'environnement du sujet, créer des situations déplaisantes ou intolérables, détruire les schémas spatio-temporels et de perception sensorielle ».

Les applications concrètes par les pays démocratiques

On retrouve au début des années 70 ces techniques pratiquées avec zèle par des polices occidentales contre des personnes accusées de terrorisme. En Angleterre notamment, dans la lutte menée contre

1. http://www.gwu.edu/~nsarchiv/NSAEBB/NSAEBB27/01-01.htm
2. http://www.gwu.edu/~nsarchiv/NSAEBB/NSAEBB122/CIA%20Human%20Res%20Exploit%20A1-G11.pdf

l'Ira. Il suffit pour s'en convaincre de lire l'arrêt de la cour européenne des droits de l'homme du 18 janvier 1978 qui condamne le Royaume-Uni pour des techniques d'interrogatoire en vigueur dans des centres de détention en août et septembre 1971. Quatorze personnes y avaient subi des interrogatoires « poussés ». La cour relève l'application de cinq techniques de désorientation ou de privation sensorielle, appliquées pendant plusieurs heures durant quatre ou cinq jours :

– encapuchonner les détenus,
– les exposer à un bruyant sifflement continu,
– les priver de sommeil,
– limiter leur alimentation,
– les obliger à rester debout contre un mur dans une station pénible.

La cour note que ces techniques ont été employées cumulativement, avec préméditation, et ont causé à ceux qui les ont subies sinon de véritables lésions, du moins de vives souffrances physiques et morales qui ont entraîné des troubles psychiques aigus en cours d'interrogatoire; en outre elles étaient de nature à créer chez les victimes des sentiments de peur, d'angoisse et d'infériorité propres à les humilier, à les avilir et à briser éventuellement leur résistance physique ou morale. Elle en conclut que l'emploi de ces cinq techniques s'analysait en une pratique de traitements inhumains et dégradants.

De telles méthodes ont été très largement employées depuis lors. Elles avaient été dénoncées entre autres en Allemagne lorsqu'avaient été incarcérés les membres de la « bande à Baader ». Mais ce sont les États-Unis qui sont aujourd'hui à la pointe de la recherche sur ces tortures « propres ». Contre les terroristes de toutes sortes, essentiellement pour l'instant les membres présumés d'Al Qaida, ils ont développé de multiples techniques qui sont censées ne pas laisser de séquelles physiques décelables. Le *waterboarding* dont nous parlerons plus loin est la plus connue. Mais il y en a bien d'autres révélées lorsqu'ont été connues les tortures de la prison irakienne d'Abou Graib.

Un rapport en date du 3 mars 2004, théoriquement tenu secret, du général Antonio Taguba mandaté par le commandement militaire américain pour enquêter sur les agissements de la 800e brigade de police militaire qui contrôlait les centres de détention en Irak, mais largement publié dans la presse (*Le Monde* du 8 mai 2004) détaille les sévices subis par les détenus irakiens. Ses conclusions sont étayées par de multiples preuves matérielles (photographies, vidéos), des témoignages des détenus eux-mêmes et les aveux des soldats tortionnaires.

> D'octobre à décembre 2003, au centre de détention d'Abou Ghraib, de nombreux cas de mauvais traitements criminels, sadiques, flagrants et dégradants ont été infligés à plusieurs détenus. [...] J'ai établi que les brutalités intentionnellement commises par le personnel de la police militaire sur les détenus incluaient les actes suivants :
> – Enregistrer des cassettes vidéos et photographier des détenus hommes et femmes nus.
> – Forcer les détenus à adopter diverses postures sexuellement explicites pour être photographiés.
> – Forcer les détenus à enlever leurs vêtements et à rester nus pendant plusieurs jours d'affilée.
> – Forcer des détenus hommes à porter des sous-vêtements féminins.
> – Forcer des groupes de détenus hommes à se masturber tout en étant photographiés et filmés.
> – Obliger des détenus hommes nus à s'entasser pour sauter à pieds joints sur leurs corps.
> – Placer une détenu nu sur une boîte de rations, avec un sac de sable sur sa tête, puis attacher des fils à ses doigts, ses orteils et son pénis afin de simuler une torture électrique.
> – Faire porter l'inscription « je suis un violeur » sur la jambe d'un détenu accusé d'avoir violé un autre détenu âgé de 15 ans, en le photographiant nu.
> – Passer une chaîne ou une laisse autour du cou d'un détenu nu et faire poser une femme soldat pour une photo.

En mai 2004, de plus amples révélations ont été faites dans les médias sur les techniques d'interrogatoire américaines. Est alors apparue la dénomination « R21 ». Dans le jargon des militaires américains, elle désigne une façon d'interroger spéciale recommandée pour assouplir la ténacité du suspect et briser sa capacité de résistance. Dans ce système fondé sur l'avilissement, on retrouvait toute la panoplie habituelle, de l'encagoulement à l'exposition au froid, à la lumière vive, au bruit assourdissant. Y était ajoutée une méthode apparemment tout aussi efficace : l'avilissement et particulièrement l'humiliation par la nudité et la participation forcée à des scènes de perversion sexuelle. Fin juin 2004, la CIA reconnaissait publiquement avoir pratiqué des « interrogatoires avancés » sur des détenus soupçonnés de liens avec Al Qaïda.

On ne peut s'empêcher de faire le lien entre le développement de ce type de torture « propre » et ce que nous nommons la « démocratisation » de la torture. C'est d'ailleurs la thèse de Darius Rejali, professeur de sciences politiques à Reed College (Oregon) dans son ouvrage *Torture and Democracy*[1]. Les démocraties adoptent la torture mais elles ne peuvent le faire trop ouvertement. Pour l'instant du moins. Elles préfèrent dès lors sauver les apparences en mettant au point des techniques difficilement détectables. Seules les victimes peuvent en parler – mais leur crédibilité est faible – ou éventuellement des tortionnaires repentis – mais ils sont très rares. De plus, l'opinion publique, peu sensibilisée à ces problèmes, peut se montrer moins choquée par des techniques qui échappent au reproche de brutalité et ne font pas couler de sang.

La privatisation de la torture

L'État n'a pas le monopole de la torture. Elle a toujours été aussi le fait d'individus agissant seuls, voire de bandes travaillant pour leur propre compte, sans le moindre lien avec l'État. Tous ont toujours été vigoureusement pourchassés par la justice. L'histoire de la criminalité offre des exemples à foison. On se souvient encore en France et en Europe de ceux que l'on appelait des « chauffeurs » et qui sévirent de la fin du XVIIIe siècle jusqu'au milieu du XXe. Ils s'introduisaient nuitamment dans les domiciles et torturaient les occupants en leur brûlant les pieds pour leur faire avouer où se trouvaient leurs économies.

Privé-public ? Les États eux-mêmes, à compter de l'abolition, n'ont pas pour autant renoncé à la torture mais ils ont subi une

1. Darius Rejali, *Torture and Democracy*, Princeton, Princeton University Press, 2007.

double contrainte : le secret et le mensonge sous peine d'entrer eux aussi dans la délinquance. Rien de bien nouveau s'agissant du secret, car la plupart des tortures, dans les derniers temps de sa légalité, ne se pratiquaient pas en place publique, à la différence des supplices qui attiraient des foules. Le mensonge était plus problématique car la dissimulation des sévices devait se doubler des plus farouches dénégations de leur réalité. La difficulté, pour l'appareil d'État, est de trouver une structure à qui confier cette tâche désormais illégale. Difficulté accrue pour les pays se disant démocratiques et pour lesquels la révélation de pratiques secrètes peut devenir un scandale d'État.

Comme tous les pays disposent de services secrets dont les actions et les méthodes, par définition, ne sont pas connues, beaucoup de gouvernements, démocraties comprises, ont donc laissé ces services recourir à la torture, quand ce n'était pas à l'élimination directe ou aux deux successivement. Le secret est alors bien gardé et il n'y a, sauf exception, même pas à mentir puisque ces services n'ont pas de comptes à rendre, en public du moins.

Mais plutôt que de laisser des « services publics » pratiquer eux-mêmes ces basses besognes, l'État les a souvent déléguées, soit à des personnes complètement extérieures à lui, mais qu'il contrôle ou inspire, soit à des équipes au statut incertain, à mi-chemin du privé et du public. Les services secrets sont toujours en arrière plan de ces actions mais leur rôle est encore plus opaque que d'habitude. Rien d'officiel, ce sont des confidences toujours très tardives ou la déclassification de documents secrets, longtemps après les faits, qui permettent d'en savoir davantage. À moins que les exécutants ne se fassent prendre. Tel était le cas, par exemple, de l'affaire Ben Barka. Cet opposant au roi du Maroc, Hassan II, leader des mouvements du tiers monde, fut enlevé le 29 octobre 1965 à Paris puis fut tué après avoir été torturé. On retrouve, impliqués dans son enlèvement, ce mélange malsain : des policiers français en activité et un membre du SDECE (devenue la DGSE en 1982), jugés et condamnés par une cour d'assises, des membres de la pègre parisienne et des officiels marocains qui sont toujours inquiétés par la justice française.

Milices et commandos privés. La privatisation de la torture prend le plus souvent la forme de milices privées ou de commandos clandestins dont les liens avec le pouvoir sont difficiles à établir. Des commandos de la mort, des milices privées sévissent souvent dans les régimes autoritaires ou les dictatures, ou dans ces pays si nombreux qui font partie de cette « zone grise » entre franches dictatures et démocraties malades. Qui compose ces groupes ? Quels sont leurs liens avec le pouvoir ? Quel est leur degré d'autonomie ? Là encore le hasard ou l'histoire nous l'apprennent parfois.

L'Irak actuel est aujourd'hui la proie de ces milices qui pratiquent la torture à grande échelle. Les Nations Unies en ont dressé le constat depuis plusieurs années. Les escadrons de la mort sunnites et chiites rivalisent de barbarie dans un pays qui depuis Saddam Hussein en passant par Abou Ghraib n'en finit pas de perpétuer la tradition de la torture.

Les milices privées au Brésil jouissent d'un pouvoir étonnant. Les pouvoirs publics ont été longtemps silencieux en raison de liens très étroits entretenus par les chefs de ces groupes et les partis officiels. Ces milices se sont constituées en prétendant lutter contre les trafics, de stupéfiants notamment, et le crime organisé, mais elles ont utilisé les mêmes méthodes. On trouve en leur sein des fonctionnaires, policiers, pompiers, gardiens de prison ... Elles contrôlent des zones urbaines très vastes, assurant leur pouvoir par des réseaux économiques très denses et efficaces. La presse et l'opinion publique ont commencé à s'intéresser au phénomène lorsqu'en mai 2008 des reporters du journal *O Dia* ont été enlevés et torturés pendant deux jours puis relâchés par une milice de la favela de Batan à Rio de Janeiro. Les auteurs de ces tortures étaient des policiers militaires.

Blackwater. Aux États-Unis la privatisation de la torture prend une autre tournure. Le gouvernement américain, dans la plus pure tradition du libéralisme, a eu recours aux services de la société privée Blackwater (dénommée aujourd'hui « *Xe services* »). Cette société très puissante, particulièrement bien introduite au sein du pouvoir et en particulier de la CIA dont elle emploie de multiples transfuges, s'est vue confier depuis de nombreuses années de multiples tâches par des accords souvent secrets. Elle a sévi notamment en Irak où la population la détestait. Le nouveau directeur de la CIA nommé par Barack Obama, Léon Panetta, a révélé, en 2009, qu'elle avait été chargée de pister et d'assassiner les dirigeants d'Al Qaida mais qu'elle avait échoué. Des documents officiels de la CIA, publiés peu après, ont montré que Blackwater s'était chargé de la torture des prisonniers en Irak et en Afghanistan, utilisant les mêmes méthodes que la CIA : électricité, simulation d'exécution ... Cette privatisation des missions de sécurité et de la torture est loin de constituer une économie pour l'État car les contrats passés avec cette société coûtent extrêmement cher au budget américain.

TRAITEMENTS INHUMAINS, DÉTENTION INHUMAINE, NOUVEAU MODE DE TORTURE

Nouvelle approche, nouvelle réalité

Lieux inhumains de privation de liberté. L'une des plus importantes évolutions du XXe siècle, s'agissant de la torture, a été la prise en compte de toutes les formes de torture. Il en est résulté un élargissement considérable du concept classique. L'idée de torture renvoie immédiatement à des méthodes d'interrogatoire marquées du sceau d'une brutalité extrême. Viennent à l'esprit les procédés et les machines inventés progressivement au cours des siècles pour extorquer des aveux. Mais il est apparu qu'en dehors de tout mécanisme barbare, sans que soit mise en œuvre la moindre machinerie, sans que soit porté le moindre coup, les mêmes effets pouvaient être obtenus simplement en soumettant une personne à des conditions d'enfermement inhumaines, cruelles ou dégradantes. Cette « découverte » résulte des recherches que nous avons évoquées sur la « torture propre », menées dans le courant du XXe siècle. Mais elle découle aussi, tout simplement, de l'évolution du traitement infligé à un nombre de plus en plus important de personnes détenues, de la prise de conscience et de l'instrumentalisation des effets de ce traitement. Ont contribué à cette évolution le nombre croissant de prisonniers, dans des guerres impliquant des armées de plus en plus nombreuses, le développement des enfermements à caractère politique et l'augmentation incessante du nombre de personnes enfermées selon des procédures de droit commun mais souvent d'une extrême inhumanité: détenus «ordinaires», personnes gardées à vue, étrangers retenus dans des centres spécialisés.

Camps de prisonniers de guerre. Ce n'est pas un hasard si le droit de la guerre, le premier, a pris en considération les abus pouvant découler du statut de prisonnier. Les conflits militaires du XXe siècle ont entraîné un nombre de morts jusqu'alors inconnu. Si la notion de génocide a été élaborée, ce n'est pas en raison d'un progrès dans le monde des idées, mais parce qu'une réalité nouvelle s'imposait. Tout a changé d'échelle, non seulement dans l'extermination des populations, mais aussi dans la capture de combattants toujours plus nombreux. Plus de six millions de prisonniers pendant la première guerre mondiale. Largement plus de dix millions pendant la seconde. Les conditions de détention de ces prisonniers étaient souvent atroces. Le taux de mortalité, très élevé pour beaucoup d'entre eux, résulte parfois d'une volonté délibérée de les éliminer de façon pure et simple. Pendant la dernière guerre mondiale des comportements d'une cruauté inouïe ont fini par être connus. La condition des militaires faits prisonniers par les Japonais est peut-être la moins connue. Il a fallu du temps pour que l'on apprenne par exemple les expériences de vivisection faites à vif par certains soldats japonais sur des prisonniers aux Philippines[1]. On connaissait déjà les expériences de l'unité 731 en Mandchourie où le général Shiro Ishii expérimentait des armes biologiques sur des prisonniers chinois. Là aussi des amputations et des vivisections étaient pratiquées sur des prisonniers vivants, sans anesthésie, dans des conditions insoutenables à décrire. Sans aller jusqu'à ces abominations, la torture était très largement pratiquée sur les prisonniers qui n'échappaient pas pour autant à la mort. Le travail forcé fut une véritable hécatombe aussi bien pour les civils que pour les prisonniers. On estime à environ 100.000 le nombre de personnes mortes au cours de la construction du chemin de fer Birmanie-Siam en 1942-1943 (connu par le roman de Pierre Boulle, *Le Pont de la rivière Kwaï*, et le film de David Lean).

1. Confessions de M. Akira Mikino, vétéran de l'armée impériale japonaise, recueillies en 2007, AFP 1er novembre 2007.

L'enfermement politique, les camps. En dehors des périodes de guerre, beaucoup de pays autoritaires ou dictatoriaux ont mis en œuvre des politiques systématiques d'enfermement des opposants politiques, dans des structures de type « camps ». Camps de redressement, de rééducation ou autre, destinés à tout type de contestation, à tous ceux qui représentent une menace pour le pouvoir en place. Ce sont en fait des ersatzs de prisons, où l'autorité administrative peut enfermer qui elle veut dans l'arbitraire le plus total ou avec un contrôle extérieur symbolique.

Là encore, les pays totalitaires ont donné l'exemple. L'horreur de la Shoah et la « solution finale » ne doit pas faire oublier que le nazisme avait, dans un premier temps, bien longtemps avant la guerre, créé des camps. Les premiers d'entre eux furent installés en février et mars 1933. Le mois précédent, Hindenburg avait signé le décret « pour la protection du peuple et de l'État », permettant au chancelier Hitler d'interner sans jugement tous ses adversaires politiques. Le camp de Dachau en Bavière est le plus connu. Non seulement la torture mais les meurtres y étaient monnaie courante dès la première année. Les SS étaient les maîtres du camp et leur chef, l'Oberführer Freiherr von Malsen-Ponickau, donna immédiatement le programme du camp : « Nous ne sommes pas venus ici pour traiter ces salopards de façon humaine. Nous ne les considérons pas comme des hommes comme nous autres, mais comme des hommes de seconde classe [*Menschen zweiter Klasse*] »[1]. Le règlement intérieur du camp de Dachau, mis au point par Theodor Eicke, servira de modèle pour tous les autres (Eicke deviendra d'ailleurs Inspecteur des camps de concentration en juillet 1934). La peine de mort est encourue pour d'innombrables motifs laissés à l'arbitraire total des SS. Toutes sortes de traitements inhumains sont prévus et mis en pratique. Bastonnades, appels interminables, humiliations de toute sorte, travail forcé, régime alimentaire totalement insuffisant, manque d'hygiène absolu, humiliations permanentes, obéissance aveugle aux gardiens …

Les camps de l'Union Soviétique, les goulags, héritiers d'une vieille tradition russe, sont une des formes les plus tristement

1. http://www.encyclopedie.bseditions.fr/index.php

célèbres de cet enfermement politique qui permit de réprimer des populations entières mais aussi de terroriser tout un pays. Rien qu'entre 1929 et la mort de Staline, en 1953, on estime qu'environ dix-huit millions de personnes y ont été détenues pour « agitation anti-soviétique » ou n'importe quel autre prétexte. La réalité de la vie dans ces centaines de camps, a fini par être connue, bien avant que de grands noms de la littérature russe (*L'archipel du goulag*, d'Alexandre Soljenitsyne) en décrivent l'inhumanité et la cruauté. Dans la lointaine Sibérie, ce n'était pas le travail qui faisait la finalité du camp, même si la construction d'une usine, la construction d'une route, d'un canal … étaient réelles, mais la souffrance institutionnalisée et programmée pour venir à bout de la résistance et de la vie, à force de froid, de faim, de solitude, de privations et d'humiliations. Cette forme d'enfermement n'a pas pour autant cessé en URSS à la mort de Staline, ni dans le monde, avec l'émiettement progressif du communisme à la mode soviétique. Aujourd'hui, de nombreux pays connaissent encore les camps, et à grande échelle.

Ainsi la Chine pratique systématiquement l'enfermement politique dans une indifférence à peu près totale. L'opinion publique internationale préfère ne pas qualifier ce pays de dictature pour de pures raisons économiques. Il faut lire les rapports du commissaire de l'ONU, les alertes des organisations non gouvernementales ou simplement les quelques voix qui arrivent à s'échapper de ce pays. Les camps de rééducation par le travail ou *laogais* existent depuis les années 50, depuis que Mao Zedong les a créés, dans la droite ligne des goulags de Staline. Des millions de personnes y sont détenues dans l'arbitraire le plus absolu. Un, deux, trois millions? Personne ne sait exactement car ces camps échappent à tout contrôle de la justice et à tout contrôle des instances internationales. Ces camps de travaux forcés étaient dans un premier temps réservés aux ennemis du parti communiste chinois. Les « catégories nuisibles » selon la formule du Grand Timonier : les propriétaires fonciers, les contre-révolutionnaires, les droitistes, les agents ennemis capitalistes … Les noms ont changé, la répression demeure. Aujourd'hui ce sont les dissidents, toutes catégories confondues. Les anciens manifestants du printemps 1989, ceux de la place Tian'anmen notamment, les opposants tibétains et surtout les pratiquants du

Falun Gong. Le régime de ces *laogais* n'a rien à envier aux goulags avec cette différence que, dans une Chine lancée à corps perdu dans la bataille économique, les prisonniers sont utilisés pour produire au coût le plus bas, dans des conditions d'hygiène désastreuses. Le Comité des Nations Unies contre la torture a confirmé que la torture, par ailleurs largement pratiquée dans l'ensemble du pays, était particulièrement fréquente dans les *laogais*. Les témoignages des personnes libérées de ces camps l'établissent abondamment. De très nombreuses morts suspectes sont régulièrement recensées. Le comité de l'Onu a d'ailleurs qualifié la détention en *laogai* de « peine ou traitement inhumain ou dégradant » [1].

L'enfermement de droit commun, les prisons inhumaines. L'autre phénomène encore plus préoccupant est, en dehors des périodes de guerre, l'explosion de détentions de toutes sortes, qu'il s'agisse de prisons ordinaires ou de « camps ». On compte près de dix millions de personnes officiellement emprisonnées dans le monde. Le record mondial est détenu, haut la main, par les États-Unis qui ont non seulement le nombre de détenus le plus élevé au monde, 2,3 millions de personnes en juin 2008, mais le taux de détention pour 100.000 habitants le plus haut. En 2007, il était de 737. Loin devant la Russie (606) et très loin devant les pays européens qui est autour de 100. Les conditions de détention y sont d'une inhumanité sans pareille. Le pire étant ce qu'on appelle « le couloir de la mort », à savoir ces unités dans lesquelles sont détenues les personnes condamnées à mort en attente de leur exécution. C'est dans un arrêt de la cour européenne des droits de l'homme, l'arrêt Soering contre Royaume-Uni de 1989, que l'analyse de ce couloir de la mort en tant que traitement inhumain et dégradant a été faite de la façon la plus pertinente. La cour en a tiré la conclusion que l'extradition n'était pas possible vers les États-Unis lorsque la peine de mort était encourue. La très longue attente dans ces unités dans des conditions extrêmes avec l'angoisse omniprésente et croissante de

1. Rapport du rapporteur spécial sur la torture, Manfred Nowak, Mission en Chine, § 10-12 (E/CN. 4/2006/6/Add. 6) (2006).

l'exécution capitale dépasse le seuil prévu par l'article 3 de la convention européenne.

La prison n'est pas un problème seulement pour les États-Unis mais pour presque tous les pays du monde. L'extension des idéologies sécuritaires, une plus grande sévérité des lois et des juges, la faveur donnée à la répression, expliquent parfaitement une explosion mondiale de la population pénitentiaire : une surpopulation dont les conséquences sont catastrophiques sur tous les plans et qui s'accompagne inévitablement d'une très forte dégradation des conditions d'emprisonnement. D'autant que les gouvernements ne se mobilisent guère pour que ces lieux soient habitables. Les rapports des institutions internationales, des organismes de contrôle nationaux ou des organisations non gouvernementales sont alarmants. Ils retiennent difficilement l'attention de l'opinion publique, sauf lorsque des émeutes importantes surviennent ou que les suicides sont un peu trop nombreux.

En octobre 2009, le Rapporteur spécial des Nations Unies sur la torture, M. Manfred Nowak, a présenté son rapport intérimaire à la Troisième Commission de l'Assemblée Générale, rapport accablant sur l'état des prisons dans le monde. L'écho de ces constatations a malheureusement été très faible. Très révélateur était le double constat, à la fois de conditions particulièrement inhumaines et dégradantes dans certaines prisons du monde et de véritables tortures qui étaient pratiquées au sein de certains établissements. « La pratique de la torture dans les prisons [expliquait-il lors d'une conférence de presse] est un phénomène global dont les manifestations dans certains pays interpellent au plus haut point la conscience de l'homme ». L'étonnement ou plutôt la stupeur de M. Nowak se lit à chaque ligne. « J'ai découvert des situations que je n'aurais jamais pu imaginer », a confié M. Nowak, obligé de constater que, dans certains cas, « le respect de la dignité la plus basique des prisonniers a disparu ». Uruguay, Nigeria, Guinée Équatoriale… Autant d'enfers pénitentiaires. La prison uruguayenne de Libertad, « en fait, de gigantesques containers métalliques où règnent le bruit, une chaleur pouvant atteindre les 60 degrés Celsius, les odeurs d'excréments et une violence de tous les instants »[1]. Prisons de Guinée, surpeuplées, plongées en permanence dans le noir et dépourvues de toilettes, où aucune nourriture n'est fournie, si ce n'est par les familles quand il y en a. Mais ces conditions inhumaines ne sont pas exclusives des tortures. Ainsi au Nigéria où le gouvernement a décidé de fermer une prison après qu'a été découverte une salle de torture collective à Lagos. Une centaine de personnes, dont des femmes et des enfants, y était entassée et torturée devant les autres. Parfois, les gardes tiraient dans les jambes des détenus et les abandonnaient à leur sort. Ces pratiques n'ont rien d'étonnant car la police nigériane est une de celles qui utilise le plus la torture.

Les traitements imposés pendant la détention peuvent être considérés comme cruels et inhumains. Point n'est besoin de trop s'éloigner de la France. Entre autres exemples : la castration physique de délinquants sexuels en République Tchèque. Elle est considérée comme un traitement dégradant, donc prohibé. Il s'agit en effet, selon les termes du président du comité européen de prévention de la torture, d'une mesure « invasive, mutilante et irréversible » qui n'a pas sa place en Europe. On ne peut que s'indigner de voir le gouvernement français en la personne de son Garde des Sceaux, Madame Alliot-Marie, envisager une réflexion à ce sujet.

Les dérives des lieux d'enfermement : locaux de garde à vue et centres de rétention pour étrangers. Les prisons sont un des endroits les plus propices aux abus de toutes sortes. Mais d'autres lieux d'enfermement prolifèrent, où existent les mêmes risques. Il est heureux que les organes d'inspection créés par les instances ou les conventions internationales visitent aussi désormais les centre de rétention pour étrangers, les locaux de garde à vue, les hôpitaux psychiatriques ... Tous les lieux clos où des hommes et des femmes peu protégés sont à la merci de la violence et de traitements cruels ou dégradants. Retenir un homme contre son gré entre quatre murs est une violence en soi même si, légitimée par la loi, elle peut être imposée pour des raisons particulières et exceptionnelles. Mais la tentation est permanente de profiter de cette vulnérabilité et

1. http://www.un.org/News/fr-press/docs/2009/Conf091020-NOWAK.doc.htm

d'abuser de cette violence légale. Le regard peut se porter dans n'importe quel pays, à n'importe quelle époque. Le constat de ces abus est universel et permanent. Il est dressé désormais par des autorités incontestables.

On pourrait croire l'Europe épargnée par rapport à d'autres régions moins développées, moins surveillées, moins bercées par une culture des droits de l'homme. Le rapport du Comité Européen pour la Prévention de la Torture (CPT) rendu public en novembre 2009[1] rappelle une triste réalité qui n'a rien à envier à l'Asie, à l'Afrique, à l'Amérique. « La torture et d'autres formes délibérées de mauvais traitements de personnes privées de liberté continuent d'exister sur le territoire du Conseil de l'Europe et les conditions de détention sont toujours misérables dans de nombreux établissements de divers types ». Les centres de rétention sont parfois « sordides » et « insalubres ». Pour reprendre, là encore, le simple cas de l'Europe, force est de constater que les centres de rétention des pays soumis aux flux migratoires les plus forts, aux frontières de l'Europe offrent des conditions de rétention parfois inhumaines. En Grèce, à Malte, en Italie, à Lampedusa, à Mayotte. Mayotte fait partie de la France. Lors de sa visite, en 2008, le commissaire européen aux droits de l'homme, M. Hammarberg, avait déjà constaté que les conditions d'hébergement y étaient « contraires à la dignité humaine ». À la fin de cette année-là, 202 personnes étaient retenues pour 60 places disponibles. Des dizaines d'hommes étaient entassés les uns contre les autres dans une pièce sordide dont la grille d'accès était fermée à double tour. Selon les images alors diffusées en France, tout était d'une saleté repoussante et reflétait un manque d'hygiène total. Dans une autre pièce, femmes et enfants étaient couchés à même le sol sur des matelas de fortune …

Prise de conscience des traitements cruels, inhumains et dégradants

L'apparition de la notion. Face à ces réalités nouvelles, peu à peu la conscience est née d'une nécessaire protection contre des

1. http://www.cpt.coe.int/fr/annuel/rapp-19.pdf

privations de liberté qui confinaient à la torture. Les moyens différaient, mais les conséquences étaient semblables : pour faire avouer un suspect, un ennemi, un adversaire, pour diminuer sa résistance et l'affaiblir au dernier degré, était-il préférable de le frapper, de le violer, de le brûler, de le soumettre à la gégène … ou bien suffisait-il de l'enfermer dans des conditions inhumaines pour briser heure après heure, jour après jour, sa volonté ? L'extraordinaire prolifération de ces enfermements a rendu la question de plus en plus pressante. D'autant que le phénomène concernait encore plus de victimes que la torture « classique ». Camps, goulags, pénitenciers sordides regroupaient d'immenses populations. Nombre d'intellectuels se sont mobilisés, des associations se sont créées. Mais les États eux-mêmes ont fini par réagir. Lorsque de grands textes internationaux ont été rédigés, au lendemain de la seconde guerre mondiale, on a vu apparaître dans les textes, à côté de la prohibition de la torture, celle des traitements inhumains. Ce concept nouveau recouvrait précisément des situations d'enfermement portant non seulement atteinte à la dignité de l'homme mais lui infligeant, en toute connaissance de cause, des souffrances équivalant à la torture. Déclaration universelle des droits de l'homme du 10 décembre 1948, Convention européenne de sauvegarde des droits de l'homme et des libertés fondamentales du 4 novembre 1950 … tous ces textes ont prohibé les « traitements inhumains ou dégradants », la plupart ajoutant l'adjectif « cruels ». Quant aux conventions internationales spécialisées, celle de 1975 puis celle de 1984, elles les ont évoquées et traitées spécifiquement.

Les définitions. L'apparition de cette nouvelle notion a permis de mieux définir à la fois ce qu'était la torture à proprement parler et ce qu'étaient d'autre part les traitements inhumains. Pour la torture, la définition la plus précise est fournie par la convention de 1984. Il s'agit, précise-t-elle, de tout

> acte par lequel une douleur ou des souffrances aiguës, physiques ou mentales, sont intentionnellement infligées à une personne aux fins notamment d'obtenir d'elle ou d'une tierce personne des renseignements ou des aveux, de la punir d'un acte qu'elle ou une tierce personne a commis ou est soupçonnée d'avoir commis, de

> l'intimider ou de faire pression sur elle ou d'intimider ou de faire pression sur une tierce personne, ou pour tout autre motif fondé sur une forme de discrimination quelle qu'elle soit, lorsqu'une telle douleur ou de telles souffrances sont infligées par un agent de la fonction publique ou toute autre personne agissant à titre officiel ou à son instigation ou avec son consentement exprès ou tacite. Ce terme ne s'étend pas à la douleur ou aux souffrances résultant uniquement de sanctions légitimes, inhérentes à ces sanctions ou occasionnées par elles [1].

Pour les traitements inhumains, la convention ne fournit pas de définition aussi détaillée. Il faut en fait se référer aux jurisprudences internationales. En effet l'inhumanité du traitement est avant tout une question d'appréciation au cas par cas. Selon la cour européenne des droits de l'homme la mauvais traitement prohibé s'apprécie en fonction

> notamment, de la durée du traitement, de ses effets physiques et/ou mentaux ainsi que parfois, du sexe, de l'âge et de l'état de santé de la victime.

L'acte ou les actes prohibés doivent être

> de nature à engendrer des douleurs ou des souffrances physiques et mentales chez le requérant et, compte tenu de son âge, à créer également des sentiments de peur, d'angoisse et d'infériorité propres à humilier, avilir et briser éventuellement sa résistance physique et mentale [2].

Le Comité des Droits de l'Homme de l'ONU évoque, de même façon, une « humiliation », un « abaissement » qui doit dépasser un certain seuil [3]. La Convention interaméricaine du 9 décembre 1985 pour la prévention et la répression de la torture évoque des méthodes « visant à annuler la personnalité de la victime ou à diminuer sa capacité physique ou mentale » [4].

1. http://www2.ohchr.org/french/law/cat.htm
2. Décision du 1er avril 2004, Rivas c/France, http://prison.rezo.net/spip.php?article4611
3. N° 265/1987, A/44/40, Annexe X, J, § 9.2.
4. http://www.cidh.org/basicos/french/i.torture.htm

Les exemples tirés de la jurisprudence

L'application de cette notion par les juridictions nationales est malheureusement extrêmement timide. Il faut plutôt se pencher sur la jurisprudence d'organismes internationaux ou de tribunaux internationaux tels que la Cour Européenne des Droits de l'Homme pour voir quelle est l'utilité concrète de cette nouvelle prohibition. S'agissant des prisons, par exemple, la Cour Européenne a plusieurs fois sanctionné des États pour violation de l'article 3 de la convention européenne en raison de conditions de détention constituant des traitements cruels, inhumains ou dégradants. Elle examine alors à chaque fois dans le plus grand détail les conditions réelles de détention. Par exemple, dans un arrêt « Magee contre Royaume-Uni », du 6 juin 2000, rendu par la 3e section, elle considère que l'austérité des conditions de détention, résultant notamment d'un rapport du CPT, avait été conçue pour exercer une pression psychologique et briser la résolution de l'intéressé de garder le silence. Dans un arrêt « Dougoz contre Grèce » (3e section) du 6 mars 2001, la cour a retenu une violation de l'article 3 pour une détention de dix-sept mois en locaux de police. L'accumulation de conditions inacceptables de détention est à l'origine de la condamnation : la surpopulation, les déficiences en matière de chauffage, de soins, de sommeil, de nourriture, de loisirs et de contacts avec le monde extérieur. Même jurisprudence dans un arrêt « Peers contre Grèce » du 19 avril 2001 qui est plus explicite car il concerne la détention d'un détenu toxicomane. La cour estime que les conditions de détention étaient objectivement inacceptables. Pendant au moins deux mois le requérant avait passé une partie importante de sa journée confiné sur son lit, dans une cellule surchauffée, sans ventilation ni fenêtre. Il devait utiliser les toilettes en présence de l'autre détenu. La cour estime que les conditions de détention ont porté atteinte à la dignité humaine du détenu et ont créé chez lui un sentiment d'angoisse et d'infériorité de nature à l'humilier et à briser sa résistance physique et morale.

Le Comité des droits de l'homme créé par le Pacte international relatif aux droits civils et politiques et du Protocole facultatif (adopté en même temps par l'Assemblée Générale des Nations Unies en décembre 1966) et dont l'article 7 interdit la torture, s'est prononcé plusieurs fois sur des cas de détention dans des conditions dégradantes. Ainsi dans l'affaire Martinez Portorreal c/ République Dominicaine[1] l'intéressé avait été enfermé dans une cellule de 20m sur 5 où s'entassaient environ 125 personnes qui pour certaines étaient obligées de s'asseoir sur des excréments. Dans l'affaire Shaw c/ Jamaïque[2] le requérant était détenu dans l'obscurité, sur un sol humide dans une cellule où se trouvaient jusqu'à 21 personnes.

On peut, en résumé retenir les éléments suivants que le Comité peut prendre en considération : la surpopulation pénitentiaire, l'exiguïté de la cellule, l'absence totale d'hygiène (présence d'insectes, de rats, absence de chauffage, d'installations sanitaires ...), l'absence de matelas ou de literie, l'absence de lumière, la mise au secret pour une période excessive.

RÉALITÉS, AUJOURD'HUI

À ce point de l'histoire, il existe, en définitive, une immense variété de tortures auxquelles se sont donc ajoutés les traitements inhumains. Il n'est pas question ici d'en dresser un catalogue morbide mais d'en évoquer quelques unes pour éviter de rester dans un langage purement historique, abstrait et lointain. On ne peut comprendre l'attirance pour la torture ni tenter de la penser sans entrer dans quelques détails effrayants.

La torture utilise ces méthodes souvent de façon cumulative, même sur de courtes périodes de détention. Il suffit de lire les rapports officiels, la nombreuse jurisprudence citée ou les livres écrits par les tortionnaires eux-mêmes ou consacrés au traitement des victimes de la torture pour recenser des pratiques d'une variété inouïe qui sont apparues au fil des siècles. Nous énumérerons donc chaque grand type de torture en l'accompagnant d'un témoignage de victime.

1. 1988, n° 188/1984, A/43/40, Annexe VII, D, § 9.2.
2. 1998, n° 704/1996, A/53/40, Annexe XI, S, § 7.1-7.2.

Les violences physiques, la torture la plus répandue

Les violences physiques sont celles auxquelles on pense en premier car elles sont les plus fréquentes. Elles sont de plus, hélas, immensément variées. Les coups répétés sont une torture classique, une brutalité de base, pourrait-on dire, celle qui nécessite le moins de préparation. Ils peuvent évidemment être portés à main nue ou avec tout type d'instrument et parfois de façon vicieuse avec visée de certains endroits sensibles. Ainsi « le téléphone » consiste en des coups portés simultanément sur les oreilles. La falaka ou palmatoria consiste à donner des coups sur la plante des pieds. Les violences peuvent être de type contendant (coups portés) mais le tortionnaire peut aussi blesser, estropier ou mutiler. Toutes les parties du corps peuvent être attaquées. On peut chercher à les déformer lentement en les étirant jusqu'à l'écartèlement, ou au contraire en les contraignant (les brodequins par exemple). La pendaison (par tous les membres) est également très pratiquée avec des variantes. Des méthodes de contention ou d'enserrement particulières peuvent être utilisées : le corps enveloppé dans un drap mouillé qui sèche et rétrécit progressivement par exemple.

Des morceaux du corps peuvent être arrachés (les ongles, les dents…) avec toutes sortes d'instruments. Les fonctions vitales peuvent être visées : la respiration par exemple en jouant sur le phénomène de la suffocation. Le tortionnaire provoquera un étouffement (la tête dans un sac plastique ou le port d'une cagoule pendant très longtemps) ou une noyade (le supplice de la baignoire dans toutes sortes de liquide, de l'eau glacée au mélange le plus fétide possible : on plonge la tête dans un lavabo ou une baignoire jusqu'à suffocation. Avec une variante sud-américaine, le supplice du sous-marin (« submarino ») où le suspect est immergé dans l'eau, la tête recouverte d'une cagoule en tissu qui, une fois trempée, se colle sur le nez et la bouche ; lorsque l'on retire la personne de l'eau, elle ne peut pratiquement plus respirer. La noyade peut être pratiquée dans la mer, ce que l'on appelait « les crevettes » en Algérie :

> arrivés en pleine mer, on nous a mis un sac sur la tête et plongés dans l'eau, les mains attachées, un poids accroché à nos pieds. J'ai cru mourir[1].

De façon assez proche, divers liquides ou matières peuvent être ingérés de force. Le supplice de l'eau est très ancien mais a toujours été utilisé. On ingurgite de l'eau froide (mais elle peut être remplacée par d'autres substances: huile, vomissures, urine, défections) en quantité croissante.

Le tortionnaire peut utiliser aussi des instruments ou des matières douloureuses. L'électricité, administrée sur les endroits sensibles (la « gégène » en Algérie ou la « picana eléctrica » en Argentine), ou le feu (brûlures avec des cigarettes ou tout autre moyen).

La personne peut être maintenue dans la même position pendant très longtemps (station debout prolongée pendant une journée ou plus sans pouvoir bouger) ou être contrainte à marcher inlassablement. Une variante des violences est l'administration de substances dangereuses, ainsi l'administration de psychotropes.

Les témoignages sont tellement nombreux qu'on hésite à en choisir un. Voici celui d'une jeune étudiante turque qui décrit ce supplice si courant par l'électricité qui lui fut infligé en 1973[2].

> Des hommes sont venus et m'ont bandé les yeux. Puis on m'a attaché aux doigts des fils électriques. Je peux dire avec exactitude combien de temps a duré la torture car j'entendais une radio au rez-de-chaussée et je reconnaissais le programme. J'en ai déduit que cela avait duré environ trois heures. D'abord ils m'ont branché les fils et mon corps a reçu une brutale secousse et puis ils ont donné des chocs électriques à de brefs intervalles. Ils les donnaient, les arrêtaient, les donnaient, les arrêtaient et me posaient les mêmes questions. Quand ils ont compris que je ne répondrais pas à leurs questions, ils se sont mis à donner des chocs plus longs. C'était une drôle de chose que ces chocs. D'abord je sentais comme un goût

1. Récit d'un résistant algérien, *Le Monde* du 19 mars 2005.

2. Script du film sur la torture en Turquie, réalisé pour *World in action* de la société « Granada Television in England », cité dans J.C. Lauret et R. Lasierra, *La torture et les pouvoirs*, *op. cit.*

métallique dans ma bouche, puis mon cœur se mettait à battre très vite. Alors tout mon corps était secoué et mes ongles me rentraient dans la paume des mains. Je ne pouvais plus contrôler ni ma bouche ni mes yeux qui roulaient en tous sens. C'était un genre très particulier de douleur. On m'a donné ces chocs avec de longs et courts intervalles, avec les fils à mes doigts. Puis on m'a mis les fils aux oreilles. J'ai ressenti un poids très lourd sur mon cerveau et mes dents ont grincé. Quand ils ont mis les fils à ma tête, j'étais incapable de parler. Ils disaient : « Réponds à la question », mais j'étais incapable de répondre. Cela a duré très longtemps ; j'en perdais le souffle et je croyais que mon cœur allait cesser de battre. Le 32e jour ils ont eu ma confession.

Les violences sexuelles

Les tortionnaires ont toujours privilégié les violences sexuelles car elles sont une des atteintes les plus fortes à la dignité humaine et qu'elles leur permettent d'assouvir en même temps leurs pulsions sexuelles. On retrouve ici toutes sortes de violences sexuelles que répertorie le droit pénal avec quelques raffinements de cruauté en plus et la répétition des faits, les victimes restant à la disposition de leurs bourreaux. Les pénétrations sexuelles sont pratiquées lors de viols commis par les tortionnaires eux-mêmes qui utilisent parfois des instruments variés, bâton, matraque… et vont même jusqu'à dresser des animaux pour accomplir ces violences. Des attouchements ou des brimades sexuelles sont très fréquemment utilisés pour humilier le détenu. La personne peut être obligée de rester nue en permanence, d'assister à des ébats sexuels ou être obligée de se masturber… Pire, elle peut être obligée d'assister à des violences sexuelles, parfois à des viols commis sur des proches. Toutes ces violences sont particulièrement traumatisantes car elles obligent la victime à une transgression des tabous dont elle ne sortira pas indemne comme le montre cet extrait de l'ouvrage de Françoise Sironi, *Bourreaux et victimes* :

À vingt et un an, Jean a été arrêté sur ordre du nouveau dictateur qui dirige le pays où il est né. Son père, qui appartenait à une ethnie rivale de celle du président actuel, était un dignitaire de l'ancien régime. Pendant huit jours, Jean est resté emprisonné dans une cellule minuscule, avec sa mère attachée nue devant ses yeux. « C'est ce qui m'a rendu malade », répétera-t-il tout au long de l'entretien que nous avons eu avec lui. Depuis qu'il est arrivé en France, il est sans nouvelles de sa famille. Il sait cependant que sa mère est toujours en vie. Jean ne se reconnaît plus. Il pleure tout le temps et se sent incapable de faire quoi que ce soit. Il dit avoir perdu toutes ses qualités, tout ce qui le caractérisait avant, en tant qu'être singulier. « Avant, je réfléchissais tout le temps, j'aimais beaucoup cela. Maintenant, je n'ai plus de pensées ». Il se sent abattu, sans force, tout le dégoûte. Il a mal au ventre et « sent des bruits ». « Je sens du malaise partout. Je… enfin…je suis en dehors de moi-même »[1].

Les privations de toutes sortes

Tout est question de mesure. La privation momentanée d'alimentation, de boisson ou de tabac ne peut être considérée en soi comme une torture, même si le procédé est condamnable. Mais la privation prolongée peut être redoutable : c'est une méthode lente mais terrible. La privation peut porter sur la nourriture évidemment, mais aussi sur le sommeil ou l'obscurité. On laisse une personne dans une lumière intense en permanence mais aussi dans une pièce totalement insonorisée. On peut au contraire la priver totalement de lumière. La mise au secret ou l'isolement total est une mesure du même ordre. Cet isolement total qui peut durer des jours ou des semaines produit de terribles sensations d'angoisse, de confusion, des hallucinations et un affaiblissement général qui laisse la personne à merci de l'interrogateur.

Artur London (voir p. 59 et 128) décrit avec précision la privation de sommeil, l'épuisement qui en résulte et qui va le conduire aux aveux.

> Pendant toute une période, mon régime est le suivant : toute la journée, je marche dans la cellule. À l'heure du coucher, je fais mon lit et m'endors comme une souche car je suis plus mort que vif. À peine endormi, le gardien me secoue et me conduit à l'interrogatoire. Au bout d'une heure ou deux, je suis ramené dans la cellule.

1. F. Sironi, *Bourreaux et victimes. Psychologie de la torture*, Paris, Odile Jacob, 1999.

> De nouveau je me couche et m'endors pour être réveillé peu après et reconduit à l'interrogatoire. Ainsi toute la nuit… J'ai connu les interrogatoires des Brigades spéciales anti-terroristes de Paris, célèbres pour leurs brutalités. J'ai connu les camps de concentration nazis, et les pires, Neue Bremme, Mauthausen. Mais les injures, les menaces, les coups, la faim, la soif, sont jeu d'enfants à coté du manque organisé de sommeil, ce supplice infernal qui vide l'homme de toute pensée, ne faisant de lui qu'un animal dominé par son instinct de conservation[1].

Les tortures psychologiques

La torture « blanche » est une des plus terribles car elle ne laisse de trace que dans le psychisme. Aucune blessure, aucune séquelle physique. La recherche ordinaire des traces physiques s'avère totalement vaine. Seul un psychiatre ou un psychologue peut déceler et mesurer les séquelles. Il s'agit de miner la personne, de la détruire psychiquement en la soumettant à toutes sortes de pressions insoutenables. L'attente de la torture est en soi un supplice, quand on sait que la torture va venir mais qu'on ne sait pas quand. Toutes les victimes ont aussi décrit cette souffrance terrible consistant à entendre les cris des souffrances dans les pièces voisines. Les menaces de torture sont toujours présentes. Beaucoup de tortionnaires essaient d'abord d'impressionner pour n'avoir pas à pratiquer la torture. Une des plus terribles tortures psychologiques est le simulacre d'exécution. Dans les souvenirs de la maison des morts, Dostoïevski le décrit très bien. L'assistance aux tortures infligées à des co-détenus, connus ou non, parfois des membres de la famille, un conjoint, un enfant, constitue une souffrance intolérable. L'attente de la torture est souvent décrite comme un supplice insupportable.

Témoignage de Madeleine Riffaud, résistante communiste torturée rue des Saussaies, pendant la guerre :

> une autre fois on me présente un jeune garçon en culotte courte. L'Allemand dit : « voici un jeune terroriste comme vous, mais il est

1. A. London, *L'aveu*, Paris, Gallimard, 1968.

> très jeune. Nous ne lui ferons pas de mal si vous parlez. Sinon, nous le battons et ce sera de votre faute ». « Je ne sais rien, je vous assure. Ne le battez pas, il n'a rien fait. Laissez-le tranquille, c'est moi qu'il faut battre ». L'Allemand secoue la tête et frappe l'enfant de toutes ses forces à coups de nerf de bœuf. Rien n'est plus horrible. Je deviens folle, l'enfant hurle. Son visage saigne. Ses jambes sont marbrées de longues traînées rouges. Il tombe. On le relève à coups de pied, il pleure, il a le nez sale, de la poussière et des larmes sur les joues. Au moment où je suis sur le point de céder, de donner un faux rendez-vous, une fausse adresse, l'enfant me fait signe, d'un mouvement convulsif de la tête et du bras, de ne rien dire ? Je ne l'ai jamais revu [1].

Un Turc raconte l'attente :

> Jour et nuit, pendant quinze jours, j'entendais les cris et les hurlements des autres, pendant que nous attendions notre tour dans la cellule. Mais nous ne savions jamais quand notre tour allait venir … Le plus dur, même pire que la torture, c'était l'attente. Parfois, ils nous ramenaient, après nous avoir torturés pendant des heures, et ils nous laissaient dans la cellule. Dix minutes après, ils revenaient … et c'était encore notre tour. On ne pouvait rient prévoir car on ne savait jamais quand ils allaient revenir et qui d'entre nous allait être torturé [2].

Les atteintes à la dignité

Depuis fort longtemps, les conditions de détention ont été utilisées à titre de torture pour faire plier les récalcitrants et « attendrir » les suspects. Tout est bon dans l'aménagement du lieu pour faire souffrir. Le plus terrible est l'exiguïté du local. On a parfois tendance à penser que la prison a été un progrès par rapport aux supplices, dans l'histoire de la peine. C'est oublier que la prison a depuis fort longtemps été considérée, très ouvertement, comme un moyen de pression et de torture. L'inquisition l'utilisait comme tel sans aucun problème de conscience. La prison, qu'on appelait alors « le mur », « donne l'intelligence » au prisonnier, selon la formule

1. Cité dans *La torture et les pouvoirs*, *op. cit.*, p. 224.
2. Cité dans F. Sironi, *Bourreaux et victimes*, *op. cit.*, p. 224.

utilisée alors. Le suspect y était laissé le temps désiré, des mois, des années, au point qu'on l'oubliait parfois. On distinguait le mur « étroit », particulièrement strict (un cul de basse fosse, avec des privations d'alimentation et de sommeil et les fers) et le mur « large », à peine moins cruel. Depuis l'inquisition l'emprisonnement a connu un succès ininterrompu auprès des tortionnaires. Sous le régime stalinien, la cellule disciplinaire s'appelait le *karster*. Elle était minuscule, tout juste de la taille d'un homme : impossible de se déplacer. Le détenu pouvait se tenir debout ou s'asseoir. L'exiguïté de la cellule peut se doubler d'un entassement inhumain des prisonniers. Compte tenu de la surpopulation carcérale mondiale, cette question est capitale et récurrente.

Quelques lieux de détention ou centres d'interrogatoire sont restés malheureusement célèbres. À Poulo-Condor, au Vietnam du Sud, non loin de Saigon, était installé un bagne de sinistre réputation. Les détenus y étaient enfermés dans des « cages à tigre » qui ont été décrites aussi bien par des journalistes que par les parlementaires américains. Elles faisaient 2m sur 1,60. Jusqu'à huit personnes pouvaient y être entassées. « Empilés les uns sur les autres, relate un journaliste en 1973[1], ils attendaient de mourir sous les yeux des gardiens qui les piquaient parfois avec des bambous ou leur lançaient de la chaux. Après six mois de ce traitement, avec à peine de quoi manger et de quoi boire, ils ne pouvaient plus bouger leurs jambes ».

La nécessité de l'histoire

Pourquoi la torture? La première réponse semble venir de l'histoire. On a toujours torturé. Le poids de cet héritage accablant est si fort qu'il n'y a aucune raison d'y échapper. Ni dans le présent, ni dans l'avenir. Mais l'humanité n'a-t-elle pas déjà renoncé à des pratiques tout aussi anciennes ? L'histoire ne serait-elle donc qu'une

1. Dépêche de l'AFP du 4 mars 1973, cité dans *La torture et les pouvoirs*, *op. cit.*, p. 402.

inlassable et désespérante répétition? L'homme serait-il incapable de se discipliner?

Ordalie de l'eau, supplice de l'eau, baignoire, *waterboarding*. D'une dénomination à l'autre, la torture se perpétue. À travers les siècles l'eau est utilisée pour forcer la parole. Après l'ordalie, la torture par l'eau a été utilisée très longtemps. Eau ou huile d'ailleurs. On fait ingérer de force des quantités de plus en plus importantes. À Paris, au Châtelet, notamment, les juges faisaient ingurgiter quatre ou huit pintes d'eau. Pendant la guerre d'Algérie, le supplice de la baignoire était couramment employé. Le *waterboarding* a été utilisé par l'armée américaine pendant la guerre du Vietnam puis dans la lutte contre le terrorisme.

Il faut au moins connaître l'histoire pour combattre les scories qu'elle charrie et comprendre que tout ce que nous apprenons de l'homme d'hier fait partie intégrante de nous-même. Nous sommes capables de répéter toutes les abominations du passé. Mais les plus belles choses aussi. Nous ne sommes responsables de rien de ce qui nous a précédé, si ce n'est de notre ignorance. Le pire ennemi est la perte de mémoire, l'oubli du passé. Notre devoir est au moins de le faire revivre inlassablement avec lucidité. L'homme n'en finira jamais de torturer d'autres hommes. Le savoir sans la moindre concession permettra de torturer moins, peut-être très peu.

CHAPITRE II

LES RESSORTS POLITIQUES DE LA TORTURE

La torture a donc toujours existé. Elle n'a jamais connu la moindre éclipse. Mais pourquoi, malgré les abolitions, malgré les condamnations internationales, persiste-t-elle? À quoi peut bien servir la loi apparemment si impuissante? Le ressort de cette permanence ne réside-t-il pas dans la société des hommes? L'hypothèse est tentante car, tout autant qu'une dérive individuelle, la torture est une institution: elle est de l'ordre du politique. À l'échelle de l'histoire, elle est même une des institutions des plus banales et, pendant très longtemps d'ailleurs, peu ou pas contestée. La vigueur des combats menés ces derniers temps contre ce qui est considéré officiellement aujourd'hui comme un fléau ne doit pas faire oublier les liens extrêmement étroits qu'elle a entretenus avec l'appareil d'État, quelle que soit la forme ou l'organisation de la cité. Pendant des siècles et des siècles ce sont les lois qui ont organisé minutieusement la casuistique, le rituel et la mécanique de la torture. Ce sont encore les pouvoirs publics qui, une fois la torture interdite officiellement, ont favorisé ou organisé son impunité, et donc sa pérennité, à l'aide de lois d'amnistie, alibis juridiques de l'oubli, ou de sabotages judiciaires. Nous vivons une période exceptionnelle d'abolition juridique. Pourquoi se passer de la torture, alors qu'elle a si bien fonctionné et pendant si longtemps? Telle pourrait être la véritable interrogation. Ce renversement de perspective peut paraître facile, mais il a le mérite de rétablir les véritables équilibres. La torture serait-elle inextricablement liée à toute organisation sociale?

L'appareil d'État, dans ce qu'il a de plus essentiel, l'exercice de la violence légale, l'engendre-t-il nécessairement ? Est-elle un outil indispensable à l'exercice du pouvoir ? Fait-elle partie des armes inévitables de la guerre ? Est-elle nécessaire au fonctionnement de l'appareil judiciaire ? La question malheureusement revient vigoureusement dans l'actualité. Le débat actuel aux États-Unis n'est autre que celui-là : faut-il que la loi autorise la torture ?

LA LOI DE LA TORTURE
LA TORTURE COMME NORME LÉGISLATIVE

1749. France, Parlement de Bretagne

Parlement de Bretagne, Rennes. Le 29 mars 1749. Le juge interroge François Le Dantec, suspecté du meurtre de sa femme, commis cinq ans plus tôt. Il nie farouchement malgré de sérieux indices, mais la question pourrait faire son effet. La loi prévoit son application. Le magistrat applique l'article premier du titre 19 de l'ordonnance criminelle, publiée le 26 août 1670. Dans son Parlement la coutume est la torture par le feu. On approche les pieds du suspect, chaussés d'escarpins de fer préalablement soufrés, d'un feu préparé dans une cheminée. C'est au juge de décider combien de fois on va le faire. Dans les limites fixées par la loi. Le bourreau est à ses ordres. Deux autres magistrats l'assistent. Les huissiers sont là. Et le greffier qui note scrupuleusement.

> François Le Dantec, serment pris, a promis et juré de dire la vérité. Interrogé de son nom, surnom, âge, qualité et demeure avant sa détention, répond avoir nom François François Le Dantec, laboureur, âgé de 37 ans, demeurant en la paroisse de Brasparts, évêché de Quimper. Interrogé s'il n'est pas vray que sa femme a estée tuée d'un ou plusieurs coups de fusil, répond qu'il n'a aucune connaissance de la mort de sa femme que par le procès-verbal des chirurgiens. Interrogé s'il n'est pas coupable de la mort de sa femme, fait approcher du feu par la première fois et retiré. A contesté l'interrogat. Interrogé s'il ne demeurait pas avec sa femme, répond qu'elle demeurait avec luy. Interrogé quel jour il a vu pour la dernière fois sa femme. Fait approcher du feu pour la seconde fois et retiré. A dit

> que ce fut le lundi de la Pentecôte 1745. [...] Fait approcher du feu pour la quatrième fois et retiré. A dit quand on le brûlerait jusques aux dents il n'a autre chose à nous dire. [*Archives du Parlement de Bretagne*, 1749]

2008. La loi américaine et la torture

Il faut parfois se frotter les yeux en ouvrant son journal. Oui, nous sommes bien en 2008, aux États-Unis, 259 ans plus tard. Il s'agit bien de ce pays qui se targue d'être la plus grande démocratie du monde. Impossible de se tromper puisque des élections y ont lieu régulièrement. Oui, il s'agit bien d'une démocratie au sens classique. Le parlement américain a tenté d'adopter en 2008 une loi interdisant à la CIA d'utiliser les techniques d'interrogatoire musclé dans la lutte contre le terrorisme, techniques déjà prohibées dans l'armée américaine depuis 2006. Il s'agit essentiellement de la simulation de noyade, le « *waterboarding* » et la privation sensorielle.

Le *waterboarding* consiste à attacher la personne sur une planche inclinée mettant la tête plus basse que les pieds. La tête est recouverte d'un tissu ou de cellophane sur laquelle l'eau est versée sans discontinuer. Le tissu se contracte progressivement. La respiration devient très difficile. La victime a la sensation qu'elle va mourir par asphyxie. La durée de résistance est normalement brève, de l'ordre de quelques secondes, deux ou trois minutes pour les plus solides. La mort est rare quand le tortionnaire a l'habitude. « L'avantage » de cette technique pour lui est qu'elle ne laisse aucune trace physique. Mais les séquelles psychiques sont fortes.

Le président Bush oppose son veto à l'adoption de cette loi. Il soutient qu'elle handicaperait la lutte du gouvernement. Tony Fratto, le porte-parole du président, affirme le 8 mars 2008 que « la loi supprimerait un des outils les plus précieux dans la guerre contre le terrorisme, le programme de la CIA visant à arrêter et interroger les dirigeants et les agents terroristes les plus importants »[1].

1. http://tempsreel.nouvelobs.com/actualite/monde/20080308.OBS4063/bush-oppose-son-veto-a-l-interdiction-du-waterboarding.html

Dans des courriers adressés en mars 2008 par le gouvernement Bush au Congrès, il est expliqué que les agents de renseignement américains peuvent recourir à la torture. Le vice-ministre de la justice, Brian Benczkowski, écrit ainsi : « le fait qu'une action soit entreprise pour éviter un attentat, et non pour chercher à humilier ou abuser, serait acceptable aux yeux d'un observateur raisonnable chargé de mesurer le degré d'outrage commis »[1].

Nous ne sommes pas au Moyen Âge. La discussion sur l'usage de la torture est digne du XXIe siècle. De hauts magistrats ont rendu une décision qui, peu avant, rappelle au gouvernement américain qu'il doit appliquer la loi commune, une loi internationale, les conventions de Genève interdisant notamment la torture. Un vrai débat démocratique a eu lieu. Le congrès, le Sénat ont voté une première loi mais il reste à déterminer si la CIA doit s'y soumettre. Les médias discutent du sujet. Des sondages sont publiés. Le pour et le contre sont débattus avec acharnement. Une majorité de l'opinion publique semble favorable à l'usage limité de la torture. Finalement, en 2008, le fonctionnement tout à fait régulier des institutions des États-Unis aboutit à ce résultat : la loi américaine autorise l'usage de la torture par la CIA. Des agents de l'administration peuvent à tout moment se transformer en tortionnaire pour obtenir des renseignements ou extorquer des aveux. Aux États-Unis plusieurs procès de présumés terroristes ou de personnes liées à l'attentat du 11 septembre 2001, se sont ouverts alors que leurs aveux avaient été obtenus sous la torture. On a pu voir le « tribunal » militaire chargé de juger l'ancien chauffeur d'Oussama Ben Laden et composé de six soldats anonymes rejeter une partie de ses aveux au motif qu'ils avaient été obtenus « sous une forte contrainte » en Afghanistan.

Les mécanismes d'obéissance à la loi

La norme juridique (cette expression de la volonté générale, de la fantaisie d'un prince ou de l'intérêt d'une poignée de puissants) a donc été longtemps et reste l'un des ressorts politiques principaux de la torture. L'obéissance au pouvoir, à la loi, quelle qu'elle soit, n'est

1. *New York Times*, repris par *Le Monde* du 27 avril 2008.

pas qu'une composante de l'individu. Elle est un rouage minutieusement calculé par le pouvoir lui-même. La torture participe d'ailleurs à ce mécanisme d'obéissance. Lorsque la loi elle-même prescrit de l'appliquer, comment faire pour y échapper ?

Le premier mouvement de ce cycle pervers est l'ordre donné de torturer. Il serait erroné de n'y voir qu'une norme abstraite, dormant dans un code, de n'en retenir que la substance sèche d'un système politique utilisant le droit. Ce système d'obéissance prend sa source dans la loi, mais celle-ci n'est pas seule en cause, loin de là. L'obéissance passe par de multiples relais qui expliquent la loi, la confortent, la légitiment, la banalisent et peuvent, en définitive, la faire entrer dans un quotidien déshumanisé, un ordre intemporel. Cette banalité permet aux exécutants et aux spectateurs de la torture de ne plus y voir qu'un mécanisme comme un autre d'une machine étatique qu'on n'aurait pas l'idée de discuter.

L'ancien droit permet de mieux comprendre ce mécanisme d'obéissance. La légitimité de la loi tenait d'abord à sa procédure. La vérité se niche d'abord dans le détail : un long et fastidieux mode d'emploi est fourni par la loi. De multiples articles la réglementent, la conditionnent, en fixent les limites, les effets... C'est cette minutie qui donne l'essentiel de sa force à la loi. Elle enferme immédiatement l'esprit dans le concret de l'application, dans des débats de forme qui éloignent, au mieux, anesthésient, le plus souvent, tout débat de fond. L'obéissance a avant tout besoin de procédure. Plus elle sera complexe, plus la soumission sera assurée.

Le détail des lois d'Ancien Régime

Prenons l'exemple de la France. Plusieurs lois (on parlait alors d'ordonnances) ont réglementé l'usage de la torture. Elles n'étaient pas toutes bavardes à ce sujet. La torture procédait de la loi mais aussi de la coutume, source de droit extrêmement puissante à l'époque. Elles définissaient les cas dans lesquels elle pouvait être ordonnée, les grandes lignes directrices de la procédure et les moyens à employer. Les juges avaient toutefois une marge de manœuvre importante, qu'ils utilisaient en général pour donner libre cours à leur perversité. L'intervention royale ne tenait pas de l'incitation. Elle traduisait plutôt une volonté de limitation et d'uniformisation des pratiques pour éviter les zèles intempestifs.

L'ordonnance de Blois de mars 1498 publiée par Louis XII, la première année de son règne, prévoit que la « question ou torture » est couverte par le secret et ne peut avoir lieu qu'en chambre du conseil (article 112). Les aveux obtenus sous la torture ne sont valables que s'ils sont renouvelés devant le tribunal, sans contrainte (article 113). Si le prévenu ne les réitère pas, il doit être relaxé et ne peut être à nouveau soumis à la question que si surgissent des charges nouvelles (article 114). Ces dispositions sont édictées contre les abus des juges qui n'hésitaient pas à soumettre aussi souvent qu'il leur plaisait des suspects récalcitrants. L'ordonnance prévoit même que les juges devront soumettre leur décision de recourir à la torture à la délibération de « gens notables et lettrés, non suspects, ni favorables et qui n'auront pas été conseillers des parties ». Cette disposition assez courageuse de la part du jeune roi ne semble pas avoir été réellement suivie d'effet. Elle disparaît d'ailleurs dans l'ordonnance suivante.

L'ordonnance de Villers-Cotterêts d'avril 1539, consacrée en grande partie à la procédure pénale, distingue nettement deux types de procédures : la voie ordinaire et la voie extraordinaire. C'est uniquement dans le second cas (« à l'extraordinaire »), que la question pouvait être employée. Cette nouvelle ordonnance consacre et aggrave les dispositions de la précédente, notamment le secret de l'instruction. Elle prévoit toutefois que l'accusé pourra faire appel de la décision qui le soumet à la question devant le Parlement. Rares étaient ceux qui récusaient cette sévérité grandissante. On ne trouve guère alors que Montaigne pour s'alarmer contre l'usage de la question.

L'ordonnance de 1670 apparaît comme la grande législation criminelle de l'ancien régime. On trouve trace dans ses travaux préparatoires d'une réelle discussion sur la légitimité de la question. Le Président Lamoignon, le plus connu des rédacteurs, ne s'est guère battu pour faire prévaloir les « grandes raisons » qu'il avait de supprimer la question préparatoire. Un autre « sage », Pussort, avait bien noté qu'il « est rare qu'elle ait tiré la vérité de la bouche d'un condamné » : elle « lui avait toujours semblé inutile ». Ces hauts magistrats auraient pu être courageux et aller jusqu'au bout de leurs idées. L'habitude a prévalu. Ils se sont inclinés.

Cette ordonnance, dite Ordonnance criminelle, apporte effectivement nombre de précisions, consacrant douze articles de son titre XIX à la torture. Elle ne peut d'abord être ordonnée que s'il existe déjà une « preuve considérable contre l'accusé » et pour des crimes passibles de la peine de mort (article 1er) : très maigres restrictions, car la formule d'une « preuve considérable » est des plus vagues, alors que la peine de mort était très fréquente. L'ordonnance consacre (article 3) une distinction assez curieuse, déjà connue de la pratique, entre la torture ordinaire destinée à extorquer des aveux, appelée « question préparatoire », et une torture supplémentaire appelée « question préalable » ordonnée dans un jugement définitif qui prononce la peine de mort. Cette torture-là, « préalable » à la seule mort, n'a pour but que d'obtenir des renseignements sur d'éventuels complices. Il est enfin rappelé que la question ne peut être appliquée deux fois de suite pour un même fait (article 12). La disposition la plus intéressante pour l'avenir est le contrôle donné aux Parlements sur toutes les décisions prescrivant la question : ils peuvent toujours être saisis par la voie de l'appel. « Les sentences de condamnations à la question ne pourront estre exécutées, qu'elles n'ayent esté confirmées par Arrest de nos Cours » (article 7). Ce recours explique la réduction progressive du nombre de tortures judiciaires notamment pendant le XVIIIe siècle et cela créera progressivement les conditions de sa disparition. Le plus curieux est que l'ordonnance de 1670 ne dise rien des modalités de la torture. Il s'agit d'un choix délibéré. Ses auteurs avaient estimé que de telles dispositions auraient été « indécentes ».

L'obéissance aux coutumes locales

Le principe était donc posé par la loi et la procédure fournissait suffisamment de détails. Mais les modalités pratiques d'exécution étaient plutôt du ressort des usages locaux. À chaque contrée ses traditions. Cette « décentralisation » de la loi sur la torture participait, là encore, fortement à sa légitimité et à la soumission générale. Parmi les « tourments », selon l'expression de l'époque, les plus fréquents, on peut relever les suivants, la liste n'étant pas exhaustive.

L'extension ou le chevalet : des poids ou des cordes sont attachés au membres. En 1697, le Parlement de Paris avait interdit cette pratique dans son ressort en raison de ses dangers. Le premier président du Harlay s'était ému peu auparavant du décès d'une personne torturée de la sorte et de la mutilation d'une femme qui avait eu le poignet arraché en raison de poids trop forts.

La suspension : pratiquée à Rouen, avec un surcroît de raffinement, elle consistait à suspendre la personne par les ongles avec une tenaille.

Les brodequins : ils servent à exercer une pression sur les membres inférieurs. Les jambes du supplicié sont enserrées dans des planches de chêne entre lesquelles on enfonce des coins. Les « menottes » sont utilisés pour les membres supérieurs.

L'eau ou l'huile : on fait ingérer de force des quantités de plus en plus importantes d'eau ou d'huile. À Paris notamment, les questions étaient faites sur ce modèle : on faisait ingurgiter quatre ou huit pintes d'eau.

Le feu : il était utilisé plus rarement car les risques de lésions étaient presque inévitables. Mais il était de pratique courante dans le ressort de Rennes : on approchait plusieurs fois les jambes d'un brasier.

L'estrapade : pratiquée notamment à Besançon, (mais aussi dans les pays de l'est, à Genève par exemple), cette torture consistait à hisser la personne en haut d'un poteau, mains liées dans son dos et des poids accrochés à ses pieds, et à le laisser brusquement retomber et ce, plusieurs fois de suite, en stoppant sa chute à peu de distance du sol. Au mieux, les bras se désarticulaient.

L'armée des commentateurs, serviteurs de la loi et de la torture : « Paulus, Grillandus, Locatus ... »

Le poids de la loi tenait aussi à ses commentateurs zélés, ce qu'on appelle, dans le jargon juridique, « la doctrine » : tout le corps des savants, des juristes, qui viennent la conforter de leurs gloses ou de leurs raisonnements. La période de la torture légale est évidemment la plus frappante illustration de cette « intellectualisation » de la torture. Les juristes de l'époque ergotaient sur le sujet, comme sur n'importe quel point de droit. On invoquait tel précédent, on s'appuyait sur l'autorité de tel ou tel.

La période de l'inquisition est particulièrement éclairante. De multiples « guides de la torture » ont fleuri. Nicolas Eymerich, un des théoriciens de l'Inquisition, a écrit l'ouvrage le plus connu. Cet homme qui mourut à l'âge de 79 ans, était entré dans l'ordre des Dominicains à 14 ans. C'était une sorte de « fou de l'inquisition » qui voua son existence à pourchasser les hérésies qu'il voyait partout. Il sévissait dans la région de Barcelone, mais en fut plusieurs fois exilé en raison de son zèle maladif. Il n'est donc pas étonnant que les autorités ecclésiastiques aient choisi ce personnage et ses œuvres pour mener la bataille et diffuser en conséquences les consignes de torture qu'elle portait.

L'ouvrage du Dominicain, *Le manuel des inquisiteurs*[1], diffusé de façon manuscrite en 1376, en Avignon où il exerçait alors les fonction de chapelain du pape, a fait longtemps autorité. Il porte si bien son nom et résume tout à fait sa portée. Le manuel, c'est l'ouvrage que l'on tient à la main. C'est celui qu'on peut consulter chaque jour. Il permet au praticien d'avoir accès facilement à la loi, à son esprit. Il est une sorte de circulaire de l'ancien temps. Chaque inquisiteur doit pouvoir y trouver les réponses à ses questions de tous les jours, que la loi, nécessairement trop générale, n'a pu aborder. Il remplit les vides. Il apaise aussi la conscience des inquisiteurs, si tant est qu'ils aient eu quelques réticences. Rome choisit cet ouvrage parmi beaucoup d'autres et le fait imprimer en 1503. Il sera réédité cinq fois dans le siècle qui suit. Le Saint-Siège le fait compléter, actualiser par un canoniste espagnol, Francisco Peña, et publier ainsi remodelé en 1578. C'est le *Manuel* qui, en 1488, avait directement inspiré les *Instructiones* du célèbre Torquemada.

Pour bien comprendre le mécanisme en marche, il suffit de citer cet extrait :

1. Nicolas Eymerich, Francisco Peña, *Le manuel des inquisiteurs*, Paris, Albin Michel, 2001.

> 28. L'inquisiteur et l'évêque peuvent-ils exposer quelqu'un à la question et aux tourments? Dans l'affirmative, sous quelles conditions?
> Réponse: ils peuvent torturer, conformément aux décrétales de Clément V (concile de Vienne), à condition d'en décider ensemble. Il n'y a pas de règles précises pour déterminer dans quels cas on peut procéder à la torture? À défaut de jurisprudence précise, voici sept règles repères:
> 1°) On torture l'accusé qui vacille dans ses réponses, affirmant tantôt ceci, tantôt le contraire, tout en niant les chefs les plus importants de l'accusation. On présume dans ce cas que l'accusé cache la vérité et que, harcelé par les interrogatoires, il se contredit. S'il niait une fois, puis avouait et se repentait, il ne serait pas considéré comme vacillant, mais hérétique pénitent et il serait condamné.
> 2°) ...[1].

On reste interloqué par la froideur d'un discours, qui traduit une simple dispute de doctrine, une querelle de spécialistes, comme si le mots étaient totalement détachés de leur application pratique, de leurs conséquences physiques, psychiques, humaines. Francisco Peña ajoute:

> nos inquisiteurs emploient ordinairement cinq espèces de tourments dans la question. Comme c'est une chose connue de tout le monde, je ne m'y arrêterai pas. On peut consulter Paulus, Grillandus, Locatus, etc. [...] Le Droit canonique n'ayant pas déterminé tel et tel supplice en particulier, les juges peuvent se servir de ceux qu'ils croiront les plus propres à tirer de l'accusé la confession de son crime. Cependant il ne doit point faire usage de tourments inusités. Marsilius fait mention de quatorze espèces de tourments. Il ajoute même qu'il est approuvé par Grillandus et par Locatus[2].

Au niveau inférieur de l'échelle de la réglementation, à la suite du commentateur, il y avait la simple « directive administrative », pourrait-on dire de façon anachronique. Elle résumait le détail technique pour permettre la transmission de la tradition et la continuité de l'exécution de la loi. Ainsi ce *Mémoire pour faire donner la*

1. Nicolas Eymerich, Francisco Peña, *Le manuel des inquisiteurs*, *op. cit.*, p. 260.
2. *Ibid.*, p. 262.

torture par extension, qu'on trouve en annexe à un arrêt de règlement du Parlement de Paris de 1697 :

> Si la question est donnée avec de l'eau, l'accusé sera dépouillé et en chemise, attachée par le bas, entre les jambes. La question de l'eau ordinaire, avec extension, se donnera avec un petit tréteau de deux pieds de hauteur et quatre coquemars d'eau, de deux peintes et demie, chacun, mesure de Paris. La question ordinaire et extraordinaire, avec extension, se donnera avec le même petit tréteau, et quatre coquemars pareils d'eau, puis on ôtera le petit tréteau ; et sera mis en sa place, un grand tréteau de trois pieds et quatre pouces, et se continuera la question avec quatre autres coquemars, pareillement de deux pintes et chopine chacun, lesquels coquemars d'eau, seront versés dans la bouche, lentement et de haut.

Désobéir aux lois injustes, refuser la torture légale

C'est donc tout ce monde du droit et sa pesanteur qui poussent à l'application de la loi. Elle est discutée, commentée, détaillée, enseignée, vulgarisée. Une foule de serviteurs se presse à son service. Non pas parce qu'elle est juste, mais parce qu'elle est la loi. Il suffit de regarder en France les commentaires zélés d'éminents professeurs de droit quand il s'est agi de faire leur travail ordinaire en explicitant les « lois » de Vichy sur les discriminations raciales. Tout un corpus de doctrine s'est alors développé comme pour une loi sur la rationnement ou le divorce… La force d'une loi tient à ce monde de l'administration et du droit qui accepte de prendre pour argent comptant la norme, quelle qu'elle soit, sans se poser la question de sa légitimité, qui habille le pouvoir de ce vêtement factice mais pratique du « législateur ».

Dans tous les domaines, il n'y a en fait aucune fatalité à l'obéissance aux lois qui demandent de violer la dignité humaine ou aux ordres qui l'exigent. Dans toute la chaîne d'exécution de la loi, du conseiller du prince au bourreau, aucune place n'est imposée. Presque tous ont choisi ou ont adhéré. Cette problématique renvoie à celle des ressorts individuels de la torture qui seront examinés plus loin.

Les lois du silence sur la torture

L'impunité organisée, source majeure de la permanence de la torture

Au XIXe siècle, la loi n'autorise plus expressément la torture, mais son rôle, aujourd'hui, dans sa diffusion, s'avère beaucoup plus pervers. L'interdiction est posée officiellement, mais, dans la pratique, la loi organise avec minutie un système administratif et judiciaire permettant, à tout coup, de faire échouer toute velléité de connaître la vérité sur la torture. Tout est fait pour qu'on ne puisse en parler, pour éviter toute poursuite et donc toute condamnation. Concrètement, aujourd'hui, la loi ne sert plus alors à légitimer la torture, mais à la couvrir et à protéger les tortionnaires et leurs commanditaires. *A posteriori*, l'appareil d'état est mis directement ou indirectement au service de la torture. Au plan des principes, la différence est réelle avec l'ancien système de torture légale, mais, dans la réalité, rien ne change, si ce n'est un vague espoir de justice internationale dont l'efficacité reste entièrement à prouver. Pire, ce nouveau système discrédite les lois qui, d'un côté, portent l'interdit et, de l'autre, le défont avec cynisme.

Si le vol n'était pas puni, qui nous retiendrait? La morale? Suffirait-elle, à elle seule? Que se passerait-il si tout un chacun savait qu'aucun policier ne l'arrêtera, qu'aucune poursuite ne sera engagée? L'assurance de l'impunité n'est-elle pas l'une des plus fortes incitations à la délinquance? Tel est le cas de la torture. Dans la plupart des pays, on trouve un texte de loi pour la réprimer, comme crime ou délit, mais les poursuites ne sont pas ou très peu engagées ou n'aboutissent pas. L'impunité de la torture est un de ses meilleurs agents de propagation. Pour le Rapporteur Spécial des Nations Unies sur la torture, « l'impunité demeure la cause principale de la perpétuation des violations des droits de l'homme, en particulier de la torture, et le principal facteur incitatif »[1]. Pour que cette impunité soit assurée, il faut effacer toutes les paroles, les discréditer ou les anesthésier. Les tortionnaires, eux, se taisent,

1. Rapport, Doc. ONU, A/54/426 § 48.

évidemment. Pour les victimes elles-mêmes, la torture s'en charge. Et, pour tous ceux qui en auraient eu connaissance comme simple témoin ou qui auraient osé enquêter sur le sujet, l'État a de multiples méthodes pour les bâillonner.

Le silence imposé : les lois d'amnistie

L'oubli organisé n'est pas seulement un mécanisme de protection des tortionnaires. L'oubli de la torture fait partie de la torture elle-même. Elle en est un élément constitutif. Dès lors qu'elle n'est plus couverte du manteau de la loi, elle ne peut survivre qu'en étant effacée périodiquement de la mémoire. Elle renaît de ses cendres à chaque fois et, tel un phénix noir, il lui faut mourir après chaque vie. La torture est à la fois cachée et officielle. Elle est honteuse et glorifiée. Elle est enseignée et tue. Elle est combattue mais tolérée. Pour résoudre ces contradictions essentielles, il n'est d'autre moyen que de disparaître et de réapparaître perpétuellement.

Les raisons de l'amnistie. L'amnistie, c'est le silence forcé, l'oubli imposé : *a-mnemos*, l'absence de mémoire. Elle est le meilleur allié de la torture, même si les règles de la prescription peuvent elles aussi jouer ce rôle. L'amnistie peut avoir des raisons louables. Depuis toujours, elle a servi à apurer les guerres, à tracer un trait sur les meurtres ou les exactions commis pendant un conflit, à éviter de raviver les plaies et d'attiser de nouvelles querelles. La mémoire des hommes reste veuve de celle des États. La torture fait ainsi partie de ces déchets du souvenir. Elle est passée par pertes et profits, à la grande satisfaction de ses promoteurs et de ses exécutants. Très souvent le gouvernement en place, celui qui s'est servi de la torture pour asseoir son pouvoir, utilise la loi pour s'auto-amnistier. Non content d'avoir violé la loi en pratiquant la torture, il en abuse pour en effacer le souvenir. Ou bien les anciens tortionnaires sont encore tellement présents dans les allées du pouvoir qu'ils monnayent leur soutien contre un effacement de leur responsabilité.

Une loi d'amnistie française. Ne croyons pas que ces pratiques sont lointaines ou qu'elles sont la honte de quelques pays ignorant la démocratie. Elles existent en France, aujourd'hui. En 1962 ont été édictés deux décrets d'amnistie. Le premier visait les actes commis par les Algériens mêlés à « l'insurrection » et ceux qui les avaient aidés en Algérie. Le second concernait toutes les infractions commises dans la répression de l'insurrection. Le parallèle était trompeur. Seul le second, évidemment, avait un intérêt : il effacait de la mémoire judiciaire et officielle tous les actes de torture ou d'extermination qui n'avaient jamais été réprimés et pour lesquels il existait alors autant de preuves qu'on en voulait.

Une loi du 31 juillet 1968 « portant amnistie de l'ensemble des crimes commis pendant la guerre d'Algérie » a prévu en une formule lapidaire et sans appel que : « sont amnistiés de plein droit toutes infractions commises en relation avec les événements d'Algérie ». Les retours de mai 1968 ont aussi charrié cette loi. Sous les pavés, l'oubli. Il n'est donc théoriquement plus question de parler des « infractions commises par des militaires servant en Algérie ». La cour de cassation française a rappelé inlassablement qu'une loi d'amnistie couvrait ces faits.

Les Français se sont longtemps pliés à cet ordre du silence. Les lois d'amnistie peuvent soulever un vent de révolte. Elles peuvent aussi accompagner une lassitude, un accablement, un sentiment de culpabilité partagé. Les victimes, les témoins se sont longtemps heurtés à l'apathie générale. Il a fallu, en France, attendre le siècle suivant, une quarantaine d'années après les faits, pour que le débat reprenne. *Le Monde* publie, le 20 juin 2000, le récit de Louisette Ighilahriz, militante FLN, torturée par les parachutistes français. Les protagonistes survivants prennent alors la parole. Certains se lâchent. D'autres se cabrent. Mais la vérité revient. Lentement. Sans que la justice puisse être saisie, sans qu'aucune enquête n'intervienne.

Le Brésil : la gangrène de l'amnistie. Les lois d'amnistie agissent le plus souvent comme un cauchemar récurrent. Pire, comme ces secrets de famille qu'on essaie à toute force de taire et qui surgissent régulièrement, de façon inopinée, là où l'on ne les attendait pas, et se transmettent de génération en génération, semant les troubles les plus divers, tant qu'ils n'ont pas été verbalisés. Les exemples de ces camouflages impossibles sont aussi nombreux que les lois d'amnistie elles-mêmes. Un exemple parmi d'autres, le

Brésil. Ce pays, le premier des pays d'Amérique latine, a connu un régime de dictature militaire féroce pendant vingt ans à partir de 1964. Les dix premières années furent les plus sanglantes. Sur le plan des chiffres, le bilan est moins tragique que dans les pays voisins, Chili ou Argentine. Le nombre des personnes torturées ne sera jamais connu. On estime qu'il y aurait eu 400 morts et 160 disparus. En 1979, à l'époque où sévissait encore un régime autoritaire, le Congrès National a décidé d'une loi d'amnistie. À partir des années 90, d'autres lois ont mis en place des processus de réparation pour les familles des morts ou des disparus. Une attestation de lieu inconnu avec mort présumée a été créée. Aucune recherche n'était plus nécessaire ni sur les circonstances du crime ni sur la localisation du corps. Aujourd'hui, la loi interdit toujours la consultation des archives publiques secrètes, empêchant toute recherche. Cette politique de l'oubli forcée est intenable. Elle suscite toujours de très vives tensions. La question revient régulièrement sur le devant de la scène avec des acteurs à peine renouvelés. Les militaires défendent bec et ongle une loi qui assure leur impunité. La justice, interprétant à sa façon la loi de 1979, estime que les actes de torture sont couverts par la loi d'amnistie. Quelques membres du gouvernement de Luiz Inacio Lula, membres du Parti des travailleurs, ont voulu rouvrir le débat et ils ne sont pas les seuls. Force est de constater que depuis la fin de la dictature militaire, la torture subsiste au Brésil à grande échelle. Faute d'avoir été dénoncée sur les plus hautes marches du pouvoir, elle a progressivement gangrené l'appareil d'État. On la retrouve présente dans l'appareil policier et pénitentiaire où elle est dénoncée constamment, non seulement par les organisations non gouvernementales, telle *Amnesty International*, mais par les inspections régulières de l'ONU. En 2000, le Rapporteur Spécial des États-Unis contre la torture décrivait son usage comme « étendu et systématique ». Le problème a pris dès lors une ampleur nationale que peu de pays ont connu. Une loi de 1997 n° 9455 contre la torture en a fait un crime. Un protocole pour l'action contre la torture a été signé au niveau national en 2001.

L'Espagne aussi. L'Espagne, elle aussi, a tenté d'échapper à la reconnaissance des tortures et des disparitions de l'époque franquiste. Des milliers de personnes ont disparu pendant la guerre civile de 1936 à 1939 mais aussi sous la longue dictature du général Franco, de 1939 à 1975. Ici aussi une loi d'amnistie a été votée peu après le rétablissement de la démocratie, pendant la période de « transition », en 1977. Mais là encore, les soubresauts de la mémoire, les exigences de justice sont trop fortes. La société espagnole est parcourue, elle aussi, de mouvements contradictoires. En octobre 2007 avait été adoptée une loi dite « de la mémoire historique » qui avait permis aux familles des victimes d'obtenir des administrations davantage de collaboration dans la recherche des disparus. Il existe ici aussi des associations qui se battent contre cet oubli imposé : l'Association pour la récupération de la mémoire historique, par exemple, de Emilio Silva, et bien d'autres encore qui cherchent à localiser les corps et à connaître les circonstances de la disparition. En 2008, le juge Baltasar Garzon, membre de l'Audience Nationale, principale instance pénale espagnole, a demandé à plusieurs institutions espagnoles d'ouvrir leurs archives, procédure préalable à d'éventuelles recherches. Deux ans plus tard, la machine silencieuse a gagné : le juge Garzon est poursuivi pour avoir osé violer la loi d'amnistie !

L'abandon des poursuites et la recherche de la vérité : les commissions vérité et réconciliation

Mérites et limites des commissions. La loi n'a pas toujours mis en place des lois d'amnistie au profit des tortionnaires. Ces dernières décennies ont été créées des institutions originales dites « vérité et réconciliation », plus d'une trentaine au total, du nom de la plus connue d'entre elles, mise en place en Afrique du Sud, après la fin de l'apartheid. La première avait été installée en Ouganda pour enquêter sur les disparitions de personnes pendant les premières années du régime d'Idi Amin Dada, celui qu'on surnomma « le boucher de l'Ouganda ». Cette première a été plus que malheureuse puisque le général Idi Amin Dada était toujours au pouvoir lors de son installation en 1974 et que l'enquête portait sur les atteintes aux droits de l'homme survenues depuis son arrivée au pouvoir … Si le travail de la commission fut sérieux, elle ne fut suivie d'aucune sanction et n'empêcha en rien la multiplication et l'aggravation des exactions du gouvernement. D'autres ont suivi en Argentine, au Chili, au Timor-Leste, au Salvador, au Guatemala ...

La question est de savoir quel rôle elles ont joué et si elles n'ont pas contribué, elles aussi, en dernière analyse, à favoriser la torture. Que pouvaient faire les gouvernements qui ont succédé à des dictatures, qui ont eu à gérer les lendemains de guerres civiles où toutes sortes de violences, dont la torture et les disparitions, avaient largement été utilisées ? Plusieurs ont choisi de ne pas recourir à la justice, de ne pas condamner, de ne pas infliger de peine, mais de rechercher néanmoins la vérité des faits et d'indemniser les victimes. L'originalité tenait surtout à la volonté de « réconcilier », de promouvoir une paix sociale en accordant un pardon, l'équivalent d'une amnistie, en échange d'un aveu des exactions commises. Ces commissions ont fonctionné en procédant à des auditions publiques auxquelles ont été conviés les victimes, les témoins mais aussi les tortionnaires.

Est-ce la bonne solution? L'absence de punition, la simple proclamation de la vérité suffisent-elles à empêcher le retour de la torture? Suffisent-elles aussi à apaiser tous les troubles causés par les atteintes à la dignité humaine? Le simple recours à la parole, la possibilité donnée aux victimes de s'exprimer sont-ils une réponse suffisante, en tout cas supérieure au recours à la justice?

Il n'y a pas eu de modèle unique pour ces commissions. Elles ont pu s'inspirer d'antécédents, mais chacune a été créée en fonction de données locales spécifiques. Ainsi, la plupart ont achevé leurs travaux par la rédaction d'un rapport circonstancié. Le travail accompli a été à chaque fois considérable, même s'il a été parfois contrarié par la mauvaise volonté, si ce n'est le sabotage, des autorités impliquées. Des milliers et des milliers de victimes ont pu sortir de leur silence. Des poursuites ont quelquefois alors été engagées devant la justice ordinaire, au vu des révélations apportées.

Mais souvent aussi, des tortionnaires et des responsables politiques ont continué à jouir d'une impunité difficilement supportable. Ainsi pour l'Afrique du Sud, si le Comité contre la torture des Nations Unies, dans son rapport de 2006[1] notait le travail

1. CAT/C/ZAF/CO/1, 7 décembre 2006.

« remarquable » de la commission qui a joué un rôle de premier plan dans une transition pacifique, il constatait « que les personnes responsables d'actes de torture sous le régime d'apartheid continuent de bénéficier d'une impunité de fait » et recommandait de « traduire en justice les personnes responsables de l'institutionnalisation de la torture comme instrument d'oppression et de perpétuation de l'apartheid ».

Les résultats de ces commissions sont donc mitigés : la loi a pu mettre en place des instruments qui évitent l'oubli. Mais l'oubli sans sanction peut être pire que l'oubli. Il met à vif des plaies, comptant sur les seules vertus de la parole mais il assure aussi une forme d'impunité dont l'effet est particulièrement délétère. C'est pourquoi, dans beaucoup de pays, les commissions Vérité et les lois d'amnistie n'ont pu résister devant l'exigence des victimes ou du pays lui-même qui ne peut se contenter de simples mots, si libérateurs soient-ils. Ainsi en Argentine.

Commission, amnistie mais exigence de sanctions : l'Argentine. On estime qu'il y a eu près de 10.000 victimes en Argentine après le coup d'état du 24 mars 1976 organisé par le général Jorge Rafael Videla (1976-1983). Les militaires avaient décidé de mener ce qu'on appelé la « guerre sale », destinée à éliminer la « pensée subversive », selon l'expression du général Videla. La Commission Nationale sur le Disparition des Personnes (CONADEP) a été créée en 1983 dès la première semaine de son mandat par le président Raul Alfonsin élu après le retrait des militaires, retrait précipité par la guerre des Malouines. Présidée par le sénateur Ernesto Sabato, cette commission a publié un rapport accablant, *Nunca Mas* (*Plus jamais*). Elle avait recensé 8960 disparitions et répertorié 340 centres de détentions secrets. Les associations de défense des droits de l'homme avancent des chiffres bien supérieurs.

Des poursuites ont fini par être engagées contre neuf des hauts dignitaires de la junte. Cinq d'entre eux ont été déclarés coupables. Mais en 1986 et 1987 les poursuites ont été arrêtées à la suite de deux lois d'amnistie (dites lois du « Point final »). Faute de jugement, des lois ont alors institué l'indemnisation des familles de disparus. Une loi n° 24411 votée en janvier 1995 a organisé l'indemnisation relative aux victimes de disparition forcée ou aux personnes qui ont trouvé la mort suite à des actes commis par l'armée, les forces de sécurité ou les groupes paramilitaires avant le retour à la démocratie. Une autre loi n° 24321 a introduit en la matière le concept d'une « absence due à une disparition forcée ». De nombreuses indemnisations ont eu lieu sur cette base. En août 2003, le parlement argentin a fini par abolir les lois votées en 1986 et 1987. En 2001, le général Videla a été inculpé « d'association illicite aggravée ». Aujourd'hui plus d'une centaine de militaires argentins sont emprisonnés ou poursuivis. Quelques uns sont même condamnés à l'étranger. La torture est reconnue officiellement. Le plus ancien centre de torture, l'École de mécanique de la marine (ESMA) qui était dirigée par l'amiral Eduardo Massera, va être transformé en Musée de la Mémoire. Près de cinq mille personnes sont mortes dans ce camp.

L'Omerta

Le silence n'a pas besoin que l'on lui consacre une loi. Sans le moindre vote, sans qu'aucune assemblée ne se réunisse, les langues se lient, l'omerta s'impose. Elle a de multiples partisans, des défenseurs acharnés, des serviteurs consciencieux et des sujets passifs, résignés, apeurés.

Les mécanismes ordinaires de la loi. L'amnistie est le procédé le plus grossier. Il interdit la mémoire d'un ordre brutal et maladroit qui suscite souvent la révolte et mobilise facilement les défenseurs des droits de l'homme ou les proches des victimes. Plus subtils et bien plus épuisants pour tous ceux qui veulent se souvenir, sont des mécanismes légaux qui existent ordinairement en temps de « paix » et qu'on utilise pour protéger les tortionnaires.

La torture étant pratiquée le plus souvent par des militaires ou des policiers agissant « dans l'exercice de leurs fonctions », il suffit de couvrir leurs agissements de notions habilement protectrices telles que, par exemple, le « secret défense » pour stopper toutes les curiosités judiciaires. L'interdiction de l'accès aux archives gouvernementales ou administratives participe du même principe : l'État n'est plus un service mis à la disposition des citoyens. Il est cette entité propre, qui a ses raisons, la raison d'État, érigée au-dessus des intérêts et des droits des hommes qu'il est censé protéger.

La loi protège même « l'honneur » des tortionnaires. La vérité devient une injure à la nation. La France a bien connu ce phénomène pendant la guerre d'Algérie. Les articles dans *L'Express* de Jean-Louis Servan-Schreiber furent parmi les plus beaux actes de courage du monde de la presse et les poursuites exercées contre lui une des pires hontes de la justice française. Tous les journaux qui osaient s'aventurer sur ce terrain, *L'Humanité*, *Le Monde*, *Témoignage Chrétien*, *Le Canard Enchaîné* étaient systématiquement poursuivis. Les juges français, d'une remarquable servilité, prêtaient sans rechigner leur concours à cette répression. Jérôme Lindon, entre autres, responsable des Éditions de Minuit, qui avait publié *La Question*, livre témoignage d'Henri Alleg, journaliste communiste victime de tortures en Algérie, fut inculpé pour « participation à une entreprise de démoralisation de l'armée ayant pour objet de nuire à la défense nationale ».

Le sabotage des enquêtes. Le pouvoir doit aussi faire face aux enquêtes ou aux plaintes lorsque des victimes ou des témoins courageux ont osé parler. Le même type de solidarité qui, au sein de l'appareil d'État, s'était mis en place pour organiser et faire exécuter dans l'ombre la torture, se noue alors, dans d'autres secteurs de cet appareil, pour étouffer la vérité. L'impunité absolue est parfois possible lorsque le régime, totalitaire ou suffisamment autoritaire, verrouille toutes les portes d'accès à la vérité. Les plaintes ne sont pas reçues. Les victimes sont immédiatement découragées. Si l'intimidation ne suffit pas, les menaces de représailles conduiront rapidement à une rétractation. Il faudrait évidemment une police indépendante pour mener l'enquête. Dans les régimes dits démocratiques, les méthodes sont plus subtiles, lorsqu'aucune amnistie n'a été possible. Les obstacles, les embûches, les pièges innombrables que permet la justice sont utilisés à profusion. Tout est bon pour égarer l'enquête, ralentir la procédure, l'enliser dans des subtilités juridiques interminables. L'absence d'indépendance de la justice condamne à l'avance ce type d'enquête. Aller au bout des choses dans ces dossiers, conduirait, à l'évidence, aux plus hautes autorités politiques, militaires ou policières. Cette mauvaise volonté se mesure aussi au courage des plaignants, aux batailles incessantes, souvent désespérantes, que mènent les parents, les proches, les amis …

Le mouvement des Mères de la place de Mai (« les folles de mai ») est l'un des symboles les plus forts. Ces femmes tiennent leur nom de la Plaza de Mayo sur laquelle elles manifestent au centre de Buenos Aires, vêtues de foulards blancs, à partir d'avril 1977. Tous les jeudis après-midis, elles tournent sur la place pendant une demi-heure, dans le sens inverse des aiguilles d'une montre pour symboliser leur volonté de remonter dans le temps et leur lutte contre l'impunité des généraux coupables des disparitions et des tortures de leurs enfants pendant la « sale guerre » (de 1976 à 1983). Plusieurs d'entre elles ont payé ce courage de leur vie.

L'inégalité des armes, les procès de diversion. Si par extraordinaire des enquêtes ou des procès peuvent avoir lieu, on y retrouve à des places décalées le tortionnaire et sa victime, dans des logiques inversées. Le premier se tait, la seconde essaie de parler. Dans une justice encore essentiellement fondée sur l'aveu, le silence obstiné des anciens tortionnaires ne permet pas d'aller bien loin dans la recherche de la vérité. Issus le plus souvent de cette armée qu'on appelle à juste titre la grande muette, ils ont appris à faire parler mais aussi à se taire. Leur arrogance et leur mauvaise foi font merveille face à l'impuissance ordinaire des victimes. Les preuves sont rares, les témoins sont généralement du côté de l'accusé. Mais il arrive, comme en Irak, dans l'affaire des tortures pratiquées dans la prison d'Abou Ghraïb, que par sadisme des photographies soient prises et qu'elles circulent comme des trophées, au-delà du raisonnable. Quand le monde entier voit s'étaler ces clichés scandaleux, il est difficile d'échapper au scandale. Ce sont alors les lampistes qu'on livre en pâture à l'opinion publique. Ceux qui ont appliqué les consignes venues de très haut, si haut qu'ils resteront inaccessibles, intouchables.

LA TORTURE COMME MÉTHODE DE GUERRE

1957. Alger, centre d'interrogatoire de la 10e division parachutiste

Henri Alleg est journaliste. Directeur du quotidien *Alger Républicain* jusqu'à son interdiction en septembre 1955, il est passé dans la clandestinité pour éviter d'être interné mais a fini par être arrêté le 12 juin 1957. La guerre d'Algérie a débuté. Des « événements ». On ne parle pas de « guerre » alors. Même si les militaires se vantent d'avoir remporté cette année-là, en 1957, la « bataille d'Alger ». La 10e DP s'est installée dans la banlieue d'Alger et torture systématiquement. Henri Alleg parmi d'autres.

> Erulin sortit une boîte d'allumettes de la poche de son uniforme, en frotta une et très lentement la passa devant mes yeux pour voir si je suivais la flamme et si j'avais peur. Puis toujours avec des allumettes, il se mit à me brûler le bout d'un sein puis l'autre. « Vas-y, toi ! ». Il s'adressait à un de ses adjoints. Celui-ci enflammait des torches de papier toutes préparées et me chauffait la plante des pieds. Je ne bougeais pas et n'articulais plus un cri : j'étais devenu tout à fait insensible, et, tandis qu'Erulin me brûlait, je pouvais le regarder sans ciller. Furieux, il me frappait au bas ventre et hurlait : « Tu es foutu. Foutu. Tu entends ? Tu parles ? »[1].

Henri Alleg a survécu. Bien d'autres, quelques Français, des Algériens surtout, ont succombé, achevés par la même cruauté sadique qui régnait des deux côtés. Cette guerre qui ne voulait pas dire son nom, l'a trouvé, avec le recul du temps : la guerre de la torture. Mais de bien d'autres guerres, surtout dans les conflits contemporains, on peut dire la même chose. Guerre et torture ont toujours été intimement liées.

La guerre constante de l'humanité

La guerre est une constante de l'humanité. Et la torture est une constante de la guerre. La première proposition n'a pas besoin de

1. H. Alleg, *La Question*, Paris, Minuit, 1958.

longues explications. Il n'y a jamais eu, dans l'histoire connue de l'humanité, de période de paix absolue. Dans un monde saturé d'armes de toutes sortes, on se bat toujours quelque part. L'utopie d'un monde en paix revient régulièrement. À chaque fin de grand conflit renaît l'espoir. Généralement bref. Un traité de paix définitif est enfin signé : les armes sont déposées. Les monuments aux morts sont érigés. Les listes des derniers conflits complétées. Le secrétaire d'État aux anciens combattants succède au ministre de la guerre. Les hommes vont enfin se souvenir. Les guerres vont disparaître. Ou devenir moins abominables ...

La fin de la deuxième guerre mondiale avait soulevé ce genre d'espoir. Ce n'est évidemment pas le hasard si les grandes conventions internationales du droit de la guerre datent de 1949. La France bataillait en Indochine, la guerre civile se terminait en Grèce, la première guerre israélo-arabe aussi, la guerre de Corée était pour bientôt ... Inutile d'attendre les prochains conflits, ils étaient là. On parlait de guerre froide pour éviter de parler de guerre tout court. L'existence d'armes nucléaires ou de destruction massive a changé la nature, la géographie et l'ampleur des conflits armés mais n'y a pas mis fin. Au début du XXIe siècle la planète entière est secouée de guerres meurtrières. Et tout ce siècle continuera au même rythme macabre. Les armées n'ont jamais été aussi puissantes. Les dépenses militaires n'ont jamais été aussi élevées, la France y contribue plus que bien d'autres pays. Les marchands d'armes n'ont jamais été aussi riches, intouchables et cyniques avec la complicité active des États qui en profitent de tous côtés. Les hommes n'ont jamais été aussi pleinement eux-mêmes, beaux et pitoyables.

La torture constante de la guerre : toutes les guerres sont sales

La guerre « propre » n'existe pas. Toutes les guerres sont sales. La « guerre en dentelles » est une histoire qu'on raconte aux enfants, une invention de roman qui oublie facilement les pillages, les viols de guerre, les petits massacres collatéraux de cette époque où des armées professionnelles étaient censées se disputer entre elles dans un esprit chevaleresque. Dès lors que la guerre donne le droit de tuer, qu'aucun avocat d'office ne protège les droits de celui qui vient de tomber dans les mains de l'ennemi, qu'aucune force internationale ne vient protéger son intégrité physique, tout ce qui conduit à la mort est possible, y compris et surtout la torture. Il existe certes un droit de la guerre, de plus en plus perfectionné, de plus en plus précis, qui interdit évidemment la torture. Mais la prohibition ne signifie évidemment pas, là comme ailleurs, la disparition du phénomène. Toutes les dernières guerres ont vu se développer et se perfectionner des pratiques de torture. Les conflits actuels ne dérogent évidemment pas à la règle, quel que soit le régime politique des pays en cause. Les prochains leur ressembleront. La torture est le débordement constant de tout conflit armé. On peut en réduire le domaine, on peut multiplier efficacement les contrôles, mais sans jamais oublier l'essentiel : la torture fait partie de la guerre.

La guerre, ce n'est pas forcément anéantir son adversaire, ce n'est pas lui infliger nécessairement la mort. Dans la vie des sociétés, c'est le moment où un homme est mis en position de défendre sa vie et où il a légitimement le droit de tuer. Non seulement, pour une fois, l'homme peut violer l'interdit du meurtre mais il va en tirer gloire. Plus il anéantira d'ennemis, plus il en sera récompensé. La peur et la mort sont omniprésentes. Les situations affrontées sont hors du commun. De plus, ces confrontations à l'extrême ne sont pas vécues individuellement mais collectivement. Aux réactions personnelles s'ajoutent les phénomènes collectifs, des réactions de groupes, semblables aux meurtres de foule. Il ne s'agit pas pour autant d'une mêlée générale et désordonnée. Seuls les voltigeurs des premiers rangs peuvent se trouver dans le combat incertain du corps à corps. La guerre se caractérise par un minimum d'organisation, ne serait-ce que pour mettre l'armée en ordre de marche ou développer tactiques ou stratégies. Même les guérillas répondent à des règles précises. Mais quel que soit ce degré d'organisation, elle n'échappe jamais aux débordements qui sont la suite logique de l'acte de guerre. Sur le champ de bataille, au cœur du conflit, la peur intense, la volonté de vaincre, l'ivresse de la conquête, la rage de vengeance ou l'instinct de survie conduisent inévitablement au pire. La tentation est d'autant plus forte que les contrôles sont presque impossibles, les sanctions rares et l'impunité presque assurée. Si jamais une exaction est découverte, si une victime a survécu, si une photo macabre a échappé ou qu'un journaliste a malencontreusement traîné par là, toute l'armée est solidaire et couvre la bavure. Et de toutes façons, la victoire fera oublier tout cela. La torture passera par pertes et profits. Les vainqueurs se livrent rarement à l'autocritique. Curieusement, les pires exactions sont toujours connues du côté des vaincus. Quelle guerre a échappé à la torture ? Aucune. Il n'y a que les légendes pour créer des guerres propres. L'une des plus tenaces est celle de Gengis Khan. L'homme a beau traîner depuis des siècles une réputation de conquérant impitoyable et sanguinaire, il se trouve toujours quelques thuriféraires pour affirmer qu'il avait interdit la torture à ses armées. Rien de plus invraisemblable lorsqu'on connaît ses méthodes ordinaires. Des villes entières entièrement anéanties, hommes, femmes, enfants massacrés parce que la cité avait résisté. Il suffit de lire les récits des peuples vaincus pour voir qu'aux exterminations de masses s'ajoutaient les tortures les plus barbares.

Le droit de la guerre et la prohibition de la torture

Si la guerre est nécessairement sale, les évolutions récentes du droit international peuvent-elles aujourd'hui au moins servir de frein ? Une convention internationale peut-elle utilement interdire la torture comme arme de guerre ?

Introduire certaines limites dans l'horreur des batailles est un souci partagé depuis fort longtemps par la plupart des civilisations. On en trouve trace aussi bien dans les livres sacrés que dans les coutumes ou les textes des États modernes. Un droit de la guerre s'est bâti progressivement. Il vise, entre autres, à interdire l'usage de certains moyens portant atteinte aux règles élémentaires de l'humanité ou indignes d'un peuple civilisé. Ces interdits ont évidemment beaucoup varié au fil du temps et se sont adaptées aux évolutions des méthodes et techniques de guerre. Beaucoup de juristes ou de philosophes ont contribué à cette réflexion. Grotius par exemple (*Droit de la guerre et de la paix*, 1625) ou Jean-Jacques Rousseau (*Le contrat social*, 1762). Après ou parfois même pendant les guerres, des textes à valeur normative ont été élaborés pour tenter de réglementer un temps soit peu les pratiques. Abraham Lincoln par exemple, pendant la guerre de Sécession (1861-1865), demanda à un juriste réputé, Francis Lieber, de rédiger une sorte de code applicable au conflit en cours. Dans ce document (*Instructions for the*

Governement of Armies of the United States in the Field, 1863, plus connu sous le nom de *Lieber Code*), on peut lire les recommandations suivantes à propos de la torture : « article 16. La nécessité militaire n'admet pas la cruauté, c'est à dire le fait d'infliger la souffrance pour elle-même ou par vengeance, ni l'acte de blesser ou mutiler si ce n'est en combat, ni la torture pour obtenir des renseignements » Plusieurs conventions internationales ont été dans le même sens. Les conventions de La Haye de 1899 et 1907 prescrivent ainsi de traiter avec humanité les prisonniers de guerre, notamment à l'occasion de leurs interrogatoires, mais paraissent très éloignées de la réalité du terrain.

Après la deuxième guerre mondiale, la loi des nations a progressé dans tous les domaines, y compris celui des conflits armés. Ont alors été signées quatre Conventions, dites « de Genève », toutes datées du 12 août 1949. La première est relative à « l'amélioration du sort des blessés et des malades dans les forces armées en campagne », la seconde traite de « l'amélioration du sort des blessés, des malades et des naufragés des forces armées sur mer ». Les interrogatoires sont du ressort de la troisième, « relative au traitement des prisonniers de guerre » et de la quatrième « relative à la protection des personnes civiles en temps de guerre ».

La 3e Convention de Genève[1] est la plus importante car les risques de tortures sont plus que sérieux pendant les interrogatoires des prisonniers de guerre. Plusieurs dispositions concernent directement les obligations du pays qui détient les prisonniers et qui doit éviter toute violence. Elles concernent de façon générale les modalités de traitement du prisonnier. Ainsi l'article 13 prévoit que :

> les prisonniers de guerre doivent être traités en tout temps *avec humanité*. Tout acte ou omission illicite de la part de la Puissance détentrice entraînant la mort ou mettant gravement en danger la santé d'un prisonnier de guerre en son pouvoir est interdit et sera considéré comme une grave infraction à la présente Convention. [...] Les prisonniers de guerre doivent de même être protégés en

1. http://www.icrc.org/dih.nsf/3355286227e2d29d4125673c0045870d/456114a02468c862c1256414005de923!OpenDocument

> tout temps, notamment contre tout acte de violence ou d'intimidation, contre les insultes et la curiosité publique.

L'article 14 prévoit, lui, que :

> les prisonniers de guerre ont droit en toutes circonstances au respect de leur personne et de leur honneur.

L'article 3 prohibe plus directement la torture et plus précisément :

> a) les atteintes portées à la vie et à l'intégrité corporelle, notamment le meurtre sous toutes ses formes, les mutilations, les traitements cruels, *tortures* et supplices, b) les prises d'otages, c) les *atteintes à la dignité des personnes, notamment les traitements humiliants et dégradants*.

Mais la troisième Convention traite beaucoup plus directement des interrogatoires des prisonniers. Son article 17 est si étonnamment respectueux de droits de l'homme et si éloigné des pratiques de la guerre, qu'il mérite d'être cité :

> Chaque prisonnier de guerre ne sera tenu de déclarer, quand il est interrogé à ce sujet, que ses nom, prénoms et grade, sa date de naissance et son numéro matricule ou, à défaut, une indication équivalente. Dans le cas où il enfreindrait volontairement cette règle, il risquerait de s'exposer à une restriction des avantages accordés aux prisonniers de son grade ou statut. [...] Aucune torture physique ou morale ni aucune contrainte ne pourra être exercée sur les prisonniers de guerre pour obtenir d'eux des renseignements de quelque sorte que ce soit. Les prisonniers qui refuseront de répondre ne pourront être ni menacés, ni insultés, ni exposés à des désagréments ou désavantages de quelque nature que ce soit. [...] L'interrogatoire des prisonniers de guerre aura lieu dans une langue qu'ils comprennent.

Il y aurait donc une sorte de droit au silence pour les prisonniers de guerre. Ils pourraient se contenter de fournir le minimum d'éléments d'identification. Rien n'interdit évidemment d'interroger les prisonniers mais rien n'interdit non plus au prisonnier de refuser de répondre. L'usage de la violence serait donc prohibée et même celle de la « contrainte ».

Ces dispositions concernent tous les conflits armés :

– guerre déclarée

– tout autre conflit armé, même si l'état de guerre n'est pas reconnu.

– occupation de tout ou partie du territoire, même si cette occupation ne rencontre aucune résistance militaire.

– conflit armé ne présentant pas un caractère international et surgissant sur le territoire de l'une des Hautes Parties contractantes.

Sont protégées les personnes qui ne participent pas directement aux hostilités, y compris les membres de forces armées qui ont déposé les armes et les personnes qui ont été mises hors de combat par maladie, blessure, détention, ou pour toute autre cause.

Le protocole 1 du 8 juin 1977, additionnel aux conventions de Genève[1], prévoit lui aussi une interdiction absolue de la torture :

> Sont et demeureront prohibés en tout temps et en tout lieu les actes suivants, qu'ils soient commis pas des agents civils ou militaires : les atteintes portées à la vie, à la santé et au bien-être physique ou mental des personnes, notamment le meurtre, la torture sous toutes ses formes, qu'elle soit physique ou mentale.

Mais à quoi servent tous ces textes si personne ne peut sanctionner la violation de tels principes ? On ne peut qu'être frappé par le progrès quasiment parallèle des règles du droit international de la guerre et de la barbarie des conflits armés. Plus la règle était devenue précise, moins il en a été tenu compte. Tant qu'aucune poursuite ne pourra être engagée devant une juridiction internationale indépendante, le droit de la guerre ne sera qu'un droit applicable, à l'occasion, aux vaincus. Il est encore trop tôt pour juger de l'impact réel de la Cour Pénale Internationale qui ne fonctionne que depuis 2002 (voir p. 40 *sq.*).

La discipline militaire et la prohibition de la torture

Si la loi internationale est pour l'instant impuissante à freiner la machine de guerre et à empêcher sa barbarie, les règles internes du

1. http://www.icrc.org/dih.nsf/3355286227e2d29d4125673c0045870d/30802040b80aaceec1256414005df4ac!OpenDocument

peuple militaire peuvent-elles être efficaces ? La nature même de la guerre emporte ses excès, la torture comme le reste. Une instance extérieure, une règle posée, non par les militaires, mais par les peuples et leurs représentants, ne suffit pas. Une armée peut-elle trouver en elle-même les ressources nécessaires ?

La discipline est la force principale des armées. Elle est la condition de leur efficacité. Partant de ce postulat, le fonctionnement normal d'un corps d'armée devrait permettre de faire respecter, plus que n'importe où ailleurs, un interdit. Il suffirait de dire explicitement « qu'aucun militaire ne peut commettre des actes de torture » pour que ce principe soit répercuté dans toute la hiérarchie militaire et obéi aussitôt. La réalité est plus complexe. Aucune loi n'est aussi claire.

Des codes militaires existent dans tous les pays. Ils portent des noms différents mais reprennent à peu près tous les mêmes principes. En France par exemple un décret en date du 15 juillet 2005 réglemente la discipline générale militaire [1]. Dans le l'article 6 consacré aux « devoirs et responsabilités du chef » on peut lire que « le militaire [...] ne peut accomplir des actes contraires aux lois, aux règles du droit international applicable dans les conflits armés et aux conventions internationales en vigueur pour la France ». Rien de plus que ce visa très général qui exige du militaire une formation juridique solide. Toute la réglementation tourne en fait autour de l'obéissance. C'est par ce prisme qu'il faut se pencher sur le problème de la torture : que faire si le chef ordonne de torturer ? De ce point de vue, en France, la règle a bien évolué. Le Règlement de discipline générale des armées, en vigueur de 1933 à 1966, débutait par une formule héritée de Frédéric II de Prusse !

> La discipline faisant la force principale des armées, il importe que tout supérieur obtienne de ses subordonnés une obéissance entière et une soumission de tous les instants. Tout ordre doit être exécuté littéralement, sans hésitation ni murmures.

1. http://admi.net/jo/20050717/DEFP0500934D.html

En 1966, 1975, 2005 et dernièrement en 2007, cette règle a été progressivement abandonnée. Nous en sommes aujourd'hui à la formulation suivante :

> le subordonné doit refuser d'exécuter un ordre prescrivant d'accomplir un acte manifestement illégal [...] le militaire fait savoir son refus, par tout moyen et dans les meilleurs délais soit au ministre de la Défense, soit à son chef d'état-major, soit à l'inspecteur général de l'Arme.

Bien des événements ayant bouleversé l'histoire et les traditions de l'armée française expliquent cette évolution : le départ du général de Gaulle à Londres, la guerre d'Algérie, le putsch des militaires pendant cette même guerre.

On assiste à des évolutions parallèles dans tous les pays démocratiques aujourd'hui, mais ces progrès apparents ont peu d'effets sur la réalité. Les tortures commises récemment par les armées américaines, anglaises ou canadiennes engagées dans les conflits en Irak ou en Afghanistan, sans compter celles, infiniment plus nombreuses, commises par les armées de pays non démocratiques ou simplement moins surveillés par les médias, démontrent que la discipline interne a un effet des plus limités.

La loi du terrain est la plus forte. Les lois extérieures, comme celle de l'interdiction de la torture, ne sont pas suffisamment relayées. À côté de ces lois officielles existent d'ailleurs d'autres règles délivrant un message inverse. Certaines sont connues, d'autres plus souterraines. L'exemple récent des États-Unis est particulièrement révélateur. Lorsque le président Bush met son veto à la loi interdisant l'usage par la CIA de certaines méthodes assimilées à la torture, comment les militaires de tout rang, de toute arme, ne verraient-ils pas là, la preuve d'un double langage et un encouragement, en sous main, à poursuivre la torture, mais de façon plus discrète ? Peuvent ainsi proliférer des consignes secrètes telles que celles qui ont été mises à jour à partir de l'affaire d'Abou Ghraïb, consignes élaborées au plus haut niveau de l'État, et qui recommandent l'usage d'une torture sans trace ou la délocalisation du traitement des prisonniers dans des pays aux traditions d'interrogatoire plus sévères. Le silence recouvre normalement ces réalités. L'armée est précisément faite pour garder ce silence. D'autant qu'elle peut toujours compter sur la complicité du politique pour rien ne soit connu. Le silence des différents gouvernements français qui se sont succédé pendant la guerre d'Algérie est éloquent.

Les règles de discipline militaire sont donc très efficaces, mais en temps de paix. Ces règles sont utiles. Il est bon qu'elles soient enseignées dans les écoles militaires. Il fut un temps où dans différents établissements réputés de par le monde étaient enseignées – par des militaires français notamment – les méthodes de torture. En France s'est développé tout un enseignement de l'éthique militaire fort prometteur. Mais il ne semble pas avoir encore porté ses fruits. On a pu lire dans le numéro d'avril 2004 du *Casoar*[1], revue des anciens Saint-Cyriens, un article courageusement signé du « Commandant X » intitulé « Torture, cas de conscience : le dilemme de deux immoralités ». Il proposait d'admettre le recours à la torture « sous certaines conditions » et de lui offrir « un cadre juridique », avançant la distinction entre la torture, pratiquée par les États totalitaires, et les « interrogatoires sévères » qui seraient l'apanage des « États légitimes, dans le cadre d'une loi d'exception, pratiqué par un agent des forces de l'ordre ». Lorsqu'on lit *Le livre blanc de l'armée française en Algérie*[2], manifeste publié en 2001 par 490 officiers généraux ayant servi en Algérie entre 1954 et 1962, on ne peut s'empêcher de penser que l'armée – aujourd'hui encore – peut difficilement trouver en elle-même les ressources nécessaires. Cette apologie d'une armée qui « a mené son combat avec une totale efficacité dans l'honneur et la dignité » porte tous les germes des dérives futures.

Tant que les militaires ne seront pas intimement persuadés de la valeur de l'interdit de la torture, rien ne changera. Encore faut-il que la population elle-même en soit convaincue. Il faut que les principes qui valent pour le simple citoyen restent les mêmes sous l'uniforme. « C'est avec des citoyens éclairés, fermes et libres, disait Tocqueville, qu'on fait des soldats obéissants et disciplinés » : il faut

1. G. Manceron, « Les nouvelles justifications de la torture », *Hommes & Libertés*, n° 128, oct.-nov.-déc. 2004, http://www.saint-cyr.org/cyr-2100.php ? ArtID=131

2. *Le livre blanc de l'armée française en Algérie*, Paris, Éditions Contretemps, 2001.

« faire entrer l'esprit général de la nation dans l'esprit particulier de la nation » (*De la démocratie en Amérique*, t. II, 3e partie).

Les guerres contemporaines : la recherche du renseignement à tout prix

Au début du XXIe siècle les guerres sont toujours aussi nombreuses. Moyen-Orient, Afrique, Asie... Beaucoup de ces conflits n'ont pas de caractère international, si ce n'est, accessoirement, par les appuis qu'un des belligérants peut trouver dans un pays voisin, allié ou bienveillant. Mais d'autres guerres regroupent des coalitions qui rappellent fortement des époques lointaines. La plus dangereuse de toutes, la guerre d'Afghanistan, oppose d'un côté une quarantaine de pays regroupés dans une « Force internationale d'assistance et de sécurité » (FIAS) opérant sous l'égide de l'OTAN (notamment les États-Unis, le Canada, la France, la Grande Bretagne, l'Italie...) et, de l'autre, les Talibans et Al Qaïda. La cruauté de ces différentes guerres dépend assez peu de leur ampleur. Guerre civile, guerre de coalition, guérilla, toutes apportent leur lot de barbarie et la torture existe partout, selon des méthodes et à des degrés variés.

Il est toutefois une caractéristique de beaucoup de ces guerres contemporaines qui risque d'accroître dangereusement l'usage de la torture : la recherche du renseignement. Cette composante a toujours existé dans toutes les guerres. Connaître l'ennemi, l'état, l'armement et la position de ses troupes, ses moyens de défense, ses plans de bataille, etc. est une préoccupation très ancienne, propre à toutes les armées. Les espions existent de tout temps. Mais il est une autre façon d'obtenir des renseignements sur l'adversaire : interroger les prisonniers. Ce type d'interrogatoire a toujours existé, avec, à la clé, les méthodes les plus brutales. L'intérêt et la valeur des prisonniers ont changé. Le principe était simple dans l'Antiquité et au Moyen Âge : le prisonnier devenait esclave. La guerre était même l'un des ressorts principaux de l'économie fondée sur l'esclavage. L'un des buts d'une campagne militaire était de faire le maximum de captifs. Dans l'Égypte antique les objectifs des opérations militaires étaient de ramener le maximum de bétail, de raser les places-fortes ennemies, mais surtout de faire le plus grand nombre de prisonniers

(Nubiens, Libyens ...) destinés à renforcer les troupes auxiliaires et à composer la main d'œuvre nécessaire aux grands travaux. L'ennemi fait prisonnier épousait donc le statut de l'esclave sur lequel le maître avait droit de vie et de mort et qu'il pouvait torturer à sa guise. Tous les récits de l'Antiquité fourmillent de la cruauté inouïe avec laquelle étaient traités les prisonniers en temps de guerre. Aujourd'hui, le prisonnier est moins un capital de production qu'un capital de renseignements. Il détient des informations qui peuvent s'avérer essentielles sur un adversaire de plus en plus difficile à appréhender.

La guérilla puis le terrorisme ont bouleversé l'économie de la guerre. L'ennemi est invisible, insaisissable. Il se cache. La recherche sans fin du chef d'Al Qaïda en est la meilleure illustration. Les opérations sont inattendues, brèves, souvent sous forme de coups de main, même si elles sont préparées de longue date. Dans la guerre révolutionnaire comme dans le terrorisme, les dirigeants sont discrets, les organigrammes du pouvoir secrets et changeants, la population civile est étroitement associée aux opérations. La recherche de renseignements fiables, récents et recoupés devient une priorité.

L'essentiel de cette guerre se passe en coulisses, en dehors du regard collectif, dans le secret le plus absolu. Il s'agit de mettre en place des moyens de surveillance techniques modernes (écoutes, surveillances de tout type), mais aussi de se fondre dans le paysage ennemi, d'y tisser des liens étroits avec des réseaux actifs ou dormants, de faire travailler des indicateurs ou des taupes recrutés selon les méthodes classiques (l'argent, la contrainte, le retournement idéologique, la valorisation de l'agent ...), et d'intervenir, si nécessaire, de façon ponctuelle. Il s'agit aussi de capturer des soldats ou des agents ennemis et d'en tirer le maximum de renseignements selon les mêmes méthodes. C'est là que la torture prend une place primordiale.

Les attentats du 11 septembre 2001 ont mis en évidence, aux yeux des stratèges militaires, la faiblesse de la prévention technologique dans la lutte contre le terrorisme. Les États-Unis possédaient un réseau d'interception de communications dans le monde entier qui était censé les mettre à l'abri de toute menace. La priorité était donnée à ce type d'investigations, en termes de moyens et de dépenses. Il est apparu que cette technique colossale était imparfaite et fragile, et qu'elle laissait se développer des réseaux extrêmement actifs, sur le long terme, au cœur même des États-Unis. Depuis lors l'accent a été mis sur le traitement « humain » et non plus seulement technologique. Qu'est-ce que le traitement humain ? La guerre de l'ombre fondée sur l'infiltration mais aussi, si nécessaire, la mise en œuvre de méthodes radicales : éliminations discrètes, si possibles maquillées. Mais aussi arrestations et interrogatoires « musclés » ou « sévères ». C'est là que la torture intervient. Et c'est pourquoi le débat, aux États-Unis, a pris un tour qui a surpris le monde entier par sa « franchise ».

L'interrogatoire est devenu une des données de base de l'art militaire. L'interrogateur n'est pas contraint par les règles de procédure pénale qui brident le juge ou le policier. L'ennemi ne bénéficie pas de l'assistance d'un avocat. Les règles des conventions de Genève embarrassent. D'où les ratiocinations autour de la définition du combattant ennemi de façon à exclure les prisonniers du statut international censé les protéger. Les États-Unis ont inventé la notion de « combattant illégal » pour légitimer des détentions des centres dont le plus connu est Guantanamo mais dont d'autres restent secret. Ils croient aussi pouvoir de la sorte légitimer la torture employée lors des interrogatoires.

LA LOI DE LA TERREUR : LA TORTURE COMME MÉTHODE D'EXERCICE DU POUVOIR

La loi de la violence

La torture a été et est employée dans toute sorte de régime politique. Nous avons vu quel était le paradoxe de sa « démocratisation » et comme elle essaimait dans les pays occidentaux à l'abri de la transparence des débats. Mais il est un terrain de prédilection de la torture : les pays totalitaires et dictatoriaux. La violence n'y est pas simplement un accessoire embarrassant : elle est le cœur du système. Se pose alors de façon très aiguë la question de la place de la violence dans la politique.

« L'histoire du monde est faite par les minorités », affirmait Hitler. Pour certains hommes, l'inégalité est la base de l'humanité. Certains sont faits pour obéir, d'autres, assez peu, pour gouverner. Pour que cette élite puisse conduire le monde ou simplement une nation, il ne faut pas compter sur les élections. Le même Hitler pensait qu'on « a plus de chance de voir un chameau passer le trou d'une aiguille que de découvrir un grand homme au moyen d'une élection »[1].

Certains hommes pensent avoir le droit d'utiliser toute la force nécessaire pour que leur vision du monde triomphe et surtout pour qu'elle triomphe seule, à l'exclusion de toute autre. Leur credo est variable. Leur projet peut couvrir l'ensemble de la vie sociale jusqu'à l'intime de la pensée. Il peut être plus modeste, se limiter au besoin d'ordre face à une agitation qui leur insupporte ou une menace qu'ils jugent insupportable. Ce qui les réunit, en définitive, c'est la croyance en la vertu de la violence. Une société peut, et, pour eux, doit vivre sous la contrainte. Le bonheur de l'humanité ne peut venir naturellement du désir ou de la fantaisie des hommes. Ce bonheur, il faut le leur imposer. « Imposer » signifie qu'il faut faire taire quelques voix. Le bon ordre implique le silence. C'est ici qu'intervient la torture car la torture n'est pas seulement faite pour parler, pour contraindre à l'aveu : elle est faite pour imposer le silence. La victime torturée perd la parole même si, parfois, au prix de multiples combats, certains parviennent, ensuite, à témoigner. Mais c'est l'ensemble d'une société qui se tait, sous la torture de quelques uns. Contraindre tout un peuple, ployer sa nuque sous le poids d'un idéologie ou d'un désir d'ordre ou de puissance, c'est, nécessairement utiliser, peu ou prou, la torture.

Torture et totalitarisme

Viennent immédiatement à l'esprit les régimes totalitaires qui se sont épanouis depuis un siècle. Ils ont voulu modeler la cité à l'image d'une vision globale du monde impliquant, entre autres, la

1. A. Hitler, *Mein Kampf* (1924), chap. III, « Considérations politiques générales touchant mon séjour à Vienne ».

disparition ou l'asservissement d'une partie de la population. Abandonnant toutes les valeurs de l'humanisme et des droits de l'homme, ils ont choisi la violence et la contrainte pour forcer la réalité à ressembler à leurs fantasmes. Dans ce projet total, englobant et bouleversant la vie de chaque homme de la naissance à la mort, autant que l'économie d'une société, toute opinion dissidente, toute velléité d'opposition sont des crimes. Il n'y a place pour aucune autre pensée que la pensée officielle définie par quelques hommes censés mieux comprendre et traduire le dogme plus fidèlement que tout autre. Ces pays totalitaires ne peuvent être que guerriers, structurés à partir d'un État hypertrophié et d'une administration totalement soumise. Leurs tâches sont toujours les mêmes. Une part considérable de l'activité de la nation va être consacrée à répandre l'évangile sacré dans un système de propagande exclusif, agressif et permanent, et à combattre les idéologies ennemies et les hérésies de toute sorte. Ces pays sont toujours en guerre, intérieure ou extérieure. L'armée et la police y tiennent un rôle essentiel. Comment aboutir à leur monde parfait? Comment venir à bout de tous les ennemis qui surgissent par vagues incessantes? Comment faire taire les esprits récalcitrants? Comment déceler tous ceux qui ne respectent pas, ou pas vraiment, la lettre ou l'esprit d'un credo nécessairement évolutif? Comment obtenir toujours plus de renseignements sur ces êtres malfaisants, quand le danger est partout?

Le totalitarisme est donc indissociable d'une puissante administration qui exécute scrupuleusement toutes ces tâches sans fin. Administration d'autant plus féroce qu'elle doit inlassablement développer en elle-même des méthodes de surveillance interne. La surveillance, le fichage, l'arrestation, le harcèlement, l'internement, l'emprisonnement, la torture, l'élimination sont des fonctions nécessaires. Mais elles sont surtout des fonctions ordinaires. On envisage parfois la torture comme l'excroissance momentanée d'un régime politique, une solution, certes désagréable, mais passagère. Une sorte de bouffée de colère politique. Dans le totalitarisme, il n'en est rien. Ce mal n'est plus un mal. Il fait partie des rouages indispensables de la vie politique et sociale, comme l'administration de la santé ou des transports. Il rentre dans les missions ordinaires de l'État et il en acquiert très rapidement toutes les apparences ordinaires. Les services sont officiels, des hiérarchies existent, les méthodes sont définies, les procédures détaillées, des rapports doivent être rendus régulièrement et validés. Une jurisprudence, des habitudes s'installent. Des circulaires définissent les personnes à arrêter, celles qu'il faut épargner, la façon de torturer, les excès à éviter… Une nouvelle définition de l'humanité et des sentiments apparaissent. Les innombrables agents de l'État qui participent de près ou de loin à ces activités s'installent dans cette vie qui, vue hors de la bulle du totalitarisme, paraît impossible, invivable. Au risque de choquer il y a une routine de la torture qui explique que la plupart de ses exécutants se considèrent et se vivent comme des fonctionnaires parmi d'autres, soucieux de bien faire.

L'idéologie totalitaire la plus perverse, et de loin, est à l'évidence le nazisme qui portait la mort en lui. La stalinisme partait de dogmes *a priori* moins mortifères mais il n'a pu se développer qu'au prix, lui aussi, de millions de morts. Bien d'autres pays, pendant le XXe siècle, ont tenté de mettre en œuvre une telle politique, à la seule échelle de leur territoire. Le Cambodge des Khmers rouges en est un des exemples les plus terrifiants.

La torture politique dans l'Allemagne nazie, la Gestapo et les « interrogatoires du 3e degré »

L'usage des tortures et des supplices par l'Allemagne nazie ne peut évidemment se réduire à quelques lignes. Tout est là. Les pires atrocités à l'échelle du monde. Une vision planétaire de la terreur fondée sur un programme d'extermination dont nous n'avons connu que les premières manifestations, stoppées par la victoire des Alliés. Mais l'horreur absolue des camps de la mort et de la Shoah ne doit pas faire oublier qu'au-delà de ces abominations, des trains de l'enfer, des fusillades de masse, des chambres à gaz (« roulantes » ou en dur). L'Allemagne nazie a pu développer dans toute l'Europe et pendant plusieurs années une pratique et une théorie de la torture qui allait exercer une influence profonde sur tous les régimes dictatoriaux et même au-delà.

La *Gestapo* (*Geheime Staatspolizei*, police secrète d'État) reste dans toutes les mémoires comme le prototype du service de police utilisant systématiquement cette méthode. Mais elle est loin d'avoir été la seule. Les procédés employés sont décrits par les survivants mais aussi dans quelques livres consacrés à cette abominable institution. Cette police secrète de l'État nazi a été créée par Hermann Göring en 1933. Elle est ensuite passée sous l'autorité d'Heinrich Himmler, qui était en même temps Reichssfuhrer SS (chef suprême des SS), et surtout de son adjoint Reinhard Heydrich (tué en juin 1942). Ernst Kaltenbrunner a remplacé Himmler en 1943. L'activité de la Gestapo en France fut particulièrement importante, notamment à compter d'avril 1942, multipliant les arrestations et les rafles et utilisant la torture de façon systématique. Elle sévit dans toute l'Europe au fur et à mesure de son occupation, se montrant particulièrement active dans l'arrestation des Juifs, des résistants ou des opposants.

L'utilisation de la torture est notamment relatée dans le jugement de condamnation du tribunal de Nuremberg qui consacre quelques paragraphes aux instructions officiellement données à cette fin :

> Le 12 juin 1942, le chef de la Police de sûreté et du SD promulgua, par l'intermédiaire de Müller, un ordre concernant les interrogatoires ; l'usage des méthodes du troisième degré était autorisé, non seulement pour arracher au prisonnier des aveux sur ses propres crimes, mais aussi dans les cas où une enquête préliminaire aurait indiqué qu'il était en mesure de fournir des renseignements importants, notamment sur des activités subversives. Cet ordre disposait : « Le troisième degré, dans ce cas, peut seulement être employé contre les communistes, les marxistes, les témoins de Jehovah, les saboteurs, les terroristes, les membres des mouvements de résistance, les agents parachutés, les éléments anti-sociaux, les réfractaires ou vagabonds polonais et soviétiques. Dans tous les autres cas, une autorisation préalable est nécessaire. Le troisième degré peut comprendre, suivant les circonstances, les mesures suivantes : alimentation réduite (pain et eau), couchette dure, cellule obscure, privation de sommeil, exercices épuisants, flagellation (au-dessus de vingt coups il faut consulter un médecin) ».

En fait ces méthodes ont été largement dépassées et de façon systématique. Les témoignages sont extrêmement nombreux. Ils sont synthétisés par Jacques Delarue dans son *Histoire de la Gestapo* :

> les procédés employés pour faire parler les personnes interrogées étaient partout les mêmes. On les obligeait à s'agenouiller sur une règle triangulaire pendant qu'un tortionnaire montait sur leurs épaules; on les suspendait par les bras ramenés en arrière, jusqu'à évanouissement; on les frappait à coups de pied, de poing, de nerf de bœuf; on les ranimait en les aspergeant d'un seau d'eau quand elles s'évanouissaient. On limait les dents, on arrachait les ongles, on brûlait avec une cigarette et parfois même avec une lampe à souder. On pratiquait aussi le supplice de l'électricité, un fil était attaché aux chevilles pendant qu'un second fil était promené sur les points les plus sensibles du corps. On entaillait la plante des pieds au rasoir et on obligeait ensuite le blessé à marcher sur du sel. Des morceaux de coton imbibés d'essence étaient placés entre les doigts des pieds et enflammés. Le supplice de la baignoire consistait à plonger le patient dans une baignoire d'eau glacée, menottes aux mains ramenées dans le dos, et à lui maintenir la tête sous l'eau jusqu'à suffocation presque complète. On le ramenait à la surface en le tirant par les cheveux; s'il refusait encore de parler on le replongeait immédiatement dans l'eau[1].

Le pire est que la Gestapo fit des émules. Ses auxiliaires français, fort nombreux (environ 40.000), rivalisaient d'imagination morbide. La plus tristement connue est la bande Bonny-Lafont de la rue Lauriston à Paris: Pierre Bonny, étrange policier, et Henri Chamberlain, dit Lafont, qui officièrent en compagnie de quelques condamnés de droit commun, recrutés pour la circonstance, utilisant systématiquement la torture au service de l'Allemagne nazie mais aussi de leurs intérêts propres.

Les victimes des tortures de la Gestapo se comptent par milliers. L'un d'entre eux est connu de tous: Jean Moulin. Arrêté avec d'autres résistants le 21 juin 1943 à Caluire près de Lyon, il fut conduit à la prison du Fort de Montluc et sa véritable identité fut découverte quelques jours plus tard. C'est Klaus Barbie lui-même, chef de la Gestapo de la région lyonnaise, qui interrogea et tortura affreusement Jean Moulin. Il fut ensuite transféré à Paris, puis dans une villa de Neuilly où la Gestapo interrogeait d'habitude les personnalités importantes. Jean Moulin ne parla pas. Il semble qu'il

1. J. Delarue, *Histoire de la Gestapo*, Paris, Fayard, 1962.

ait tenté de se suicider pour échapper à d'atroces souffrances. Son transfert en Allemagne fut exigé. Jean Moulin est mort dans le train l'emmenant à Francfort, quelque part vers Metz où son décès fut officiellement déclaré. Klaus Barbie, lui, qu'on surnommait « le boucher de Lyon » pour son zèle et ses méthodes, a fini par être condamné à la réclusion criminelle à perpétuité par la cour d'assises de Lyon en 1987 pour crimes contre l'humanité, et est mort en prison d'un cancer quatre ans plus tard.

Ces exemples-là, parmi des millions d'autres …

La torture politique dans les pays communistes

Les régimes communistes des pays de l'Est ont développé la torture politique à un point rare. Elle a été l'une des bases de ce totalitarisme-là. Les procès de Moscou en sont la preuve la plus accablante et la plus éclatante. On pourrait rattacher ces pratiques à l'utilisation de la torture dans la justice pénale mais il n'y a là que l'apparence de la justice : nous sommes au cœur du politique. Les juges ne sont que des pantins aux mains du pouvoir.

Les procès de Moscou

L'interrogatoire brutal, l'aveu extorqué et public, la torture « blanche », l'utilisation de la psychiatrie pour affaiblir les opposants, le procès politique et l'autocritique, autant de caractéristiques sinistres des pays communistes du XXe siècle. Ces régimes totalitaires ont utilisé les moyens de violences ordinaires mais ils ont aussi développé un système d'interrogatoire et de torture nouveau pour son époque et aboutissant – dans le « meilleur » des cas – à de grandioses aveux publics. Les grands procès staliniens de la fin des années 30 en constituent le « modèle », longuement recopié dans la plupart des pays « frères ». Ce système reposait comme dans toute dictature sur une police politique très « efficace » : la Guépéou, remplacée en 1934 par le NKVD. Beaucoup d'arrestations se soldaient par des exécutions sommaires. Au mieux par une déportation dans les fameux goulags où la mort survenait facilement. Si le régime stalinien et ses ersatz font date dans la sinistre histoire de la torture, c'est en raison de ces aveux « surréalistes » passés lors des « procès de Moscou ».

Voici ce qu'à l'issue de plusieurs interrogatoires secrets et sans avocat, on pouvait entendre publiquement en 1938 dans la bouche des accusés, sans que cela n'étonne grand monde à l'époque[1]. Nikolaï Boukharine : « Je me tiens à genoux devant le pays, devant le Parti, devant le peuple tout entier. Le monstruosité de mes crimes n'a pas de bornes ». Guenrikh Iagoda (ancien directeur du NKVD) : « Le seul fait que moi-même et mes co-inculpés nous soyons ici à répondre au banc des accusés marque le triomphe, la victoire du peuple soviétique sur la contre-révolution ». Arkady Rosengoltz : « Puisse vivre, prospérer, s'affermir la grande, le puissante, la belle Union des Républiques Soviétiques Socialistes, qui marche d'une victoire à l'autre, et au-dessus de laquelle resplendit le beau soleil du socialisme ». Impossible de comprendre ces « aveux » qui rendaient inutiles tout réquisitoire si l'on ignore la terreur qui sévissait alors dans toute l'Union Soviétique et dont ces procès ne sont que l'une des innombrables manifestations. Boukharine, dans le testament rédigé au moment même de ses « aveux » et qu'il put transmettre à sa femme dira :

> Je suis accablé par l'impuissance ressentie face à la machine infernale qui, avec des méthodes moyenâgeuses, déploie une force titanesque, produit des mensonges à la chaîne selon un plan soigneusement concerté et dont l'audace rivalise avec l'assurance.

Beaucoup d'explications d'ordre politique voire philosophico-politique ont été avancées. Pourquoi ne pas écouter tout simplement Nikita Khrouchtchev lui-même, lors du XXIIe Congrès ?

> Certains d'entre eux « avouaient ». Même dans le cas où on leur annonçait que l'accusation d'espionnage ne tenait plus, ils insistaient eux-mêmes sur leurs anciennes dépositions considérant que mieux valait s'en tenir à leurs fausses déclarations pour en finir au plus vite avec les tortures, pour trouver plus rapidement la mort.

Autre témoignage accablant, celui du trotskyste Martine Tavitian dit Tarov devant la commission Dewey (qui fut réunie au

1. Cités dans P. Broue, *Les procès de Moscou*, Paris, Archives Julliard, 1964.

Mexique en 1938 sous la présidence de John Dewey, philosophe américain) :

> La mort, après tout, est quelquefois une libération bienvenue d'une torture intolérable. Aux mains de la Guépéou, l'homme torturé est privé même de ce moyen de « salut ». Beaucoup hurlent, suppliant qu'on les abatte. Mais les ordres ne prévoient que la torture.

Si les aveux ont choqué l'opinion publique et constituent encore une source d'interrogation, il ne faut pas oublier que seule une petite minorité parmi ceux qui furent arrêtés passa de tels aveux. Torture mais aussi chantage : promesse (de dupe) d'avoir la vie sauve ou de sauvegarder la vie de proches, femme, enfants, parents …

Autres procès des pays du bloc soviétique

Dans les autres pays de l'Est, les procès politiques, utilisant largement la torture et se terminant par des condamnations à mort furent également monnaie courante. Il fallait sacrifier au rituel absurde et macabre du « procès ». L'aveu était là aussi le clou du spectacle. Tous les pays du bloc de l'Est connurent ces procédés. Entre autres, la Hongrie, la Bulgarie, la Tchécoslovaquie. Rares étaient ceux qui revenaient sur des aveux extorqués. On peut citer le cas de Traicho Kostov, premier secrétaire du parti communiste bulgare et président du conseil des ministres, jugé en décembre 1949, et qui, malgré les tortures morales et physiques qu'on lui avait infligées, revint publiquement sur ses aveux mais fut cependant exécuté. En 1951, la terreur s'abat sur la Tchécoslovaquie. Moscou exige le procès des plus hauts dirigeants, notamment le secrétaire général du parti communiste local, Rudolf Slansky. 14 dirigeants sont jugés. Tous avouent. Le 3 décembre 1952, 11 sont pendus et leurs cendres dispersées. Parmi les trois hauts dirigeants qui échappent à la peine de mort se trouve Artur London.

Un exemple parmi d'autres, Artur London

Artur London (voir p. 59 et 82), ancien des Brigades Internationales en Espagne, ancien résistant en France, était vice-ministre des Affaires Etrangères tchécoslovaque. Il est simplement condamné à la prison à vie. Dans son ouvrage *L'aveu* porté à l'écran par Costa

Gavras et joué par Yves Montand, il raconte son long calvaire entre son arrestation, en janvier 1951, et sa condamnation en décembre 1952 : comment il résiste aux tortures physiques et psychiques pendant six mois, comment il avoue, puis se rétracte, tente de se suicider, puis avoue à nouveau, interminablement. Les interrogatoires et leur perversité sont parfaitement bien décrits. La mise en condition préalable, le climat de suspicion, les arrestations et les disparitions permanentes, sa condition d'homme traqué, la terreur imposée par le parti communiste. Puis, après l'arrestation/kidnapping, une détention où l'on retrouve les procédés ordinaires de la torture : l'isolement dans des cellules sordides où il est privé de sommeil, d'eau et de nourriture, obligé de marcher en permanence, frappé dès qu'il tombe d'épuisement, attaché et traîné à une corde ... Les interrogatoires se déroulent avec la même brutalité. Des interrogateurs (les « référents ») se succèdent et se partagent les rôles, lui posant sans cesse les mêmes questions, ne notant que les propos qui les arrangent, déformant ses déclarations. Ils le harcellent, le confrontant aux aveux déjà extorqués à d'autres. Peu à peu se tisse une toile dans laquelle Artur London est totalement prisonnier, acculé à n'être plus rien qu'un jouet. Il doit répéter des dizaines et des dizaines de fois le même récit. Par un glissement progressif, d'un mot à l'autre, d'une rectification à l'autre, le produit fini, le procès-verbal définitif, qui sera appris par cœur pour l'audience, devient une construction totalement étrangère à la vérité. L'accusation opère une reconstruction complète de tout un passé à partir de quelques éléments de réalité. L'accusé se retrouve devant une vie qui n'est plus la sienne. Vers la fin de l'instruction, Artur London explique que les interrogateurs finissent par écrire eux-mêmes les procès-verbaux, sans même lui demander son avis. C'est d'une certaine façon, l'aboutissement historique de l'aveu, sa figure achevée. La personne n'a plus d'importance : l'interrogateur ne prend même plus la peine d'obtenir l'adhésion du suspect. Seule compte sa version. « Sans se préoccuper de ma présence, il écrit des pages et des pages entières de questions et de réponses ». Le suspect devient un simple acteur d'une pièce écrite par d'autres : « Nous serons les acteurs d'une pièce inventée à partir de nous, contre nous ». En fait, la torture communiste est une torture « pédagogique ». Elle doit aboutir à un aveu, certes, mais surtout à un aveu public. Le but n'est pas d'extorquer un renseignement ou une information mais d'aboutir à un procès public. Il ne s'agit d'ailleurs pas d'un « procès » au sens classique du terme mais d'une sorte de manifestation sacrificielle : une cérémonie liturgique à la gloire du Parti et qui sert à réécrire l'histoire selon les besoins du moment exprimé par le Guide. L'aveu n'est plus alors un aveu à proprement parler mais une profession de foi. La particularité des « faux aveux » des procès communistes est qu'ils s'expliquent par la soumission préalable totale et absolue, quasi-religieuse, au Parti qui est censé diriger et régir la pensée et la vie de ses membres. La logique ordinaire doit se plier à la logique propre du Parti qui peut impliquer le sacrifice d'un de ses membres. Impliquer aussi qu'il mente sur soi, sur les autres, sur son passé, bref, selon ce qui arrange le Parti. Il y a là une sorte de logique du kamikaze : obéir jusqu'à la mort, mentir en sachant que la mort est au bout.

Torture et dictature

XXe siècle, XXIe siècle, ..., le nombre de dictatures change peu. Le profil des dictateurs évolue lentement. Les uniformes se ressemblent beaucoup. La torture reste une de leurs habitudes indéracinables. Distinguer les dictatures des totalitarismes ne relève pas des subtilités de la science politique. Les dictatures s'en séparent nettement par :

– l'absence d'idéologie globale à prétention totalitaire ;
– l'absence de politique d'extermination de masse.

Mais la présence quasi systématique de l'armée aux plus hautes marches du pouvoir, la volonté farouche d'éliminer l'opposition, la disparition des libertés publiques ou leur réduction à leur plus simple expression, l'utilisation sans complexe de méthodes les plus radicales expliquent un recours ordinaire à la torture. À la différence des régimes totalitaires, les dictatures ne l'officialisent pas. Elles ne la cachent pas non plus complètement. La police ordinaire est souvent mise à contribution mais il existe toujours des services spécialisés. Services secrets ou semi-secrets dirigés par les plus fidèles des fidèles et dont la réputation est très vite établie. Les lieux de torture sont peu à peu connus. Beaucoup savent que telle école militaire, tel caserne, tel bâtiment servent de centres de torture. Mais certains lieux de détention restent secrets. Personne ne peut vraiment vérifier. La presse libre n'existe pas ou si peu qu'aucune enquête n'est possible. Quant à la police ou à la justice, inutile de compter sur elles pour savoir quoi que ce soit.

Ce n'est pas tant l'idéologie qui soude les dictatures que la solidarité de l'appareil d'État, expurgé de ses éléments suspects, et qui n'a d'autre but que de consolider le pouvoir en place. Cette solidarité constitue un cadre fondamental de la torture. Où que se tourne la victime ou ses proches, ils trouvent porte close. La terreur existe réellement lorsque plus aucune échappatoire n'est possible : il n'y a plus de recours, plus de juge auquel faire appel, plus de voix pour dénoncer ou protester. Si jamais, par extraordinaire une plainte aboutit, ou si les pressions internationales se font trop fortes, un ersatz d'enquête aura lieu. Peut-être même, exceptionnellement, un pseudo-procès aura lieu, mais toute condamnation sera aussitôt escamotée. Toutefois, certaines de ces dictatures sont installées depuis maintenant si longtemps que la torture « classique » devient moins nécessaire. Dans des pays où toute vie démocratique a disparu depuis des décennies, la chasse à l'opposition est moins utile qu'aux premiers jours. Des pays comme la Corée du Nord vivent dans un tel état de soumission absolue et d'encadrement total, coupés du monde, que la répression passe avant tout par la prison et les camps de travail où les conditions de détention constituent une véritable torture.

Cette présence souterraine de la torture, réservée à une partie de la population, ne vise pas qu'à l'efficacité. Certes, son objectif premier est de détruire ou de démanteler certaines oppositions. Mais au-delà de « l'ennemi intérieur », elle est aussi un message adressé à l'ensemble du peuple. Elle sert à attiser la peur. La violence, l'arbitraire et l'impunité des tortionnaires font que chacun se sait susceptible, demain ou plus tard, d'être lui aussi arrêté, torturé, détenu indéfiniment ou tué. La peur du supplice est tout aussi efficace que le supplice lui-même. Tous les tortionnaires le savent et l'expérimentent rapidement. Les juges de l'Ancien Régime le savaient mieux que quiconque, eux qui, au XVIIIe siècle, ordonnaient de moins en moins la torture mais se contentaient d'ordonner que l'accusé soit « présenté à la question », tablant sur l'effet produit par la vue des instruments de supplice pour obtenir des aveux. Il n'est pas nécessaire d'aller jusqu'au bout de l'horreur. Il suffit de la rendre bien présente dans l'esprit des citoyens. L'imagination est visée. Les régimes de terreur les plus intelligents se veulent économiques. Le message de la peur est rapide. Il se diffuse en une traînée de poudre. On frappe tout autant, si ce n'est plus, par un récit que par un spectacle. Des milliers de disparus ont un impact bien plus terrible que des milliers d'exécutions.

La torture politique dans les dictatures : le Chili

Pourquoi choisir telle ou telle dictature comme exemple ? Elles sont si nombreuses. Là, sous nos yeux. Mais il faut parfois attendre un peu que l'histoire, voire la justice, nous en aient appris un peu plus que les témoignages épars ou les enquêtes partielles. La dictature qui a sévi sous le général Augusto Pinochet, pendant dix-sept années à partir du coup d'État du 11 septembre 1973, est encore dans les mémoires. Plusieurs procès ont déjà eu lieu dans différents pays qui permettent, aujourd'hui, de se faire une idée très précise de la réalité. Les Chiliens eux-mêmes ont tenté d'approcher la vérité. Une commission présidée par Raul Retting, commission « vérité et réconciliation », a travaillé en 1990 et a remis le 8 février 1991 au président Patricio Aylwin un rapport volumineux. Selon ses conclusions, 1.068 personnes ont été tuées par les militaires ou la police, 957 personnes ont disparu du fait de fonctionnaires d'État et 90 personnes ont été tuées par des groupes d'opposition pour des raisons politiques. Le rapport se limite au cas des seules personnes disparues mais il expose en détail les méthodes de torture employées. Une autre Commission a pris le relais en 1992, le *Comité National de Réparation et de Réconciliation* qui a continué ses recherches pendant plusieurs années sur les disparitions non élucidées. On estime généralement qu'environ 3.000 personnes ont été tuées. Une dernière commission nationale présidée par un évêque et composée d'experts et de personnalités de tous les partis a remis le 11 septembre 2004 au président Ricardo Lagos un rapport sur les arrestations illégales et les tortures. Il recense 35.000 cas de tortures.

Il est donc avéré qu'au Chili la torture a été utilisée à très grande échelle pendant plusieurs années. L'ensemble de l'appareil d'État a largement contribué à cette terreur, l'armée au premier rang qui, depuis lors, a reconnu sa responsabilité dans un document officiel de novembre 2004, intitulé *Armée chilienne. La fin d'une vision*. Les militaires restent effectivement dans beaucoup de pays une menace pour la démocratie. On retrouve en leur sein de vrais démocrates, serviteurs de l'État, mais, plus qu'ailleurs, des éléments extrêmement conservateurs, dont le souci des droits de l'homme et des libertés publiques n'est pas la première préoccupation. La formation de certains militaires chiliens avait de plus été assurée en partie par des écoles américaines où étaient enseignées les méthodes de torture de la CIA et celles de militaires français comme le général Paul Aussaresses. Si les corps ordinaires de l'armée ont joué un rôle primordial, on retrouve au Chili, comme dans toutes les autres dictatures, un service de renseignement très puissant et totalement perverti : la DINA. Elle a été la cheville ouvrière d'une politique systématique de torture. Manuel Contreras, qui le dirigeait, a déjà été condamné à plusieurs reprises à ce titre. Le général Pinochet, à la suite des protestations américaines, fut d'ailleurs contraint de dissoudre la DINA en 1977 après l'assassinat d'un opposant en pleine ville de Washington.

Tout aussi révélateurs sont les liens qu'entretenaient les services de renseignement chiliens avec ses correspondants étrangers. La chasse aux opposants chiliens, leur torture ou leur liquidation pure et simple a été souvent menée en coopération avec d'autres services. L'opération Condor, associant les services secrets du Chili, de l'Argentine, de la Bolivie, du Brésil, du Paraguay et de l'Uruguay dans les années 75-80, en est l'illustration la plus évidente. Elle est à l'origine de l'arrestation, de la torture et de l'élimination de multiples opposants dans tous ces pays mais aussi dans des pays tiers.

La justice, elle aussi, a brillé par son inaction. Aucune investigation n'était menée alors que les centres de torture et de détention se trouvaient dans tout le pays (on en a dénombré 800) et que des centaines de personnes disparaissaient. L'un des premiers centre, le plus connu, était le Stade national de Santiago transformé en prison. Ce stade a depuis lors était rebaptisé « Victor Jara » du nom d'un célèbre chanteur guitariste et compositeur chilien qui y avait été détenu et dont les tortionnaires avaient broyé les mains avant de le fusiller en 1973. L'atrocité des tortures a été terrible. Les témoignages des survivants sont accablants.

La torture comme méthode d'enquête

La localisation du problème : les abus de la police

Si la torture trouve l'une de ses racines politiques dans l'utilisation de la violence pour la conquête du pouvoir ou le maintien au pouvoir, le fonctionnement ordinaire d'une partie importante de l'appareil d'État peut à tout moment l'engendrer et ce, quel que soit le système politique en cause et quelle que soit la loi applicable, qu'elle autorise ou qu'elle prohibe la torture. Les institutions dédiées à la lutte contre la criminalité qui, aujourd'hui, disposent, par la loi, du droit d'utiliser la violence « nécessaire », peuvent en abuser, aller au-delà, voire très au-delà d'une violence proportionnée. Au XXIe siècle, cet éventuel tortionnaire s'appelle un policier. Il sera question ici, à titre d'exemple, de quelques pays pris presque au hasard dans le monde. Mais, aujourd'hui, aucune nation n'est épargnée, quel que soit le continent. Certes, la torture est officiellement abolie, la loi réprime son usage, qu'il s'agisse d'un particulier ou d'un fonctionnaire. C'est donc à la police d'enquêter sur les cas de torture mais c'est pourtant elle qu'on retrouve parfois de l'autre côté de la barre.

On incrimine encore souvent l'ensemble de la justice, à l'occasion d'actes de torture commis lors d'une enquête. Que les principes qui guident la procédure pénale d'un pays puissent être incriminés, personne n'en doute : un système essentiellement fondé sur la recherche de l'aveu engendrera nécessairement plus de torture. Que les juges portent une lourde responsabilité en ne menant pas avec sérieux ou diligence les enquêtes sur les allégations de torture est une autre évidence. Mais la responsabilité principale est ailleurs.

Elle est dans l'organisation, le fonctionnement, les méthodes et la pratique de ce corps essentiel de l'appareil d'État qu'est la police.

Il faut se détacher des anciennes habitudes de pensées, abandonner ces analyses datant de l'époque où le juge avait la mainmise sur presque toute la justice et où les juges eux-mêmes pratiquaient ou faisaient pratiquer une torture légale. La police, telle qu'elle fonctionne aujourd'hui dans tous les pays du monde, représente une structure autonome ayant désormais ses traditions, son histoire, sa culture, ses meilleurs et ses pires côtés. Pour comprendre les risques de torture lors de l'enquête, il faut oublier les pages d'un code de procédure pénale concernant le procureur de la République, le juge d'instruction, ou la juridiction de jugement, et se pencher sur le domaine propre de la police, hélas beaucoup moins réglementé, alors qu'il nécessiterait, plus que tout autre, des normes draconiennes et des organismes de contrôle puissants et indépendants.

Les risques ordinaires d'usage de la torture par la police

Sur l'échelle de l'histoire, la police est une institution récente. Elle n'a pris sa forme actuelle que dans le courant du XXe siècle. Son évolution dépend autant de réalités du terrain que de systèmes philosophiques. La police est certes une institution pragmatique. Mais les quelques lois qui la gouvernent sont hautement politiques tout comme les consignes qu'elle applique. D'un côté, la police se transforme en fonction des nécessités : ses missions, ses structures, ses méthodes s'adaptent en permanence, ne serait-ce qu'en fonction de la criminalité. Mais d'un autre côté, l'activité de la police est encadrée par des normes, concernant les contrôles d'identité ou la garde à vue par exemple, dont la portée est primordiale pour les libertés. Ces normes sont paradoxalement peu nombreuses et souvent très floues. La police dispose pourtant d'un pouvoir coercitif considérable qui devrait avoir pour contrepartie une réglementation draconienne. La violence qu'elle exerce légalement prend des formes multiples : surveillances, interceptions téléphoniques, arrestations, perquisitions, garde à vue, interrogatoires... Dans l'immense majorité des affaires c'est la police qui oriente la procédure et, dans la réalité, décide de presque tout. La part réelle d'intervention des magistrats est infime. La rôle des juges dans les affaires criminelles ou dans les affaires correctionnelles importantes ne doit pas faire oublier cette réalité-là. Comme toute organisation, la police se défend contre les interventions et les contrôles extérieurs. Elle le peut d'autant plus que son action se déroule en dehors du regard du public et même des magistrats : sur le terrain ou bien dans les locaux de police. L'enquête est secrète presque par nécessité. Le risque est donc immense que ne se développent, dans ce cadre flou qui enserre une activité par essence violente, des pratiques contraires aux libertés et laissant place à des abus de toute sorte, voire à la torture.

N'échappent, en partie, à ce risque que les pays où des juges indépendants contrôlent réellement la police, hypothèse d'école, et ceux qui acceptent la présence effective de l'avocat pendant la garde à vue. Les conditions d'une dérive de la violence légale sont donc bien présentes en permanence, en dehors de toute circonstance exceptionnelle. On peut alors la mettre sur le compte d'individus, ce qui n'est jamais totalement faux. Le recrutement ne permet pas toujours d'exclure des êtres déséquilibrés et violents. Mais le facteur essentiel est le plus souvent ailleurs. Il est d'ordre politique.

Les risques accrus d'usage de la torture

Les risques d'une violence illégitime, voire de la torture, sont accrus dans certaines circonstances et prennent alors une toute autre dimension.

La lutte contre une criminalité endémique. Dans quelques pays, la criminalité atteint de telles proportions, que certains secteurs de la police se croient autorisés à pratiquer des méthodes violentes dans lesquelles la torture peut prendre sa place. En 2007 un film, *Tropa de Elite*, a eu beaucoup de succès au Brésil puis dans le monde entier (il a obtenu en 2008 l'Ours d'Or à Berlin). À peine romancé, il retrace avec beaucoup de réalisme les pratiques d'une sorte de commando implanté dans l'État de Rio de Janeiro, le BOPE, Bataillon Spécial de la Police Militaire. Cette unité doit lutter contre la criminalité au sein d'une favela, notamment contre les trafics de drogue organisés par des bandes féroces, armées jusqu'aux dents, ayant systématiquement recours au meurtre et aux violences les plus sadiques.

Le but de cette sorte d'escadron de la mort (uniforme noir, tête de mort comme insigne) n'est pas d'arrêter, d'enquêter et de servir la justice mais de mener leur propre enquête, si d'enquête on peut parler, les méthodes étant des plus expéditives. Le BOPE torture (usage permanent des sacs plastiques pour asphyxier ou tirs dans les jambes) et procède à des exécutions sommaires. L'auteur affirme avoir simplement voulu montrer la réalité. Il reste que le film est devenu culte moins pour sa dénonciation d'une réalité atroce que pour son apologie de la lutte contre le crime par tous les moyens. Les jeunes brésiliens se disputent des vêtements inspirés de l'uniforme du BOPE. L'immense danger de ces pratiques policières est non seulement de banaliser la torture, mais de la légitimer. Pire, de la glorifier, transformant des tortionnaires en héros.

D'autres pays d'Amérique latine connaissent, en raison notamment de l'extrême pauvreté et d'un trafic de drogue intensif, une telle criminalité que l'armée a été chargée de missions de police. Ainsi, le Mexique où plusieurs cartels sur-armés se partagent le marché de la drogue. Les militaires mènent une sorte de guerre à l'échelle du chaos qui s'installe progressivement. En 2008 par exemple plus de cinq mille meurtres ont été commis en liaison avec les activités de ces cartels. De véritables batailles rangées les opposent à la police. Dès lors la torture est devenue une pratique courante, selon toutes les ONG spécialisées, ce qu'admettent les différents rapports internationaux émanant des Nations Unies. Ont été ainsi diffusés en 2008 des vidéos montrant des séances d'entraînement de militaires mexicains à la torture, les instructeurs faisant partie d'une société privée américaine spécialisée, Risk Incorporated, basée à Miami, en Floride.

L'utilisation des services de police dans la lutte anti-terroriste. La lutte contre le terrorisme a entraîné dans le monde entier, surtout depuis septembre 2001, un changement des méthodes des services de police. Ceux-ci se sont vus dotés par de nouvelles lois de moyens accrus. Les durées de garde à vue ont été allongées dans beaucoup de pays. Une peur panique s'est traduite par une course éperdue au sécuritarisme. La police est apparue comme un refuge ultime face à ces menaces. Beaucoup de démocraties étaient prêtes à sacrifier les garanties ordinaires et à jeter les droits de l'homme aux orties. Sans se rendre compte que cette fuite en avant mettait la démocratie en danger, et que les abus, dont la torture, risquaient ainsi de se multiplier. La cas le plus éloquent est celui de la Grande Bretagne où la durée de la garde à vue est passée de sept à quatorze jours en 2003, puis en 2006, après les attentats de Londres du 7 juillet 2005 (qui avaient fait 56 morts) à vingt-huit, alors que Tony Blair proposait quatre-vingt dix jours. En 2008, dans cette course éperdue, son successeur, Gordon Brown, proposait une garde à vue de cinquante-six jours mais se heurtait au refus de la chambre des Lords.

Beaucoup de services de police dans le monde se sont crus autorisés à utiliser des méthodes d'interrogatoire violentes avec la complicité des gouvernements. Les dérives de la CIA se sont produites dans ce contexte. Mais l'on sait que l'utilisation de la torture par les services américains ne date pas d'Al Qaïda. À chaque menace nouvelle, une légitimité nouvelle surgit. La guerre, puis la guerre froide, la lutte anti-guérilla en Amérique Latine puis aujourd'hui la lutte contre le terrorisme. Peut-être ne faut-il pas surestimer l'impact de cette dernière menace. Quelle que soit sa terrible réalité, quelle que soit l'horreur absolue et insoutenable des milliers de morts du terrorisme, il joue un rôle dans la permanence de la torture et l'actualisation, pour ne pas dire le perfectionnement, des méthodes de police et de torture.

L'utilisation par le pouvoir de services spéciaux de la police est une des principales causes de dérive. La police est multiple. En dehors des services classiques, il existe de nombreux services parallèles, spéciaux, secrets… qui fleurissent au gré de l'histoire mais qui ont tous pour spécificité le secret de leur action. Leur taille et leur importance varient beaucoup selon la nature du régime mais leur mission, elle, change peu. Ce qu'on appelle d'un terme trompeur et pudique la raison d'État est leur ressort essentiel. L'État, cette machine inventée par les hommes pour les servir et leur venir en aide, trouve alors en lui-même ses propres justifications et crée sa propre légitimité, différente de celle des hommes qui l'ont fait naître. La raison d'État est une logique abstraite d'organisation. Elle prolifère et suppure dans les zones grises ou noires du fonctionnement des gouvernements. L'espionnage, le contre-espionnage, le renseignement politique, les services chargés de la surveillance du territoire, de la sécurité intérieure… tous ces services qui vivent dans l'ombre sont dans la tentation permanente d'utiliser des méthodes peu ou pas orthodoxes. Certains de ces services sont tristement célèbres. La Guépéou, le NKVD. la Gestapo, la DINA, autant d'institutions qui doivent leur réputation à la répression féroce qu'elles ont menée au service du pouvoir, en utilisant sans retenue les méthodes les plus violentes, au premier rang desquelles la torture. Nous sommes ici à la frontière entre l'activité de pure police et l'activité purement politique. Entre l'enquête et la conservation du pouvoir. Cette frontière est des plus poreuses.

Le relâchement de la surveillance de la police, les risques de la garde à vue. Dans des conditions tout à fait « ordinaires », l'action de la police peut connaître des dérives aboutissant à la torture lorsque les contrôles nécessaires se relâchent. La plupart des pays ont inventé cette institution aujourd'hui peu discutée dans son principe qu'est la garde à vue. C'est dans ce cadre que se produit l'essentiel des violences et des cas de torture. Le principe de cette mesure est de laisser un individu, suspecté d'avoir commis une infraction, isolé du monde pendant plusieurs heures ou plusieurs jours à la disposition de la police. Elle le retient dans des lieux parfois sordides et dans des conditions souvent inhumaines. Se met en place un huis clos où le suspect est à la merci de l'enquêteur. Cette liberté donnée à la police, même pour un temps limité, peut développer chez l'enquêteur un sentiment très dangereux de toute puissance. Coupé brutalement des siens, de sa famille, de son travail…, ignorant des charges réelles qui pèsent sur lui, mis à nu, fouillé, menotté, nourri chichement, souvent privé de sommeil, ou dormant dans des conditions indignes, dans un local exigu, sans lumière, privé d'aide, confronté à plusieurs policiers qui tiennent son sort entre ses mains, le suspect est dans un état d'infériorité absolue. Les méthodes d'interrogatoire ne font qu'accentuer cette position de soumission. Le tutoiement, la déstabilisation, souvent le chantage et le mensonge, la violence des propos, accentuent encore cette dissymétrie. La tentation peut être forte d'utiliser la violence, surtout lorsque le gardé à vue nie. Le suspect devient alors une proie facile pour des enquêteurs peu scrupuleux. La garde à vue devient un temps et un espace de puissance incontrôlé où la violence est soudain susceptible de s'exercer sans retenue face à un être totalement diminué et dépendant. La distance considérable entre deux hommes, leur position aux deux extrêmes du pouvoir et de la soumission, l'absence de tout contrôle peuvent déboucher sur une violence sans limite quand s'ajoutent à ce mélange détonant la culture de l'aveu et les dénégations du suspect. Il ne reste que les règles propres à la police, les normes déontologiques, à condition qu'elles soient suffisamment résistantes pour repousser la tentation de la violence. Tout dépend de l'individu. De sa capacité à résister au vertige mêlé de la puissance et de la violence. Il n'est alors d'autre garantie qu'une réglementation très sévère de la garde à vue, dans sa durée et ses formalités, réglementation qui impose la présence d'un avocat exerçant réellement son métier.

La religion de l'aveu

Le risque de torture ne dépend pas que de l'institution policière; ce corps de métier, la place qu'un pouvoir politique lui assigne ou lui concède ne sont pas seuls en cause. Les méthodes appliquées pèsent aussi très lourdement : la doctrine des doctrines de toutes les polices, de toutes les justices du monde est la recherche de l'aveu. Quel que soit le discours officiel, quelles que soient les traditions nationales, quelles que soient les confessions juridiques, il existe une constante universelle, dans laquelle tous communient : la religion de l'aveu. Cette perversion ordinaire des enquêtes judiciaires traverse tous les pays, toutes les époques. Or cette religion professe la violence. Pire, elle porte en elle le poison de la torture. Elle est fondée sur l'idée que la personne interrogée est présumée coupable, mais surtout sur la conviction qu'elle ne l'admettra pas d'elle-même, qu'il faudra en passer par la contrainte. Son arme principale, pour accoucher de cette vérité qu'on lui cache nécessairement, est le forceps de la violence : l'utilisation de pressions psychologiques et physiques. La torture peut donc en être l'expression ultime, l'acharnement paroxystique.

L'ampleur du drame, l'omniprésence de l'aveu. L'aveu a une place primordiale dans tous les pays, dans tous les types de procédure et à toutes les époques. Il est au cœur de toutes les pratiques policières et judiciaires. Les efforts désespérés de tant de politiques et de juristes pour nous faire croire le contraire sont pitoyables. Beaucoup de professeurs de droit essaient encore d'enseigner que cette religion de l'aveu ne concernerait aujourd'hui que certains pays : ceux qui ont adopté une procédure de type dit inquisitoire, héritière de la vieille inquisition, où l'enquêteur, qui est parfois un peu juge lui-même (le juge d'instruction), met tout en œuvre pour obtenir un aveu écrit qui pourra difficilement être contesté ou rétracté à l'audience. Les autres pays, qui ont adopté une procédure dite accusatoire – où le rôle principal est tenu par un juge « totalement impartial » arbitrant entre la version de l'accusation et la défense censée faire jeu égal avec elle, seraient, eux, épargnés par cette maladie de l'aveu. Cette présentation est au mieux une pure vue de l'esprit, au pire une supercherie.

La réalité aujourd'hui, dans le monde entier, est totalement différente et bien plus simple. Sous toutes les latitudes, y compris dans les pays anglo-saxons qui sont supposés mettre en œuvre des procédures accusatoires, la police dispose d'une force de coercition extraordinaire et les juges restent obnubilés par l'aveu. Dans les pays de culture anglo-saxonne se sont développées des procédures dites de « plaider coupable ». Pratiqué notamment en Angleterre, au Canada, aux États-Unis, ce type de procédure consiste à garantir au suspect une relative clémence, généralement une diminution de peine, en échange de son aveu de culpabilité à la suite d'une discussion entre la défense et l'accusation (dite *plea bargaining*). Plus l'aveu arrive tôt, plus la réduction de peine est importante. Qu'on n'imagine pas cette procédure réservée à des infractions mineures. Elle est appliquée (sauf quelques exceptions dans certains États des États-Unis) pour toutes les affaires, mêmes les plus graves et parfois pour des peines qui ne seraient, en France, prononcées que par des cours d'assises dans des cas extrêmes. Qu'on ne s'imagine pas davantage que le plaider coupable ne concerne qu'une petite fraction des procès. Il concerne la quasi-totalité d'entre eux ! Un exposé honnête du système judiciaire américain doit donc commencer par l'exposé du plaider coupable qui n'est rien d'autre qu'une religion particulièrement exigeante de l'aveu. Aux États-Unis plus de 90% des condamnations pénales résultent d'un aveu de culpabilité. C'est ce système catastrophique pour les libertés que gouvernement français voudrait aujourd'hui faire adopter.

L'aveu est donc omniprésent, dans la plupart des pays, du début de la procédure jusqu'au jugement, de l'arrestation jusqu'à la condamnation. Et cette présence n'est pas symbolique : l'aveu est la colonne vertébrale des systèmes policiers et judiciaires. Elle est en effet la preuve majeure, bien loin devant tous les autres modes de preuve.

Une autre supercherie concerne en effet la place actuelle des preuves scientifiques. Il est évident que si les enquêtes reposaient aujourd'hui uniquement sur ces preuves, la torture disparaîtrait aussitôt, au moins dans le domaine de la justice. Il suffirait de récupérer les indices et les traces laissés par les criminels, de les analyser et de les soumettre aux juges. Les interrogatoires seraient superfétatoires et leurs dérives impossibles. Il n'en est rien. Et il n'en sera jamais rien. Si la police scientifique a connu un essor considérable dans le dernier demi-siècle, emporté par le progrès général des sciences, elle ne permet de résoudre qu'un nombre infime d'affaires. Elle ne peut, de toutes façons, être mise en œuvre que dans certains secteurs de la criminalité. Beaucoup d'infractions ne laissent aucune trace. Dans la majorité des dossiers, les enquêteurs disposent uniquement des paroles : celle de la victime, celle des témoins, celle des suspects. De plus, la police scientifique coûte cher, de plus en plus cher, et ne peut être systématiquement utilisée, surtout lorsque les budgets des États sont touchés par la crise. L'audition, l'interrogatoire resteront donc toujours les outils premiers de l'enquête et de la justice, avec le risque majeur de la recherche éperdue de l'aveu.

Facile et rapide. Si l'aveu a toujours eu et aura toujours autant de succès, s'il a été surnommé « la reine des preuves », il doit cet engouement à d'excellentes mauvaises raisons. L'aveu est la voie de la facilité et de la rapidité. Arriver à une vérité judiciaire suppose une longue et périlleuse recherche, à base d'indices, d'auditions, de recoupements, d'expertises ... L'aveu court-circuite tout cet écheveau pénible et incertain et épargne des investigations aléatoires. Il suffit d'entrer dans n'importe quelle salle d'audience ou de lire un jugement – s'il est motivé – et l'on constatera que le juge, s'il détient un aveu, s'en contentera. Il en fera le début de sa démonstration alors qu'il devrait en être le subsidiaire. Et s'en tiendra le plus souvent à cette évidence. Il suffit de dire : un tel a reconnu les faits, et tout est dit. Personne n'ira chercher plus loin. Quelle meilleure démonstration de culpabilité que la culpabilité prononcée de la bouche même du suspect. D'une certaine façon, l'enquêteur et le juge se défaussent sur lui : ils le laissent prononcer sa propre condamnation. S'il y a un lâche soulagement de l'aveu, c'est moins de celui qui les passe que de celui qui les reçoit. Il n'a pas plus à vivre avec le terrible soupçon de l'erreur. Il pourra toujours dire qu'il n'en était pas responsable, que le suspect lui-même s'est dénoncé. L'aveu est donc un service inestimable rendu à l'État. Il est source d'économie et il apporte la plus grande des satisfactions aux enquêteurs et aux juges en leur fournissant une preuve rapide, bon marché et qui leur mâche le travail.

La signature du crime, l'auto-accusation. L'aveu permet de satisfaire, mieux que n'importe quelle autre preuve, le besoin de justice de chacun. Il est à la fois la preuve de l'infraction et en même temps la validation de cette preuve par la meilleure source : le coupable lui-même. L'aveu est donc considéré de tout temps, comme la « summa probatio », la meilleure des preuves. L'idée est simple : qui irait s'accuser d'une infraction qu'il n'a pas commise ? Mais l'idée est fausse. Car la réponse est évidente. Tout le monde peut s'accuser d'un crime qu'il n'a pas commis dès lors qu'une pression assez forte est exercée sur lui, a fortiori s'il est torturé. Sans compter ce phénomène très classique que sont les faux aveux qui peuvent être passés soit par des déséquilibrés, soit par des êtres en détresse, poussés par un sentiment de culpabilité susceptible de les conduire à s'accuser du premier crime venu. L'histoire de la justice, comme son actualité, dans tous les pays du monde, sont remplis de ces faux aveux.

Le triomphe de l'enquêteur et la présomption de culpabilité. L'aveu permet certainement de combler un fort amour de la justice, il permet surtout de satisfaire l'amour propre des enquêteurs. Si la recherche de l'aveu est l'objectif de l'interrogatoire, celui-ci est vécu comme un combat dont l'enjeu est moins la découverte de la vérité que la ratification de la thèse de l'interrogateur. Lui donner raison c'est lui démontrer qu'il est un bon professionnel : non seulement il savait, mieux que quiconque, quelle était la vérité, mais ses méthodes d'interrogatoire lui ont permis d'obtenir un aveu. Interroger devient un lieu de combat, avec un vainqueur et un vaincu. Nous sommes très loin d'un enjeu de vérité. Avouer est signer une défaite; obtenir un aveu est remporter une victoire. La tentation est donc des plus fortes d'utiliser tous les moyens possibles pour arriver à ses fins. L'amour-propre de l'interrogateur est en jeu. Et parfois, au-delà de l'individu qui mène l'enquête, l'amour-propre d'une corporation.

Le premier mouvement de l'enquêteur. La thèse apparue dans une enquête est souvent celle à laquelle l'enquête s'attache définitivement. La conviction première du policier et du juge va être l'autel sur lequel seront sacrifiées toutes les preuves à venir. Comment expliquer cette panne subite d'intelligence ? L'amour-propre certes, mais plus encore une logique de fonctionnement de groupe dont chaque membre va, par conformisme, par solidarité, par obéissance, par paresse, apporter sa pierre à l'édifice commun. L'idée commune est devenue la règle, le dogme. Aussi absurde soit-elle, plus rien ne peut l'arrêter. La force de ce mécanisme est effrayante. Toute une machine à décerveler se met en marche. Rien ne peut s'y opposer. Lorsque le suspect arrive au milieu de cette construction déjà achevée, il n'a pas d'autre choix que de se conformer, lui aussi, à la thèse officielle. La recherche de l'aveu est dès lors une évidence. Il n'y a aucune stratégie possible.

De la religion de l'aveu à l'usage de la violence

Tout interrogatoire d'autorité est placé sous le signe de la dissymétrie. D'un côté celui qui questionne, de l'autre celui qui répond. Le premier a la maîtrise du temps, du lieu, du sujet, du mode d'échange. Il mène l'entretien. Son interlocuteur lui réserve nécessairement mille surprises, mais il subit. L'interrogatoire judiciaire est l'un des entretiens où la dissymétrie est la plus forte. Mais à elle seule, elle n'implique pas la violence. Elle n'est que le signe d'un pouvoir, lui-même créé par une fonction sociale, l'enquête. C'est du contexte de cette enquête que sourd la violence. L'interrogatoire judiciaire s'inscrit comme une parenthèse risquée dans un climat de contrainte maximum : entre l'arrestation, avec, souvent, l'usage de la force, et la sanction, qui implique, elle aussi, la privation d'une liberté ou d'un droit. Cet environnement de violence institutionnelle est déjà, à lui seul, un facteur susceptible de faciliter le recours à la violence physique. Le risque est encore plus élevé lorsque l'interrogatoire est totalement guidé par une stratégie de l'aveu.

Car dans l'aveu, ce n'est pas l'aveu qui compte, mais la façon dont on l'obtient. Ou plutôt dont on l'arrache. S'il arrivait ordinairement à l'issue d'une discussion franche, d'une argumentation serrée et logique poussée par de fins dialecticiens, ou même par les vertus de la persuasion, personne n'y trouverait à redire. Mais la caractéristique de l'interrogatoire judiciaire est que l'enquêteur est persuadé de détenir la vérité. Une conviction solidement assise qui s'embarrasse rarement d'esprit de doute ou de tolérance. Tout ce qui ne valide pas la thèse de l'accusateur – la vérité, évidemment – passe vite pour un mensonge. Toute dénégation vient alimenter l'agacement, la colère d'un aveu long à venir. Tout interrogateur a ressenti, au moins au début de sa carrière, ce sentiment. Il faut une longue expérience, une bonne dose de sagesse et un authentique travail sur soi, pour ne pas céder à cette réaction quasi instinctive. Selon la personnalité, la culture, les habitudes professionnelles, le contexte du dossier, le moment de l'histoire, cette réaction peut aller de l'agacement à la violence physique. Qu'on ne s'y trompe pas, la torture légale n'a été qu'une longue institutionnalisation de cette colère. L'exaspération était canalisée par un instrument quelconque. Une fois cette mécanique légale disparue, la colère reste. La cruauté inouïe qu'on lit dans l'immense panoplie des instruments de torture légaux peut resurgir à tout instant, n'importe où, sans le manteau de la loi. Douch, le tortionnaire cambodgien, reconnaissait : « Les gens qui arrivent ici ont été pris en flagrant délit d'espionnage… Tu n'imagines pas combien leur mensonge me met hors de moi ! Alors je frappe ! Je frappe jusqu'à en perdre le souffle moi-même »[1]. Tout est là. Le processus est le même partout. C'est celui qui peut se mettre en marche dans un commissariat, aujourd'hui, au cours d'une garde à vue et aboutir à une terrible explosion de colère puis à la torture.

1. J.-P. Mari, « Douch, le grand Inquisiteur », *Le Nouvel Observateur*, octobre 2007.

CHAPITRE III

LES RESSORTS IDÉOLOGIQUES DE LA TORTURE

La place de l'idéologie. Les institutions, les structures politiques ou normatives, les lois, les normes, le pouvoir, les pouvoirs, bref, les choix des hommes pour organiser leur vie en société impliquent une part de violence où la torture peut se glisser, ouvertement ou clandestinement. Mais en dehors de ces mécanismes de pouvoir, d'autres mécanismes, d'ordre idéologique, regroupant les représentations, les idées, les croyances… contribuent à l'existence, à l'accroissement ou au reflux de la torture. Celle-ci vit dans une part fondamentale de l'humanité : elle fait partie depuis toujours de nos représentations, de notre culture, de nos idéologies et non pas seulement de nos pratiques. On aimerait pouvoir écrire que, de tout temps, elle a divisé l'humanité, recrutant adversaires et partisans. Il n'en est rien. La torture a été regardée, pendant très longtemps, comme une institution ordinaire. Peut-être choquante – pour certains – mais admise. Il a fallu des siècles de réflexion et de progrès pour que surgisse une prise de conscience et que s'organisent des combats. Combats d'autant plus rudes que ces représentations de la torture et ses composantes sont des constantes culturelles. Ainsi, l'interdiction légale de la torture n'a rien changé à la glorification du tortionnaire, phénomène étonnant qui subit simplement une adaptation culturelle. Quant aux victimes et surtout aux futures victimes, leur sort se scelle chaque jour au sein de nos représentations, dans ces catégories de sous-humanité sans cesse renouvelées où nous les faisons entrer par cohortes entières.

UN DÉBAT IDÉOLOGIQUE TARDIF ET INCERTAIN SUR LA TORTURE

La torture, institution incontestée : le long silence des philosophes et des églises

Après une longue unanimité, il s'est élevé – très récemment, sur l'échelle de l'histoire – quelques voix pour protester, mais, au départ, qu'elles étaient faibles et timides ! Il faut, dans l'Antiquité, chercher attentivement pour trouver quelques auteurs qui osent s'émouvoir. Cicéron, Quintilien à l'époque romaine. Mais pour les autres, tous les autres, la question ne se discute même pas. L'esclave étant la victime première de la torture, il eût fallu chez nos grands philosophes une remise en cause de ce statut. On préfère oublier que la Grèce fut une impitoyable société esclavagiste. Qu'Aristote était totalement convaincu que l'esclavage était lié à une inégalité naturelle et biologique.

> La nature tend assurément aussi à faire les corps d'esclaves différents de ceux des hommes libres, accordant aux uns la vigueur requise pour les gros travaux, et donnant aux autres la station droite et les rendant impropres aux besognes de ce genre ; mais utilement adaptés à la vie de citoyen [1].

Il les considérait comme peu différents des animaux, comme un simple « objet animé ».

On affirme parfois que l'essor du christianisme a permis un autre regard sur la torture. Il n'en est absolument rien. Certes, sous l'Antiquité, les premiers chrétiens en furent des victimes privilégiées. Dans le christianisme, l'un des pires supplices qui soit, la crucifixion, joue un rôle fondamental. Mais une fois le christianisme installé au pouvoir, les mêmes pratiques reprirent avec la même cruauté sans que la parole de l'évangile y changeât quoi que ce soit. On ne trouve dans les paroles sacrées aucune recommandation du type « tu ne tortureras point », alors que la Bible ne lésine pas sur les préceptes. Les récits les plus atroces y sont même légion sans que

1. Aristote, *Politique*, 1254b26-31, Paris, Vrin, 1995.

l'on lise à aucun moment une quelconque condamnation. Il y a bien ce texte de saint Jean (8, 3-11) où Jésus est confronté à une des tortures des plus atroces qui soit, la lapidation. Les juges religieux lui amènent une femme adultère qui doit subir ce châtiment. Jésus les renvoie à leur propre conscience : « que celui qui est sans péché lui jette la première pierre ». Il y a aussi cette parole prononcée sur la croix, peu avant la mort : « Père, pardonnez-leur, car il ne savent pas ce qu'ils font » (Luc, 23-34). De tout cela, il ne ressortit rien.

La torture continua donc à rester un non-sujet. On ne peut même pas parler de tabou. Il en est certes question de temps à autre, très brièvement, chez quelques auteurs, quelques penseurs. Mais rien ne vient entamer l'unanimité ambiante. Il suffit de se référer à deux grandes figures de la chrétienté, saint Augustin et saint Thomas d'Aquin, à pourtant près de huit siècles d'intervalle, pour constater à quel point la torture fait partie du paysage religieux et idéologique de tous ces siècles qui ont précédé Les Lumières. Elle est une sorte d'évidence.

Saint Augustin (354-430), dans la *Cité de Dieu*, nous dit-on, s'opposa à la torture. Certes, il en dénonce la logique absurde. On cite souvent cette phrase terrible.

> On veut savoir si [l'accusé] est coupable et on commence par le torturer pour un crime incertain, on impose, et souvent à un innocent, une peine incertaine, non que l'on sache que la patient a commis le crime, mais parce qu'on ignore s'il l'a commis en effet. [...] Le juge, ordonnant la question, de peur de faire mourir un innocent par ignorance, il arrive qu'il tue cet innocent par les mêmes moyens qu'il emploie pour ne point le faire mourir [1].

Mais on oublie que saint Augustin parle surtout de « cette nécessité déplorable de mettre à la question des témoins innocents ». Et tout son discours tient dans cette « nécessité » où se trouve le pauvre juge de devoir se plier à « une obligation indispensable de la société civile ».

Thomas d'Aquin (1225-1274), le « docteur angélique », pour qui l'amour est le fondement de toute morale, a, lui, justifié la torture de

1. Saint Augustin, *La Cité de Dieu*, XIX, chap. 6, trad. fr. L. Moreau, Paris, Seuil, 2004.

la pire façon. On trouve dans son *Commentaire sur le livre de Job* une édifiante discussion sur la torture[1]. Le livre de Job raconte les malheurs de cet homme intègre « craignant Dieu et éloigné du mal » et qui est mis à l'épreuve par Satan avec la permission de Dieu pour vérifier sa foi. Il perd ses biens, ses enfants, il subit des maladies terribles mais reste fidèle à Dieu qui lui rend alors sa prospérité. Thomas d'Aquin évoque la cas de la personne accusée à tort par la justice : « Il arrive en effet, lorsqu'un innocent est accusé faussement auprès d'un juge, que celui-ci, pour savoir la vérité, le soumette à la torture que lui concède la justice ». Thomas d'Aquin justifie alors la torture comme un moyen de pallier la faible connaissance ordinaire des juges incapables d'approcher autrement la vérité. Le juge ne sait pas ce que pense réellement l'accusé, il ne peut connaître sa « conscience intérieure ». « Par des supplices, [Dieu] s'enquiert si j'ai péché en action et si je suis injuste en pensée, comme font les hommes qui extorquent des aveux par des tourments ». Job, lui, s'en réjouit, puisqu'il a un cœur pur. L'innocent n'a donc pas à se plaindre de la torture. Job devient la démonstration que l'usage de la force, le passage par la douleur accouche de la vérité. Il a fallu que Job souffre mille maux pour aboutir à la vérité de sa foi. De même, l'accusé doit subir tous les tourments autorisés par la loi pour avouer.

On trouve évidemment des voix, à chaque époque (le pape Nicolas Ier condamna la torture en 866) pour sauver l'honneur des religions mais, si prestigieuses soient-elles, elles restent isolées et ne constituent en rien un courant de pensée capable de rivaliser avec l'unanimité ambiante. Elles n'ont aucun poids face à l'avalanche d'écrits religieux qui autorisent, légitiment la torture, en détaillent ou en vulgarisent l'application pour lutter plus efficacement contre les hérésies.

L'enthousiasme des praticiens et de quelques théoriciens

Si les plus grands philosophes ou penseurs religieux se taisent ou approuvent pendant si longtemps, il n'en va pas de même des petits maîtres de la pratique : une foule de praticiens qui mettent leur temps

1. Thomas d'Aquin, *Expositio super Job ad litteram* (1261-1264), Paris, Vrin, 1997.

et leur besogne au service de la torture. Le pourquoi et le comment des supplices sont détaillés avec une minutie étonnante. Certes, quelques manuels d'instruction contemporains, n'ont rien à envier à cette littérature, mais, à l'époque, elle était publique et rencontrait même un succès étonnant.

Du côté de l'Église, un des plus connus est *Le marteau des Sorcières, le Malleus Maleficarum*, édité à Strasbourg en 1486, sous la plume de deux braves dominicains, Heinrich Kramer et Jacques Sprenger, ouvrage commandé et approuvé par le pape Innocent VIII. Ce livre eut un succès retentissant et fut réédité à de multiples reprises malgré son interdiction par l'Église catholique (qui tenait à une controverse sur le pouvoir des démons et non sur la torture). Il fourmille de conseils pour identifier et interroger les prétendues sorcières. La grande question était de trouver la fameuse « marque du Diable », La preuve infaillible. Le reste de l'ouvrage de ces deux grands érudits est plein de remarques savoureuses sur l'origine du mot femme (fe/foi – mina/mineure) ou sur les avocats appelés à défendre ces clientes et dont la trop forte véhémence trahit le fait qu'ils sont ensorcelés, les juges, eux, représentants de Dieu, étant, de par leur fonction, immunisés contre le pouvoir des sorcières.

Mais il s'est trouvé aussi des praticiens plus célèbres pour louer et populariser la torture. Parmi eux Jean Bodin, contemporain de Montaigne, fin juriste (il fut avocat et procureur du roi) et, dit-on, humaniste. On lui doit beaucoup, c'est vrai, par ses écrits innovants sur la science politique et l'économie. On le considère même comme un apôtre de la tolérance du fait de son rôle à l'époque des guerres de religion. Mais, esprit curieux, passionné de tout, il s'intéresse à l'astrologie (il est contemporain de Nostradamus) et aux démons. Il publie ainsi en 1580 *De la Démonomanie des sorciers*. Bodin est, comme tant d'autres en son temps, convaincu de la réalité de la sorcellerie et ce fin esprit, tout au long de cet ouvrage fastidieux, mais qui connut de multiples rééditions, explique, outre les pouvoirs de ces sorciers, la façon de s'en débarrasser et de la façon la plus féroce qui soit. Les méthodes préconisées sont sans appel puisque la torture y figure au premier rang et que l'élimination des sorciers est son programme ultime.

Parmi les partisans de la torture, il y a évidemment des juristes. On ne peut imaginer une si longue et si constante application de cet usage sans que ne volent à son secours quelques praticiens du droit et notamment ces magistrats qui l'appliquaient allègrement. Ils n'ont pas laissé de grandes traces dans l'histoire de la pensée ni même dans l'histoire du droit mais ils font partie de ce peuple laborieux de juristes qui, de tout temps et sous tous les régimes, si odieux soient-ils, ont justifié l'état du droit. Petitement mais suffisamment pour que rien ne bouge et que se perpétue parfois l'horreur.

Parmi beaucoup d'autres, Pierre-François Muyart de Vouglans, avocat au Parlement de Paris à compter de 1741, puis magistrat; considéré comme un « anti-Beccaria », en tout cas l'un des juristes les plus réactionnaires de l'Ancien Régime et d'une particulière étroitesse d'esprit. Il a été l'un de ces théoriciens de la torture, apôtre de la sévérité des lois et de la peine de mort, pourfendeur inlassable de « la modération des peines » générant l'irréligion et le crime. Il la défendait dans ce style ampoulé de l'époque dans ses *Institutes* (1757). Comme bien d'autres, Muyart de Voulgans était persuadé des vertus de la violence.

> S'il y a des raisons pour faire rejeter l'usage de la torture, il y en a aussi de plus fortes pour en justifier la nécessité dans certaines circonstances. [...] Faute d'autres moyens pour parvenir à cette entière conviction, on s'est vu obligé de tourmenter le corps de l'accusé parce que l'expérience nous apprend que la vérité sort souvent du sein même des passions qui troublent l'âme, telles que la douleur, la colère et la crainte [1].

Peu importait les éventuels innocents malmenés; seule comptait l'intimidation. Muyart de Voulgans était totalement convaincu du caractère dissuasif des supplices même si aucun chiffre ne venait étayer cette affirmation.

> Pour un exemple qu'on pourrait citer depuis un siècle, d'un innocent qui ait cédé à la violence du tourment, on serait en état d'en

1. Pierre-François Muyart de Vouglans, *Institutes au droit criminel ou Principes généraux sur ces matières, suivant le droit civil, canonique et la jurisprudence du royaume, avec un traité particulier des crimes*, Paris, 1757, p. 340-341.

opposer un millier d'autres qui servent à justifier que, sans le recours de cette voie, la plupart des crimes atroces, tels que l'assassinat, l'incendie, le vol de grand chemin, seraient restés impunis, et par cette impunité auraient engendré des inconvénients beaucoup plus dangereux que ceux de la torture même, en rendant une infinité de citoyens victimes de scélérats.

L'argument décisif – en ce temps-là – était « l'ancienneté et l'universalité de cet usage qui remonte aux premiers âges du monde et qui a été adopté par toutes les nations ». Jusqu'à la fin de sa vie (1791), il s'est élevé contre la « corruption » des mœurs et le laxisme de l'époque qu'il reprochait, non pas aux juges, mais au souverain.

L'humanisme et les Lumières

Renaissance et Humanisme. La montée en puissance de la condamnation de la torture depuis la Renaissance est impressionnante et réconfortante. Il n'était pas sans risque de se prononcer contre une institution aussi affirmée et répandue. Même si l'Inquisition a considérablement décliné au XVe siècle en Europe (à l'exception de l'Espagne où elle subsiste jusqu'au début du XIXe siècle), si la chasse aux sorcières s'est fortement atténuée pour quasi disparaître en Europe à la fin du XVIIe siècle, il fallait un certain courage pour s'attaquer à cette institution qui était très largement pratiquée dans les juridictions pénales ordinaires jusqu'à la fin du XVIIIe siècle. Des voix, de plus en plus nombreuses se font entendre à compter du XVIe siècle. Condamnation morale dans un premier temps, la contestation se fait au nom de l'humanisme avant de s'intégrer dans le vaste mouvement des Lumières. La lutte contre la torture fait partie de la dénonciation de l'arbitraire et du pouvoir absolu. On ne peut citer tous ceux qui prirent part à leur façon à ce combat dans l'Europe toute entière. La plupart ont été oubliés, alors que leur combat fut d'un courage exemplaire. Anton Preatorius, par exemple, était un pasteur allemand de l'Église réformée de Calvin qui édita en 1598 un manifeste contre la torture et plus particulièrement contre la persécution des sorcières, *Von Zauberey un Zauberen Gründlicher Bericht* (*De l'étude approfondie de la sorcellerie et des sorciers*). Son œuvre et sa position sont intéressantes car Praetorius était non seulement un pasteur mais il était prédicateur princier à Birnstein près de Francfort et juge d'un tribunal chargé des affaires de sorcellerie. C'est donc aussi un praticien qui s'exprime. Il lutte contre la torture aussi bien comme juge que comme écrivain.

Trois figures se détachent de ce petit peuple des rebelles. Montaigne, Voltaire, Beccaria.

Montaigne. Voici un peu plus de quatre siècles, Montaigne fut un des premiers à s'élever contre la torture. Débuts timides, mais ô combien nouveaux ! Il fallait un certain courage au maire, à l'homme de loi, au magistrat pour s'élever contre la loi de l'époque.

Au livre II de ses *Essais*, au chapitre 11, « *De la cruauté* », il écrit :

> Je hais, entre autres vices, cruellement la cruauté, et par nature et par jugement, comme l'extrême de tous les vices. [...] Quant à moi, en la justice même, tout ce qui est au-delà de la mort simple me semble pure cruauté, et notamment à nous qui devrions avoir respect d'en envoyer les âmes en bon état ; ce qui ne se peut, les ayant agitées et désespérées par tourments insupportables [1].

Montaigne, pas plus que les penseurs de son époque, n'est partisan de l'abolition de la peine de mort. Nous sommes encore bien loin d'une quelconque mobilisation en la matière, ni même d'une prise de conscience. Le magistrat demande qu'on s'en tienne à la « mort simple » : tuer, mais sans plus. Ne rien y ajouter. Pourquoi ? Pour éviter de dégrader l'âme. La pensée de Montaigne est très moderne. Il ne se contente pas de condamner la torture pour sa cruauté, sa « barbarie », parce qu'elle cause des « tourments insupportables ». Il pense à l'âme, en bon chrétien. Il voit bien que la torture, non seulement fait souffrir mais qu'elle avilit, qu'elle pervertit celui qui la subit. La pensée n'est pas que celle d'un chrétien : Montaigne défend la dignité de l'homme, sans autre référence que l'homme.

La condamnation de Montaigne ne va pas tant au bourreau d'ailleurs, dont il ne dit rien, qu'à ses inspirateurs. Elle va à tous ceux qui inventent sans relâche des supplices nouveaux. La perversité de cette imagination lui paraît le comble de la monstruosité.

1. Montaigne, *Les Essais*, Paris, Arléa, 2002, p. 313, 314.

C'est qu'il en a vu, de ces tortures, pendant ces guerres civiles que sont les guerres de religion. Mais son constat va au-delà de son siècle.

> À peine me pouvais-je persuader, avant que je l'eusse vu, qu'il se fût trouvé des âmes si monstrueuses qui, pour le seul plaisir du meurtre, le voulussent commettre : hacher et détrancher les membres d'autrui ; aiguiser leur esprit à inventer des tourments inusités et des morts nouvelles, sans inimitié, sans profit, et, pour cette seule fin de jouir du plaisant spectacle des gestes et mouvements pitoyables, des gémissements et voix lamentables d'un homme mourant en angoisse[1].

L'autre raison de la condamnation de Montaigne est beaucoup plus pragmatique : la torture, comme instrument d'interrogatoire, ne sert à rien car elle n'est pas fiable, ni efficace. La parole de l'homme « tourmenté » n'a pas de valeur : la souffrance subie n'est en aucun cas le gage de la vérité. Elle mesure simplement le degré de résistance des individus. « C'est une dangereuse invention que celle des géhennes, et semble que ce soit plutôt un essai de patience que de vérité » (livre II, chapitre 5, « De la conscience »). Les âmes bien trempées, celles qui savent supporter la douleur, ne changeront pas d'avis ni de mensonge. Quant aux plus faibles, ils diront n'importe quoi pour y échapper, fusse le contraire de la vérité. La douleur n'apporte rien d'autre que la douleur.

La conclusion de Montaigne est terrible : la torture serait de la nature de l'homme : « Nature a, ce crains-je, elle-même attaché à l'homme quelque instinct à l'inhumanité » (« Les cannibales »).

Voltaire. Le combat de Voltaire est plus connu. On connaît son *Traité sur la tolérance* publié en 1763 au sujet de l'affaire Calas et qui aboutit à la réhabilitation de Jean Calas. Le 13 octobre 1761 à Toulouse, décédait l'un des fils de cette famille de huguenots fort honorable, établie depuis quarante ans dans le commerce des tissus. Ce fils, Marc-Antoine, âgé de 28 ans, s'était pendu. Mais la famille préféra cacher un suicide qui, à l'époque, était considéré comme une infraction : on jugeait le cadavre du suicidé. L'un des magistrats municipaux (on les appelait des capitouls), le capitoul Beaudrige,

1. Montaigne, *Les Essais*, *op. cit.*, livre 1, chap. 31, « Les cannibales », p. 153.

borné et obstiné, mena une enquête d'une partialité effarante, convaincu par une rumeur publique malveillante et les prêches haineux des curés que le père Calas avait tué son fils qui voulait soi-disant se convertir au catholicisme. Marc-Antoine fut enterré lors d'une grandiose cérémonie de funérailles comme catholique alors que rien ne le prouvait : vingt mille personnes étaient présentes. L'accusation fut portée non seulement contre le père, mais contre sa femme, l'un des fils, un ami de passage et la servante qui était pourtant catholique. Il fut décidé de soumettre Jean Calas à la torture. Il devait être soumis à la question ordinaire et extraordinaire. Sur une place de Toulouse, il fut attaché à une roue. On lui brisa les bras, les jambes et les reins à coup de barre de fer. Il n'avoua ni le meurtre, ni évidemment le nom de ses complices, malgré les exhortations du capitoul et de ses acolytes. Le bourreau l'étrangla et son corps fut jeté sur un bûcher. Voltaire mena une enquête longue et minutieuse, notamment auprès de la famille Calas qu'il recueillit à Ferney. Grâce à son action en 1764 un tribunal comprenant notamment le Chancelier d'Aguesseau, révisa le procès. Le conseil du roi cassa le jugement du parlement de Toulouse et la réhabilitation intervint en 1765.

Cesare Beccaria. On ne peut qu'être frappé par la coïncidence de la publication du *Traité des délits et des peines* (1764) et du *Traité de la Tolérance*. Le combat de Cesare Beccaria, ce jeune marquis milanais de 26 ans, qui sort tout juste de ses études, est un aboutissement de tous les combats précédents. Sa jeunesse est précisément le signe que l'ensemble de l'Europe change. Il est le signe d'un mouvement idéologique fort. Beccaria est l'héritier des encyclopédistes, d'Helvetius, de Montesquieu. Le propos de Beccaria diffère fortement de celui de Voltaire. Il est théorique. Il fleure encore l'université. De la jeunesse il a la fougue et l'emportement. Il dénonce « un usage tyrannique », parle de « ridicule », d'« absurdité ». Il convoque la raison : « la torture est le plus sûr moyen d'absoudre les scélérats robustes et de condamner les innocents débiles ». Et s'attaque avec pertinence à la racine du mal :

> c'est faire fi de toute logique que d'exiger… que la douleur devienne le creuset de la vérité, comme si le critère de celle-ci résidait dans les muscles et dans les fibres d'un malheureux.

Les incertitudes de l'après-abolition

Les philosophes du XVIIIe siècle ont gagné une dure bataille, celle de l'abolition. On leur doit ce grand progrès de l'humanité. Mais une nouvelle bataille a aussitôt commencé : celle menée contre la torture illégale ou clandestine. Combat plus difficile encore car il n'a pas de fin. La lutte pour l'abolition se termine, apparemment, par l'adoption d'un texte de loi qui retire à l'État le droit d'user de la torture légale. La lutte contre la torture illégale, elle, est permanente. Elle exige des hommes tout aussi courageux car il faut se lever contre des princes qui se cachent, et oser dire, oser accuser les tortionnaires, le plus souvent drapés dans une dignité offensée, oser défendre les victimes le plus souvent taisantes. Il faut aussi une vigilance de tous les instants et sur tous les fronts car la torture peut surgir partout et n'importe quand. Il faut aller la débusquer dans tous les endroits secrets où elle se terre.

Le combat, désormais mené par ceux qu'on appelle, depuis l'affaire Dreyfus, des « intellectuels », a profondément changé. Il ne s'agit plus de se battre contre des lois ou un appareil judiciaire inhumain qui les applique. C'est une toute autre énergie, une autre attention qu'il faut mobiliser. D'une certaine façon, la torture restait à découvrir ou plutôt à re-découvrir et même à définir. Il fallait accepter l'idée que l'abolition n'avait réglé qu'une partie du problème, le plus évident, le plus voyant : il suffisait jusque là de lire la loi pour lire le scandale. Le regard doit désormais se porter encore vers le pouvoir mais sous un angle différent.

C'est d'abord du côté de l'armée que venait le danger. La guerre était porteuse de torture. Il fallait bien des juristes pour penser que la guerre puisse être disciplinée. Ce sont donc eux qui ont tenté, les premiers, de créer des instruments applicables aux conflits internationaux. Mais la torture n'était pas la préoccupation majeure de ce droit nouveau dont l'effectivité était de toute façon problématique. Les exactions des armées coloniales, les tortures dont elles se rendaient coupables, auraient pu éveiller d'autres inquiétudes, susciter d'autres réflexions, mais les opinions publiques étaient passives. L'information était rare et le consensus sur les bienfaits de la colonisation difficile à ébrécher. Ce sont quelques rares journalistes qui ont tenté de réveiller les consciences dans un désert d'indifférence.

La montée des totalitarismes dans les années 30, mettait en évidence d'autres tortures. Il était évident pour tout observateur un peu attentif que, dans l'Union soviétique de Staline et ses pays satellites, les procès des opposants, étaient précédés de tortures adéquates. Les aveux incroyables passés publiquement par des êtres hagards et défaits ne trompaient personne et pourtant les protestations furent rares. On ose à peine reproduire quelques phrases d'intellectuels français. André Malraux :

> pas plus que l'Inquisition n'a atteint la dignité fondamentale du christianisme, les procès de Moscou n'ont diminué la dignité fondamentale du communisme [1].

Même André Gide, qui, fin octobre 1936 publie « Retour de l'URSS » ne prend pas expressément position sur les procès même s'il condamne sans appel le régime soviétique : « Je doute qu'en aucun autre pays aujourd'hui, fût-ce dans l'Allemagne de Hitler, l'esprit soit moins libre, plus craintif, plus vassalisé » et note aussitôt dans son journal « un immense, un effroyable désarroi ». Ce qui suffit à le faire haïr par nombre d'écrivains et d'intellectuels communistes.

Les réactions furent plus vives face à la montée du nazisme. Les traitements inhumains réservés aux opposants, leur détention dans des camps de concentration dès 1933 et les tortures qu'ils y subissaient ont déclenché de vives protestations mais cette opposition portait sur l'ensemble de la politique mise en œuvre par Hitler et la mise en place progressive du régime nazi. Face à la montée des périls, il n'y avait pas de place pour un combat particulier. C'est tout un système qui se mettait en place et contre lequel la résistance était globale.

Tous ceux qui, alors, auraient pu s'élever contre les pratiques de répression, de torture, voire d'extermination des années 30 étaient divisés. La lutte contre le fascisme soudait la plupart des

1. N. Werth, *Les procès de Moscou*, http://www.fonjallaz.net/Communisme/N2/proces-moscou/proces-moscou-werth.html

intellectuels mais ceux-ci se divisaient et se déchiraient même, face aux persécutions de l'Union Soviétique stalinienne. La priorité était souvent, qu'on soit intellectuel ou pas, d'assurer sa propre défense, de survivre. Si les totalitarismes rivalisaient d'ignominies et d'atrocités, leurs victimes, le plus souvent, n'étaient pas en mesure de résister à quoi que ce soit. Sur place, en Allemagne, en Italie, en Union Soviétique, que faire, si l'on avait échappé aux arrestations, à la détention ou à la mort, sinon se terrer ou fuir et tenter de parler encore, un peu, sur les terres de l'exil ? Avant le déclenchement de la guerre, la communauté internationale n'a pas réagi ou s'est éparpillée dans des dénonciations parcellaires, sans presque jamais voir l'identité des maux qui la menaçaient. Ce silence, cet aveuglement accablants, ne prendront fin qu'après le pire. Trop tard.

Face au mal absolu du nazisme, les droits absolus de la personne humaine

Le nazisme a mis fin – pour un temps – à toutes les hésitations, à toutes les incertitudes, à toutes les querelles internes. Le degré d'abomination atteint par ce régime, l'horreur totale de son action a bouleversé à jamais l'équilibre politique du monde mais aussi le monde de la pensée. Le débat idéologique sur la torture a été emporté par ce bouleversement. Si tant de Déclarations de droit, tant de conventions internationales ont été écrites à l'issue de cette guerre ou y ont pris lentement leur source, c'est qu'une sorte de pic d'inhumanité avait alors été atteint. Il fallait nécessairement créer une pensée nouvelle qui prenne en compte ce mal absolu qui avait pris figure humaine, si inhumaine soit-elle. Il ne s'agissait plus d'un fantasme, d'un système philosophique aberrant, d'une théorie malsaine ou d'une utopie noire. Les idées les plus folles avaient pris corps. Il n'était plus possible de reculer, de faire comme si ce mal ne pouvait avoir lieu : il avait eu lieu. Il s'était concrétisé dans ce régime mis en place par Hitler et ses hommes, qui avait été porté par une grande partie du peuple allemand de l'époque, avait été relayé et appuyé par bien d'autres régimes et avait failli déferler sur le monde entier.

À cette glorification de la violence absolue, il fallait une réponse absolue. Face à cette volonté totale de destruction et de mort, il fallait poser des principes intangibles de dignité et de liberté. Rien à l'avenir ne devait pouvoir être invoqué pour tenter de justifier ce que l'humanité avait connu de pire. Voilà ce que vous ne pouvez plus jamais faire à un homme, quelles que soient les circonstances : tel était le message fondamental de tous ces textes. La réaction de la communauté internationale a été à la mesure de la menace faite à toutes les civilisations. Il est apparu avec une évidence absolue que l'humanité portait en elle de quoi la détruire définitivement, radicalement en tant qu'humanité. Mais il est apparu avec tout autant d'évidence que cette humanité fragile était porteuse d'un patrimoine commun qu'il fallait protéger dans n'importe quel pays, à n'importe quelle époque, dans n'importe quelles circonstances. Au-delà des opinions politiques, au-delà des religions, au-delà de toutes les convictions de toute sorte, au-delà de toutes les différences qui peuvent séparer les hommes, il y avait une unité, un socle commun à proclamer et à défendre car cette base d'humanité venait d'être balayée avec un cynisme sans égal. Ces valeurs communes, les hommes de l'après-guerre se sont attachés à les définir, à les énumérer, à les solenniser dans des actes destinés à devenir la loi de toute l'humanité. Ces actes sont des actes de foi. Ils peuvent certes supporter une démonstration. On peut essayer de prouver par les raisonnements les plus fins, que l'homme a besoin de dignité ou de liberté. Mais ce serait mal comprendre le sens de ces mots, la portée de ces actes et de ces engagements.

L'interdiction de la torture fait partie de ces principes qui ne se discutent plus. Le fait qu'elle ait été posée avec tant de force, au début de tant de Déclarations, est peut-être moins important que son caractère absolu. L'interdiction de la torture n'a pas à être prouvée. C'est un principe catégorique.

Ce sont les tribunaux internationaux qui, dans un second temps, ont le mieux explicité ce dogme. Les juges définiront, de la façon la plus ferme, cette position purement idéologique en interprétant ces différents textes. Ainsi la cour européenne des droits de l'homme a, progressivement, développé cette idée dans sa jurisprudence. Voici comment elle le formulait dans une de ses plus importantes décisions, rendue le 7 juillet 1989 (Affaire Soering, § 88) :

> L'article 3 [de la convention européenne] ne ménage aucune exception et l'article 15 ne permet pas d'y déroger en temps de guerre ou autre danger national. Cette prohibition absolue, par la Convention, de la torture et des peines ou traitements inhumains ou dégradants montre que l'article 3 consacre l'une des valeurs fondamentales des sociétés démocratiques qui forment le Conseil de l'Europe.

Les intellectuels face à la persistance de la torture

Mais en attendant que les tribunaux internationaux n'acquièrent peu à peu une certaine autorité, ce sont d'autres Voltaires, d'autre Beccarias qui ont officié. Après la seconde guerre mondiale, le socle idéologique était en place. Encore fallait-il quelque peu entrer dans les détails. L'abolition de la torture légale avait suffit à assécher la pratique des tribunaux. Dans un premier temps, l'interdiction internationale de la torture n'avait eu, à elle seule, qu'un effet déclamatoire. C'est pourquoi les intellectuels, reprenant à leur façon le flambeau des philosophes du XVIIIe, ont dû, eux aussi, ferrailler contre les nouveaux tortionnaires. Les exactions de la guerre d'Algérie ont été dénoncées par des intellectuels tels que Camus, Sartre ou Mauriac. Il est difficile de trouver plus différents que ces trois hommes. Leurs signatures ont pu se retrouver sur le même appel contre la torture, ils ont pu participer aux même manifestations, mais ils sont plus connus pour leurs controverses, pour leurs querelles voire leur mépris, que pour leur combat commun.

Camus est né en Algérie. C'est un pied-noir qui, face à l'indépendance inéluctable de ce pays qu'il considère comme le sien, est déchiré par des sentiments contradictoires. Il ne satisfera d'ailleurs jamais aucun des deux camps. La guerre qui s'installe lui donne le spectacle d'atrocités de part et d'autre. Il les dénonce d'où qu'elles viennent. Avec plus de courage, évidemment, quand ces agissements émanent du côté des militaires français. Camus ne se contente pas d'une condamnation de principe. Il écoute les justifications – toujours les mêmes – de la torture. Il récuse sa prétendue efficacité et souligne même sa terrible contre-productivité :

> On doit aborder de front l'argument majeur de ceux qui ont pris leur parti de la torture : celle-ci a peut-être permis de retrouver trente bombes, au prix d'un certain honneur, mais elle a suscité du même coup, cinquante terroristes nouveaux qui, opérant autrement et ailleurs, feront mourir plus d'innocents encore [1].

On oublie effectivement souvent de dire que la torture est le meilleur agent recruteur des groupes combattus. Si elle plonge beaucoup dans le silence, elle lève des troupes plus motivées que jamais. Camus analyse mieux que quiconque l'effet dévastateur de la torture chez ceux qu'elle est sensée protéger. La torture atteint les victimes et leurs proches. Mais elle atteint aussi au-delà des tortionnaires, le peuple et la nation au nom desquels ils prétendent agir :

> Les représailles contre les populations civiles et les pratiques de torture sont des crimes dont nous sommes tous solidaires. [...]
> Le devoir du gouvernement n'est pas de supprimer les protestations même intéressées, contre les excès criminels de la répression ; il est de supprimer ces excès et de les condamner publiquement, pour éviter que chaque citoyen ne se sente responsable personnellement des exploits de quelques-uns et donc contraint de les dénoncer ou de les assumer.

Camus voit bien que le déshonneur atteint la France dans son entier.

> Même acceptée au nom du réalisme et de l'efficacité, la déchéance ici ne sert à rien, qu'à accabler notre pays à ses propres yeux et à ceux de l'étranger. Finalement, ces beaux exploits préparent infailliblement la démoralisation de la France et l'abandon de l'Algérie.

C'est aussi en tant que philosophe que Camus réagit. Pratiquer la torture en réponse à la torture ou à d'autres actes de barbarie (attentats, massacres ...), c'est se priver de la référence morale qui permet justement de la condamner. C'cst tout mélanger. C'est prôner ce qu'on prétend combattre. C'est se mettre au niveau du

1. A. Camus, *Actuelles III – Chroniques algériennes*, Paris, Gallimard, 1958, p. 16.

pire. C'est anéantir la valeur au nom de laquelle on se bat. C'est aussi nier la règle de droit proclamée haut et fort.

> En attendant, nous devons du moins refuser toute justification, fût-ce par l'efficacité, à ces méthodes. Dès l'instant, en effet, où, même indirectement, on les justifie, il n'y a plus de règle ni de valeur, toutes les causes se valent et la guerre sans buts ni lois consacre le triomphe du nihilisme[1].

Mauriac dans son *Bloc-notes* de *L'Express*, est inlassablement parti au combat. Contre la torture elle-même mais aussi contre tous ceux qui alors tentaient de la cacher ou de faire taire ceux qui la dénonçaient. Et les complices étaient fort nombreux, gouvernement, armée, police, juges, experts ... Mieux que quiconque il avait compris quelle était l'évolution des pratiques des tortionnaires :

> Il reste que la torture qui ne laisse pas de trace demeure une des conquêtes de la technique policière qui aujourd'hui assure mieux le repos des experts et des juges[2].

La plume d'un Mauriac était terrible, ferme, sans pitié. Écrivain catholique et conservateur, Mauriac n'était pas un homme de gauche. Il avait toutes les raisons de défendre des institutions qui représentaient l'ordre. Mais son intransigeance était sans pareille contre ce qu'il dénommait sans ambages des « crimes » qui déshonoraient non seulement ceux qui les commettaient mais la nation toute entière. Quelques mois à peine après le début de la guerre, en janvier 1955, dans *L'Express*, il rapport les propos d'un de ses amis religieux :

> Ils n'ont pas renoncé aux coups de nerf de bœuf, vous savez ! confie R., prêtre de la région de Constantine, à l'écrivain. Mais la baignoire, ou plutôt le baquet d'eau sale où la tête est maintenue jusqu'à l'étouffement, mais le courant électrique sous les aisselles et entre les jambes, mais l'eau souillée introduite par un tuyau dans la bouche jusqu'à ce que le patient s'évanouisse[3].

1. A. Camus, *Actuelles III – Chroniques algériennes*, *op. cit.*, p. 15.
2. F. Mauriac, *Bloc-notes*, *L'Express*, 3 avril 1954.
3. F. Mauriac, *Bloc-notes*, *L'Express*, 15 janvier 1955.

Et Mauriac de conclure :

> Je suis comme un homme qui a pris part, sans le vouloir, à un crime et qui hésite à aller se livrer.

« La dernière fierté de la France », écrivait-il en 1958, était de reconnaître l'utilisation de la torture et celle des intellectuels d'utiliser l'arme de leur parole. À la suite d'une saisie de *L'Express* en mai 1954, il écrivait ces phrases qui résument parfaitement leur devoir :

> Je doute s'il existe pour la presse un crime d'indiscrétion. Mais il existe un crime de silence. Le jour du règlement de comptes, nous ne serons pas accusés d'avoir parlé mais de nous être tus[1].

Sartre, lui, se place d'un tout autre point de vue encore. Dès 1956, il dénonçait le colonialisme comme la source du mal en œuvre en Algérie. Un combat qu'il avait déjà mené, avec d'autres, pour d'autres pays, le Maroc, la Tunisie. Sa dénonciation est donc radicale et lui vaut une haine farouche des partisans de l'Algérie française. Son appartement parisien est plastiqué à deux reprises en 1961 et 1962.

Sartre ne limite pas ses prises de position à la torture qui n'est, pour lui, que l'une des manifestations d'un mal et d'une violence bien plus larges. C'est la situation de l'ensemble des peuples colonisés qui est en cause :

> Le colonialisme refuse les droits de l'homme à des hommes qu'il a soumis par la violence, qu'il maintient de force dans la misère et l'ignorance, donc, comme dirait Marx, en état de « sous-humanité »[2].

Thème qu'il reprendra plus largement dans sa préface du livre de Franzt Fanon, *Les Damnés de la terre* :

> Ordre est donné de ravaler les habitants du territoire annexé au niveau du singe supérieur pour justifier le colon de les traiter en bêtes de somme. La violencc coloniale ne se donne pas seulement

1. F. Mauriac, *Bloc-notes*, *L'Express*, 29 mai 1954.
2. J.-P. Sartre, *Les Temps Modernes*, juillet-août 1957 et *Situations* V, Paris, Gallimard, 1964, p. 51-52.

> le but de tenir en respect ces hommes asservis, elle cherche à les déshumaniser. Rien ne sera ménagé pour liquider leurs traditions, pour substituer nos langues aux leurs, pour détruire leur culture sans leur donner la nôtre [1].

C'est dans cette perspective qu'il situe les humiliations subies et les tortures infligées. Il dénonce la même déshumanisation dans la torture : « le plus urgent, s'il en est temps encore, c'est d'humilier, de raser l'orgueil de leur cœur, de les ravaler au rang de la bête ». C'est en mai 1957 que Sartre avait fait paraître, dans *Les Temps Modernes* également, son premier article entièrement consacré à la torture. Il portait ironiquement le titre d'une émission familiale et populaire de l'époque animée par Jean Nohain : « Vous êtes formidable ». Sartre dénonce la position humanitariste des médias et de certains intellectuels et rappelle sa position de fond, la gangrène générale du système colonial,

> l'exercice cynique et systématique de la violence absolue. Pillages, viols, représailles exercées contre la population civile, exécutions sommaires, recours à la torture pour arracher des aveux ou des renseignements.

Sartre combat aussi plus précisément les justifications de la torture. Partant du cas d'Henri Alleg et Roger Audin, torturés par les parachutistes, dans un article publié par *L'Express* en mars 1958, intitulé « Une victoire », il démonte joyeusement les arguments ordinaires, et de la meilleure façon : ce n'est pas absolument pas pour faire déjouer un attentat imminent qu'on torture.

> Vous savez ce qu'on dit parfois pour justifier les bourreaux : qu'il faut bien se résoudre à tourmenter un homme si ses aveux permettent d'épargner des centaines de vies. Belle tartufferie. Alleg pas plus qu'Audin n'était un terroriste ; la preuve, c'est qu'il est inculpé d'« atteinte à la sûreté de l'*État* et de reconstitution de ligue dissoute ». Était-ce pour sauver des vies qu'on lui brûlait les seins, le poil du sexe ? Non : on voulait lui extorquer l'adresse du camarade qui l'avait hébergé. S'il eût parlé, on eût mis un communiste de plus sous les verrous : voilà tout. Et puis l'on arrête au hasard ; tout

1. F. Fanon, *Les Damnés de la terre* (1961), Paris, La Découverte, 2002.

> musulman est « questionnable » à merci : la plupart des torturés ne disent rien parce qu'ils n'ont rien à dire [1].

Sartre a ainsi été jusqu'au bout de sa dialectique, engagée dès ses premiers écrits, et notamment sa pièce produite en 1946, « Morts sans sépulture », qui traite très précisément de la torture. Mais, engagé dans un combat nécessaire contre le colonialisme, il en aura oublié les tortures de l'autre camp pour lesquelles il n'a pas le moindre mot, tout à sa mobilisation contre l'oppresseur :

> Dans le premier temps de la révolte, il faut tuer : abattre un Européen, c'est faire d'une pierre deux coups, supprimer en même temps un oppresseur et un opprimé : restent un homme mort et un homme libre. (*Les Damnés de la terre*, préface)

Les leçons de la guerre d'Algérie. S'il faut dresser un bilan un demi-siècle plus tard de cette mobilisation de certains intellectuels français, force est de constater qu'il marque les limites d'un combat et signe la fin d'un certain type d'engagement idéologique. On ne peut reprocher à ces écrivains d'avoir échoué dans leur entreprise. Les tortures ont continué jusqu'à la fin de la guerre d'Algérie, de part et d'autre. Le pouvoir politique est resté sourd à ces dénonciations et ces mises en garde. Pire, des lois d'amnistie ont enfoui ces abominations dans le silence. Certes, ces intellectuels ont permis de montrer au monde que toute la France ne pouvait être assimilée à quelques tortionnaires. Ils ont défait une solidarité perverse et ont constitué un front du refus du silence. Mais face à eux, la machine de guerre était trop forte qui pouvait les isoler et les cantonner dans un rôle limité. Quant au gouvernement, il lui était trop facile de présenter ces dénonciations comme l'une des manifestations d'un combat partisan.

Les nouveaux acteurs du débat, les organisations non gouvernementales

Une nouvelle approche. Dans la seconde moitié du vingtième siècle, il est devenu impossible de considérer la torture au sein d'une

1. J.-P. Sartre, *L'Express*, 6 mars 1958 et *Situation* V, *op. cit.*, p. 86.

seule nation, ou au cas par cas. Il est devenu évident qu'elle ne pouvait être regardée que de façon collective, à l'échelle de la planète. Malgré les innombrables obstacles à la liberté de la presse, l'information circulait infiniment plus vite. Les hommes se déplaçaient davantage. Le droit de l'asile se développait. Les liens apparaissaient évident entre les tortures pratiquées dans beaucoup de pays. On assistait parfois, comme en Amérique Latine, à une véritable internationale de la torture. Les pays de dictature échangeaient leurs renseignements. Les services spéciaux perpétraient leurs exactions sans tenir compte des frontières. Les droits ne pouvaient être proclamés pour être respectés dans quelques rares pays seulement. Si l'interdiction était absolue, elle ne pouvait se concevoir sans une réelle solidarité avec les victimes de tous les pays.

L'ampleur du mal ne pouvait donc plus échapper à personne. La mondialisation de la torture exigeait la mondialisation de son combat. La réflexion pouvait rester individuelle mais la mesure du phénomène ne peut plus être du ressort d'un homme seul. Il n'était plus possible d'ignorer ce qui se passait dans le pays le plus lointain. On ne pouvait plus, dans un conflit, se contenter de dénoncer la barbarie d'un camp en fermant les yeux sur celle de l'autre camp. Chaque pays, chaque culture, chaque partie devait livrer ses secrets.

S'est alors dessinée une carte noire du monde sur laquelle aucune nation n'était épargnée. Cette dissémination de la torture est apparue au grand jour. On a appris très vite que plus de la moitié des pays de la communauté internationale pratiquait la torture. Cette réalité était présente depuis toujours. Seule l'information faisait défaut.

Le rôle des États et des organisations publiques internationales devait être totalement repensé. La faillite de la Société des Nations était patente. Mais peut-être fallait-il aussi inventer de nouvelles instances, détachées des institutions publiques, ne dépendant plus des intérêts des gouvernements. Des instances privées sont ainsi nées : les organisations non gouvernementales ne dépendant d'aucun pouvoir. Elles seules étaient susceptibles, dans un premier temps, de recueillir les informations indispensables, les témoignages, d'alerter et de dénoncer. Sans déserter pour autant le monde des penseurs et des intellectuels, la lutte contre la torture est ainsi devenu un combat privé mais international.

Les organisations non gouvernementales. Les organisations non gouvernementales étaient apparues dès le XIXe siècle mais leur essor date d'après la seconde guerre mondiale, lorsque l'ONU les a intégrées au système juridique international en leur conférant, à la condition d'être inscrites sur une liste spéciale, un statut consultatif officiel. Plusieurs d'entre elles se sont spécialisées dans la protection des droits de l'homme et, parmi l'ensemble de leurs missions, jouent désormais dans la lutte contre la torture un rôle de premier ordre.

Seule en effet une organisation mondiale, dont les effectifs sont répartis dans le monde entier, peut procéder aux multiples tâches que nécessite aujourd'hui cette lutte. La première d'entre elles est de connaître une réalité extrêmement difficile à appréhender compte tenu de toutes les guerres en cours, des innombrables manœuvres des gouvernements en place pour dissimuler leurs agissements et intimider ou persécuter les acteurs locaux. Il faut procéder à des enquêtes, assister aux procès. Il s'agit aussi de résister à toutes les pressions, de ne pas se laisser instrumentaliser et de mettre en place des réseaux de surveillance performants sur le long terme. Des alertes doivent pouvoir être lancées en temps utiles à partir d'informations suffisamment fiables. Des mobilisations sont nécessaires à l'échelon local, régional ou mondial. Qu'il s'agisse de mettre fin à des exactions ponctuelles ou de lancer des campagnes ciblées. Ces ONG disposent d'un matériau leur permettant d'avoir une vue d'ensemble irremplaçable. Leur devoir est donc de diffuser leurs informations et d'en faire un instrument d'étude, de réflexion et de formation à destination de l'opinion publique mais aussi des décideurs politiques, des personnes spécialisées dans le traitement de la torture et de celles qui sont exposées à cette torture. Ces organisations ont d'abord été généralistes, se préoccupant de la violation des droits de l'homme, puis certaines se sont spécialisées dans le domaine de la torture.

Amnesty International a été créée en 1961 à l'inspiration d'un avocat britannique, Peter Benenson. Elle avait d'abord vocation à s'intéresser aux personnes emprisonnées dans le monde pour leurs opinions politiques ou leurs convictions religieuses et à apporter une aide à ces prisonniers d'opinion. Elle a très vite étendu son action à la lutte contre la peine de mort et la torture. Son siège est à Londres mais elle regroupe plus de deux millions d'adhérents et entretient des sections dans plus de 50 pays. Reconnue par beaucoup d'organismes internationaux, elle a voix consultative auprès de l'ONU, du Conseil de l'Europe, de l'Unesco, de l'Organisation des États Américains et a statut d'observateur auprès de l'Union Africaine. Elle a obtenu le prix Nobel de la paix en 1977. *Amnesty International* a lancé plusieurs campagnes contre la torture en 1972 notamment. L'année suivante, en décembre 1973, à Paris, elle a organisé une grande conférence internationale sur la torture. En 1983, *Amnesty* a lancé une campagne intitulée « Le droit : instrument de combat contre la torture ». En 2000-2001, elle en a lancé une autre intitulée « Stop torture ». Tous ses rapports recensent minutieusement depuis près d'un demi-siècle, les différentes violations des droits de l'homme commises dans le monde entier et notamment les cas de torture. Si le travail d'*Amnesty International*, la plus connue et la plus respectée des ONG, a abouti, depuis sa création, à nombre de remises en liberté et a fait reculer bien des gouvernements, force est de reconnaître qu'elle est loin d'avoir fait disparaître la torture, même si, sans elle, elle aurait connu plus d'ampleur.

Human Rights Watch a été fondée dix-sept ans plus tard, en 1978 sous le nom d'Helsinki Watch, avec pour mission de contrôler la façon dont les pays du bloc soviétique respectaient les règles relatives aux droits de l'homme contenues dans les accords d'Helsinki. Mais dans le courant des années 80, *Americas Watch* lui succéda et s'occupa plus particulièrement des violations des droits de l'homme commises en Amérique Centrale. Ce n'est qu'en 1988 que cette organisation qui étendait ses activités à la plupart des régions du monde, a réuni tous les comités « Watch » pour former « Human Rights Watch ». Il s'agit de la plus importante organisation de défense des droits de l'homme implantée aux États-Unis ; elle a son siège à New York. Elle procède, elle aussi, à des enquêtes dans le monde entier. Elle publie ses conclusions sous forme d'une douzaine de rapports et de livres par an. Ainsi en juin 2004, elle a publié un rapport sur la torture en Iran, dénonçant l'usage de la torture à l'encontre des opposants politiques dans le but d'extorquer des confessions. Étaient dénoncés l'emprisonnement dans des conditions inhumaines, les passages à tabac, la pendaison par les bras et les jambes, l'encagoulement, les menaces d'exécution…

La FIACAT, association internationale des associations des Chrétiens pour l'abolition de la torture, est une association œcuménique rassemblant des chrétiens catholiques, protestants et orthodoxes, visant à abolir la torture et les traitements inhumains et dégradants ainsi que la peine capitale. Elle a été créée en 1987. Son secrétariat est à Paris. Elle regroupe plusieurs associations nationales, des ACAT, 28, qui sont implantées dans de multiples pays, essentiellement en Europe et en Afrique. Cette Fédération internationale a statut consultatif auprès des Nations Unies, du Conseil de l'Europe et de la Commission Africaine des droits de l'homme et des peuples. Acat-France a été créée en 1974. Elle compte près de dix mille militants. Son action s'est étendue à la lutte contre la peine de mort et l'aide aux demandeurs d'asile. Les ACAT agissent grâce à un réseau extrêmement dense d'alerte. Elle apporte un soutien aux victimes et mène différentes campagnes contre la torture.

Autres ONG. La liste de toutes ces ONG serait trop longue.

Citons l'APT, association pour la prévention de la torture, basée à Genève, créée en 1977 (sous le nom de Comité suisse contre la Torture) par Jean-Jacques Gautier, un ancien banquier genevois qui avait milité dans les années 70 pour qu'une convention internationale prévoyant la visite de délégués internationaux auprès de toute personne privée de liberté. Depuis 1990, l'APT visite les lieux de détention dans une trentaine de pays européens.

L'Organisation mondiale contre la Torture (OMCT) est, elle aussi, basée à Genève depuis 1986. Il s'agit d'un réseau mondial d'information regroupant près de trois cents organisations non gouvernementales locales, nationales et régionales réparties dans quatre-vingt treize pays, à l'intérieur d'un réseau SOS-Torture, pour lutter contre la torture, les exécutions sommaires, les disparitions forcées et tout autre traitement inhumain. La très active CIJ, Commission International des Juristes, est basée également à Genève.

La multiplication de ces ONG n'est pas un mal en soi. Mais leur efficacité même risque d'en souffrir. Tous ces organismes sont désormais regroupés au sein de la CINAT, la Coalition des ONG internationales contre la torture.

Une nouvelle approche des victimes de la torture

À l'époque où le monde mesurait enfin l'ampleur de la torture, il découvrait la profondeur des souffrances qu'elle engendrait. Même si ces deux mouvements sont concomitants, ils n'ont pas nécessairement les mêmes causes. La représentation de la torture a été profondément modifiée par cette découverte. La victime de la torture est enfin apparue avec sa spécificité. Son traitement et sa prise en charge sont devenus une priorité. Il est devenu impossible de parler de la torture sans évoquer, outre ce que subit la victime, ce qu'elle devient.

L'intérêt grandissant pour les victimes. La réflexion sur la prise en charge des victimes de torture ne concerne pas seulement les pays où elle se pratique. Par suite de l'exil de nombreuses victimes dans des pays accueillant leur asile, nombre de praticiens spécialisés se trouvent dans des pays épargnés. Les pouvoirs publics français estiment par exemple que 20% des personnes réfugiées en France (sur environ 150.000 personnes au total) ont subi la torture dans leur pays d'origine. Toute une clinique s'est donc développée dans le monde entier, dans l'enfer des dictatures ou dans le calme de l'asile.

L'intérêt grandissant porté aux victimes en général a nécessairement contribué à cet intérêt particulier porté aux victimes de torture. D'immenses progrès ont été réalisés dans la prise en charge de toutes les victimes. Leur parole a enfin été entendue. Parfois aussi exploitée pour justifier des politiques sécuritaires fondées sur le fantasme d'une société sans risque, d'une société sans victime, ni délinquant. Mais l'essentiel est qu'un certain nombre de droits leur ont été reconnus. Ne serait-ce que celui d'être entendu et reconnu et de bénéficier d'une enquête.

La recherche sur les victimes de torture s'est développée, elle, en quelque sorte en parallèle. Est alors apparue cette évidence que la torture constituait, au-delà des blessures physiques, une attaque psychique d'une exceptionnelle gravité qui produisait des effets destructeurs hors norme. L'approche de ses séquelles nécessitait une formation spécifique, des connaissances particulières, des méthodes qui ne pouvaient être celles du cadre de soins ordinaire.

Une prise en charge spécialisée et coordonnée. Ce sont ainsi multipliés dans le monde entier dans les années 80 des centres de soins spécialisés. Ainsi, en France, a été créé en 1984 l'AVRE, l'Association pour les Victimes de Répression en Exil. Les soins sont pratiqués dans l'équipe qui travaille à Nanterre mais de très nombreuses missions sont effectuées à l'étranger dans les pays où se pratique la torture. L'association Primo Levi a vu le jour en 1995 dans le même but, à l'initiative de plusieurs associations dont l'Acat et *Amnesty International*. Elle accueille également les victimes dans une structure de soins et assure une prise en charge pluri-disciplinaire. Ces associations assurent également un travail d'information et de témoignage.

Il a fallu également coordonner l'activité de ces centres par delà les frontières. Le Conseil international pour la réhabilitation des victimes de la torture (IRCT) est une organisation internationale indépendante basée à Copenhague regroupant des professionnels de la santé. Fondée en 1985, elle vise à la fois à la réhabilitation et à la prévention. Elle apporte son soutien à l'ensemble des centres et programmes spécialisés. Elle met en place des programmes spécifiques de traitement dans des pays particulièrement touchés et assure des formations tant sur le plan des soins que sur le plan juridique. Il existe aussi des réseaux régionaux; ainsi depuis 2003 un « réseau européen des centres de soins pour victimes de la torture », organisme informel qui permet de regrouper l'expertise et l'expérience mais de répondre à des enjeux de taille internationale.

La recherche a porté également sur les méthodes de traitement. A ainsi été élaboré en 1999 le « Protocole d'Istanbul ». Conçu par des spécialistes du monde entier et validé par les Nations Unies, il donne des lignes directrices sur la façon d'enquêter sur les cas de torture, d'évaluer et d'en consigner les signes.

Signe de l'ensemble de cette évolution, une journée internationale pour le soutien aux victimes de la torture a été décidée en 1997 par les Nations Unies. Elle a lieu chaque 26 juin. Le 26 juin 2003 le président Bush déclarait ainsi : « Les États-Unis sont attachés à l'élimination mondiale de la torture et nous menons le combat par l'exemple ». L'efficacité de cette journée sera longue à mesurer.

Une réhabilitation idéologique de la torture ?

Cette prise de conscience progressive aurait pu signifier une évolution irréversible des mentalités. Sans faire disparaître la torture dans la réalité, elle aurait pu, elle aurait même dû la discréditer définitivement dans l'ordre des idées. C'est pourtant au mouvement inverse que l'on a assisté : à une sorte de réhabilitation idéologique. Si l'opposition de la plupart des intellectuels subsiste, si l'opinion publique – nouvellement perçue à travers des sondages – les rejoints majoritairement dans leur hostilité, il se dessine un courant « réactionnaire » tendant à redonner un peu de noblesse et de crédit à la torture. Les attaques terroristes sont à la base de ce renouveau idéologique de la torture.

Les intellectuels contre la torture au début du XXIe *siècle*

Cette réhabilitation progressive de la torture ne signifie pas que tous les intellectuels ont trahi le camp des droits de l'homme. Loin de là. Certes, beaucoup ont renoué avec la solide tradition des clercs ou des philosophes, au service du pouvoir. Mais la grande majorité reste hostile à la torture et le fait savoir. Elle s'est simplement adaptée à une époque de mondialisation. Les intellectuels se rassemblent, eux aussi, par delà les frontières. Ainsi, en mars 2006, plusieurs centaines d'intellectuels du monde entier ont signé une déclaration exigeant « la fermeture immédiate de ces centres de détention arbitraire créés par les États-Unis et la cessation de toutes les flagrantes violations de la dignité humaine »[1]. Parmi eux, huit Prix Nobel : Adolfo Perez Esquivel (prix Nobel de la Paix en 1980), Nadine Gordimer, écrivaine sud-africaine (Prix Nobel de littérature en 1991) Rigoberta Menchu, dirigeante des Indiens guatémaltèques, prix Nobel de la Paix en 1992), José Saramago, écrivain portugais prix Nobel de littérature en 1998, Harold Pinter, dramaturge britannique (prix Nobel de littérature en 2005) …

1. *AlterPresse*, 15 mars 2006.

Les intellectuels et le terrorime

Comme le montre bien ces mobilisations, c'est le débat autour du terrorisme qui explique ce retour en force de la torture. Si les événements du 11 septembre ont joué un rôle de catalyseur, le phénomène était bien antérieur.

Peu de temps après la guerre d'Algérie, le débat, dans un contexte évidemment différent, mais dans des termes très proches, avait resurgi en Israël. Les méthodes utilisées par Tsahal, l'armée d'Israël, et le Service général de sécurité (GSS) dit Shin Bet, à l'égard des détenus palestiniens étaient à juste titre critiquées. Une commission d'enquête avait été mise en place par le gouvernement israélien en 1987. Elle était dirigée par Moshe Landau, un ancien président de la Cour suprême. Elle suggérait, dans ses conclusions, d'autoriser le recours à des pressions physiques et psychologiques contre les personnes accusées d'« activités terroristes hostiles ».

> Les moyens de pression devraient principalement prendre la forme de pressions psychologiques non violentes exercées lors d'un interrogatoire vigoureux et exhaustif, à l'aide de stratagèmes, y compris de tromperies. Toutefois, lorsque ces moyens n'atteignent pas leur but, des pressions physiques modérées ne peuvent être évitées. Les membres du service de sécurité intérieure qui procèdent aux interrogatoires doivent être guidés par des limites claires en la matière [1].

Le débat avait alors été très vif en Israël. Plusieurs des intellectuels, juristes notamment, qui prendront position après le 11 septembre 2001, s'exprimaient déjà dans le même sens. Michaël S. Moore, universitaire américain de l'université d'Illinois, écrivait ainsi en 1989 dans la revue *Israel law Review* :

> Il n'est pas vrai que l'on devrait laisser éclater une guerre nucléaire s'il fallait, pour l'éviter, tuer ou torturer un innocent. Il n'est même pas vrai que l'on devrait laisser des terroristes détruire une ville avec une bombe nucléaire si l'on pouvait l'empêcher en tuant ou torturant un innocent. Agir pour prévenir des catastrophes de cette

1. Commission d'enquête sur les méthodes d'investigation du service de sécurité intérieure concernant les activités terroristes hostiles, Jérusalem, octobre 1987.

> importance justifie, à mes yeux, que l'on prenne des actions extrêmes [1].

Les solutions préconisées par la commission d'enquête ont finalement tourné court. Comment, en effet, trouver des « limites claires » à la torture. Le 6 septembre 1999 la cour suprême israélienne a jugé illégaux et assimilé à des actes de torture les interrogatoires « musclés » pratiqués habituellement sur les détenus.

En Allemagne, la question de la torture a resurgi dans les années 90. Plusieurs intellectuels se sont prononcés ouvertement pour son usage, là encore, évidemment, dans des circonstances exceptionnelles. Ce sont essentiellement des juristes, des professeurs de droit. C'est le cas du professeur Winfried Brugger, de l'Université d'Heidelberg. Dès 1996, cet éminent universitaire, spécialiste du droit public et de la philosophie du droit reprenait l'habituel argument de la bombe qui va exploser et estimait que la police était alors légitime à user de la torture pour sauver des vies humaines. En 1999, un autre professeur, de droit pénal cette fois-ci, Günther Jakobs, développe l'autre argument ordinaire : il faut séparer les citoyens ordinaires des « ennemis de l'ordre juridique ». Dans cette catégorie-là, dont on peu apprécier ne serait-ce que la rigueur juridique, seront rangés tous ceux qui auront droit à la torture :

> Celui qui veut être traité comme une personne doit de son côté donner une certaine garantie explicite, qu'il va se comporter comme une personne. Si cette garantie fait défaut, ou, même si elle est formellement refusée, le droit pénal n'est plus la réaction de la société contre les actes de l'un de ses membres, mais devient la réaction contre un ennemi [2].

Le traumatisme du 11 septembre

Le 11 septembre 2001, aux États-Unis, quatre avions de ligne sont détournés dans la matinée. Ils s'écrasent contre des objectifs soigneusement choisis comme des symboles de la puissance américaine : les tours jumelles du World Trade Center à New York, et

1. *Torture and the balance of evils*, *Israel Law Review*, vol. 23, 1989.

2. Cité par M. Terestchenko, http://michel-terestchenko.blogspot.com/2008_12_01_archive.html

une aile du Pentagone. Le dernier s'écrase près de Pittsburgh en Pennsylvanie. 265 personnes meurent dans les avions, 2.650 au World Trade Center et 125 au Pentagone. Ces attentats ont fait entrer le monde dans une ère nouvelle. Cette date est moins celle d'une naissance que celle d'une consécration, d'une confirmation. Les images et le traumatisme qui ont secoué tous les pays ont bouleversé non seulement les sentiments mais les esprits. Beaucoup de frontières se sont déplacées. Notamment celles du droit. Plus particulièrement celles qu'empruntaient les droits de l'homme. La torture a été prise dans cette tourmente. Non seulement elle s'est installée dans les faits, mais elle a pris place dans les idées.

Qu'une société qui s'estime attaquée dans un de ses symboles les plus forts – soigneusement choisi – réagisse pour se protéger n'a rien de bien étonnant, ni même de choquant, dès lors qu'il existe une proportion entre la réplique et l'attaque. La surprise ne vient pas de ces barrières qui se sont levées aux États-Unis et un peu partout dans le monde. Elle vient de la vitesse à laquelle elles se sont dressées. Les remparts ordinaires des démocraties ont cédé aussitôt sans discussion. De multiples lois restreignant fortement les libertés ont été votées sans vraiment d'opposition. Le débat sur la torture a alors pu s'installer dans une démocratie comme l'un des débats possibles.

Aux États-Unis, la loi « USA Patriot Act » (« Initing and Strengthening America by Providing Appropriate Tools Required to Intercept and Obstruct Terrorism Act » ou « Loi pour unir et renforcer l'Amérique en fournissant les outils appropriés pour déceler et contrer le terrorisme ») a été votée (à la quasi unanimité, 98 voix pour, 1 contre, 1 abstention au Sénat) par le Congrès des États-Unis selon une procédure expéditive, sans débat public, et signée par George W. Bush le 26 octobre 2001, un mois et demi après les attentats du 11 septembre dont elle est la conséquence directe. Cette loi a donné à l'administration des pouvoirs accrus pour la collecte des renseignements, la surveillance des communications, le contrôle de l'immigration et la lutte contre le blanchiment d'argent. Elle permettait la détention illimitée de personnes soupçonnées de terrorisme[1]. Le 13 novembre 2001, le Président Bush a signé un

1. http://epic.org/privacy/terrorism/hr3162.html

décret qui instaurait des tribunaux militaires d'exception réservés aux étrangers : l'inculpé était privé de la présomption d'innocence, il n'avait pas le libre choix de son avocat, le procès pouvait se dérouler à huis clos.

Le monde judiciaire n'est pas resté sans réaction face à ces législations d'exception. Aux États-Unis, en juin 2004, la Cour Suprême a autorisé les prisonniers placés sous le statut créé par le *Patriot Act* à saisir les tribunaux ordinaires. Au Royaume-Uni, le 16 décembre 2004, les *Law Lords*, la plus haute instance judiciaire, ont estimé à l'écrasante majorité de 8 sur 9, qu'une législation anti-terroriste mise en place en décembre 2001 et tout aussi radicale qu'aux États-Unis, était fondamentalement contraire « aux instincts et aux traditions du peuple britannique ». L'un des neuf juges, Leonard Hoffmann, écrivait d'une belle plume :

> Il est en fait question de la survie même d'une ancienne liberté donc ce pays a toujours été fier, celle de ne pas être victime d'arrestation et de détention arbitraire. La véritable menace pour cette nation vient non pas du terrorisme mais de lois de ce type [qui, ajoutait-il, marquent] une victoire du terrorisme[1].

Un retour aux sources : les intellectuels pour la torture

Au-delà des modifications législatives, c'est à un changement profond des mentalités que l'on a assisté à compter du 11 septembre 2001 dans certains secteurs de la société, notamment aux États-Unis. L'idée de l'utilisation de moyens extraordinaires pour lutter contre le terrorisme s'est exprimée ouvertement et l'usage de la torture a commencé à être prôné dans certains médias, dans quelques cercles politiques influents et chez certains intellectuels. Elle a fini par trouver des chantres dans les milieux universitaires et a engendré un vrai débat opposant philosophes et juristes. Ainsi s'opère un lent retour aux origines, celles des premières réflexions sur la torture, avant les Lumières, avant les droits de l'homme.

On aurait tort toutefois de tenir pour responsables de cette régression les seuls pays où ce débat existe. Il ne saurait en aucun cas

1. http://www.parliament.the-stationery-office.co.uk/pa/ld200405/ldjudgmt/jd041216/a&others.pdf

se résumer aux États-Unis. Ou même à Israël, pays où depuis les années 80, la question était déjà débattue ouvertement.

Les premières réactions favorables à la torture sont apparues dans la presse américaine. La presse avait joué un rôle primordial en France, pendant la guerre d'Algérie, mais très exactement dans l'autre sens. Certains directeurs de publication avaient courageusement osé dire la vérité au risque de saisie et de poursuites. Aux États-Unis, le processus a été inverse. Les premiers à justifier la torture furent les journalistes et les « faiseurs d'opinion publique ».

À peine un mois et demi après les attentats, paraissait une libre opinion dans la presse « noble » : Jay Winick, dans le *Wall Street Journal* du 23 octobre s'interrogeait ouvertement sur l'utilité de la torture. Deux semaines plus tard, dans *Newsweek*, le 5 novembre 2001, Jonathan Alter, publiait un éditorial au titre évocateur : « *Time to Think about torture* » (« le temps est venu de penser à la torture »). « Ne pourrait-on pas au moins utiliser la torture psychologique ? » plaidait-t-il, suggérant de façon prémonitoire de soumettre les terroristes à des sons stridents (« leur faire écouter des cris de lapins qui meurent ») ou de leur injecter un sérum de vérité ou de les envoyer dans des pays où l'on est moins regardant sur les méthodes d'interrogatoire (« les envoyer en Arabie Saoudite, terre de décapitation »)… Des universitaires médiatiques ont rapidement apporté leur caution à ces cris de haine. Le 8 novembre 2001, dans le *Los Angeles Times*, Alan Dershovitz, professeur de droit de Harvard, profondément conservateur, avocat de procès à grand spectacle, celui d'O.J. Simpson par exemple, romancier à succès, et habitué des plateaux de télévision, affirmait que la Constitution américaine n'interdisait pas l'usage de la torture tant que le produit des interrogatoires ne servait pas de pièce à conviction lors du jugement. Et de préconiser, en bon juriste, un emploi réglementé : « si nous devons avoir recours à la torture, cela devrait être autorisé par la loi. Les juges devraient signer des « mandats de torture » au cas par cas ». Les médias ont alors largement abordé le sujet et notamment les grandes chaînes de télévision; Fox News certes, mais aussi CNN, CBS … à l'occasion de multiples émissions où se produisaient ces « spécialistes ». Ont suivi des publications plus réfléchies, moins réactives, allant dans le même sens.

En 2002, le même Alan Dershovitz publie *Why Terrorism Works : Understanding the Threat, Responding to the Challenge*, ouvrage médiocre qui ne doit son succès qu'aux provocations qu'il contient et à l'appui qu'il donnait en définitive aux pratiques de l'administration Bush. Le livre contient une description à l'emporte-pièce du terrorisme contemporain mais aussi un catalogue des mesures propres, selon l'auteur, à enrayer le terrorisme, en passant par l'instauration d'une carte d'identité, le développement de moyens de surveillance et évidemment l'adoption de mesures permettant aux services de l'État d'utiliser, de façon réglementée, la torture. Il propose à nouveau que « l'emploi de la torture soit soumis à un examen ou à un contrôle judiciaire ».

La thèse d'Alan Deshovitz est que la torture est un mal inévitable et nécessaire dans certaines circonstances exceptionnelles. Dershovitz s'affirme lucide et honnête. Il préfère, dit-il, porter le débat sur la place publique plutôt que de laisser les gouvernements trancher dans le secret, affirmant qu'il vaut mieux prendre acte d'un fait qu'on ne peut modifier. Il se justifie, en utilisant à son tour, l'inusable parabole de la bombe à retardement (« *ticking bomb* ») que seuls les aveux d'une personne torturée permettrait de localiser :

> Tout le monde est d'accord, mais personne ne veut l'admettre. Tout le monde accepterait de torturer, s'il s'agissait de sauver de nombreuses vies innocentes en torturant un suspect terroriste coupable.

Deshovitz oublie simplement que le débat est sur la place publique depuis longtemps. Il n'y a rien de secret dans les débats qui ont abouti à la signature de la convention de 1984, du protocole additionnel de 2002, dans le travail de toutes les organisations qui luttent contre la torture. N'importe qui se penche, même rapidement, sur cette question sait depuis toujours que les États pratiquent leurs basses œuvres en secret. Le débat, public donc, a été tranché depuis la seconde guerre mondiale par la communauté internationale, sans la moindre ambiguïté : la torture est interdite, absolument, quelles que soient les circonstances et sans la moindre exception possible. On peut s'étonner d'ailleurs qu'un prétendu spécialiste du droit puisse ignorer ce point. Alan Deshovitz se met donc en opposition avec le droit international, piétine allègrement les droits de l'homme et propose de revenir sur ce progrès de l'humanité avec les arguments classiques des partisans de la torture : la torture doit être exceptionnelle. Mais les partisans de la torture n'ont jamais rien dit d'autre. Alan Dershovtiz s'inscrit donc dans la lignée historique de tous les défenseurs ordinaires de tortionnaires. Il affirme que la torture est inévitable, ce qui est faux. Qu'elle soit pratiquée de tout temps, ne signifie pas qu'il faille l'admettre. Le meurtre existe depuis les débuts de l'humanité et personne n'a jamais songé à le légaliser. Quant à la fable de la bombe à retardement, elle n'existe que dans les séries américaines. À supposer qu'elle soit réaliste, rien n'indique que « tout le monde accepterait de torturer ». Les adversaires de la torture s'y opposent même dans ce cas-là.

Autre intellectuel se prononçant pour la torture, Michael Walzer, philosophe, professeur à l'Institute for Advanced Study à Princeton, spécialiste des problèmes de justice et d'éthique. Il co-édite la revue *Dissent* et s'est montré un fervent partisan de la politique de lutte contre le terrorisme du président Bush, signant avec d'autres intellectuels un manifeste de soutien au président de l'époque.

Son argumentation est légèrement différente de celle d'Alan Dershovitz mais aboutit à des résultats similaires. Il ne propose pas de modification de la loi, ni de mandat judiciaire. Assez fataliste, il constate qu'il est inévitable, pour quelque nation que ce soit, de recourir à la torture. Michael Walzer estime qu'un véritable homme politique doit accepter dans ce cas de se salir les mains mais aussi d'en assumer les responsabilités. Il ne s'agit pas de faire passer un mal pour un bien : la torture reste moralement et même juridiquement condamnable, mais il faut savoir y recourir quand on est un homme politique responsable. Il y aurait une sorte de noblesse à recourir à ce mal et une sorte de courage à assumer les conséquences dès lors qu'il est commis au nom d'intérêts supérieurs. Dans cette « philosophie », on voit bien que la condamnation de la torture est pour la forme. Seule compte la légitimation de la torture. Mais elle passe par un rappel vertueux d'une prohibition à laquelle, manifestement, on ne croit plus.

Nous sommes dans une conception très machiavélique du pouvoir qui, dans la réalité, n'est pas gouverné par des principes moraux intangibles, par une morale politique, mais par l'adaptation aux nécessités du moment et à la « fortuna » chère à l'auteur du *Prince*. Pour ne pas être le jouet de ce flot politique qui peut l'emporter et l'anéantir, le politique doit faire preuve de « virtu ». Il doit savoir se « salir les mains » si nécessaire. Ce pragmatisme peut autoriser une grande liberté de manœuvres. Il permet de s'affranchir de tous les interdits. On peut parler de cynisme. L'idée sous-jacente est que les poursuites ne seront finalement pas engagées – ce qui concorde avec beaucoup de pratiques étatiques dans lesquelles la règle d'or est le silence – ou que le tortionnaire « par nécessité » bénéficiera d'un verdict clément voire d'une mise hors de cause. La faille de cette thèse est que les intérêts supérieurs au nom desquels la règle est enfreinte varient d'un individu à l'autre, d'une époque à l'autre. En définitive, tout est permis.

Sondages

L'apparition progressive des sondages dans le courant du XXe siècle façonne une nouvelle image de l'opinion publique et apporte sa touche à la construction de toutes les idéologies et de toutes les représentations. Peu de sujets y échappent. La torture comme les autres. Que penser de la torture? Le débat n'est pas réservé à ceux qui font profession de penser. Il est plus ouvert qu'autrefois. Le monde entier y participe, nombre de professionnels peuvent aujourd'hui donner leur avis. Des experts de tout ordre. Mais le peuple aussi a son avis. Du moins celui que les instituts de sondage veulent bien sélectionner, sur les questions qu'ils veulent bien lui poser et au moment qu'ils choisissent. Il n'est évidemment pas question de sondage dans les pays de dictature qui ne s'embarrassent pas plus de sonder la population que de la consulter. C'est donc dans les pays réputés pour leur démocratie qu'on trouvera ce genre d'exercice.

Selon le sondage effectué en 2005 par l'Institut de sondage indépendant Pew Research Center de Washington, 46% des sondés estiment que la torture est parfois ou souvent justifiée, 17% qu'elle ne l'est que rarement[1].

1. *Washington Post*, 27 novembre 2005.

En 2000, le CSA effectuait en France un sondage à la demande d'Amnesty international sur l'opinion des Français au sujet de la torture. Il en ressortait que pour 73% des personnes interrogées, la torture était inacceptable, quelles que soient les circonstances mais que pour 25% il était possible d'y recourir dans certains cas exceptionnels[1].

En octobre 2006, ont été rendus publics les résultats du plus vaste sondage opéré sur le sujet. Il a été effectué pour BBC World Service par l'Institut de sondage Globescan, dans le cadre du programme sur la politique internationale PIPA (Program on International Policy attitude) lancé par l'université du Maryland. L'enquête a été menée dans vingt-cinq pays auprès de 27.407 personnes. 59% des personnes interrogées se sont dit opposées au recours à la torture dans le cadre de la lutte contre le terrorisme[2].

Ces sondages peuvent être un signe pour les gouvernements. Mais si 99% des sondés étaient pour la torture, quelles conclusions faudrait-il en tirer?

LA FABRIQUE IDÉOLOGIQUE DES HÉROS DE LA TORTURE LA LÉGITIMATION CULTURELLE

Torture et inconscient collectif

Les mythes et la torture

La dispute idéologique est donc loin d'être terminée. Personne ne peut plus croire à la défaite de la torture, pas plus sur le terrain des idées que dans les faits. Ses partisans déclarés et ses praticiens, encore si nombreux, partout dans le monde, nous rappellent cette réalité. Comment expliquer ce succès toujours actuel? Comment expliquer que, malgré le poids de l'histoire, pourtant accablante pour la torture et ses thuriféraires, celle-ci jouisse encore des faveurs d'une si grande part de l'opinion publique? Peut-être faut-il, au-delà des penseurs, des théoriciens, des intellectuels…, au-delà de

1. http://www.csa-fr.com/dataset/data2K/opi20000927d.htm
2. AFP, le 19 octobre 2006.

l'histoire des idées – rechercher si la torture n'est pas inscrite beaucoup plus profondément dans l'humanité.

Que se joue-t-il ou se rejoue-t-il quand un homme torture? S'agit-il simplement d'appliquer une loi? Est-ce seulement l'obéissance à un ordre? Faut-il chercher dans le seul individu les ressorts de ses actes? Le tortionnaire n'est-il pas également un héritier? Par delà son histoire immédiate, bien avant les circonstances d'un conflit, d'une guerre, au-delà des péripéties d'une société qui l'enserre, ne peut-on chercher bien plus en amont une force qui s'exprime à travers lui et traduit l'accumulation d'une histoire bien plus ancienne? À qui faire croire que la torture renaît au XIIe siècle parce que des textes de l'époque romaine sont découverts?

Les bribes d'histoire que nous conservons montrent, à toutes les époques, dans tous les continents, dans des civilisations si différentes, une telle continuité, une telle ressemblance, qu'il faut nécessairement trouver une autre explication que le simple bégaiement de l'histoire ou l'effet du hasard. Force est de constater qu'au plus loin de l'histoire de l'humanité, se trouve déjà toute l'architecture de la torture: récits, justifications, légitimations, voire glorification. Comme si tout était posé depuis longtemps, dans le détail, comme dans le principe. Parmi les traces les plus anciennes: les mythes. Dans cette façon de concevoir et de comprendre le monde, la violence sous toutes ses formes avait une place essentielle. Et la torture une place fondamentale. Les acteurs de ces supplices ne sont pas de simples subalternes, des héros secondaires, ce sont les dieux eux-mêmes; et souvent le plus puissant d'entre eux. Il ne s'agit pas davantage de petites légendes, de récits de seconde zone, ce sont des textes fondateurs de l'humanité. Les hommes ont toujours pensé que les dieux, leurs dieux, ou leurs héros, étaient capables de se livrer aux pires atrocités. Pire, ils les ont vénérés pour cela. L'excès de leur cruauté autant que celui de leur pouvoir en a fait des dieux. Pourquoi s'étonner que les hommes, fascinés par ce mal, aient tenté inlassablement et jusqu'à aujourd'hui, de les imiter? De la mythologie grecque aux manuels modernes de la CIA, la différence est-elle si grande?

Les Dieux grecs sont des bourreaux sans pitié. Certes Tantale avait eu l'indélicatesse de leur offrir à manger son fils, Pelops, pour tester leur science, voire pour leur voler de l'ambroisie. Mais le supplice qu'ils lui infligent, tout fils de Zeus qu'il soit, est digne des tortures modernes. Homère raconte dans le livre IX de l'*Odyssée* sa torture perpétuelle. Il est envoyé dans l'enfer, immergé dans le fleuve Tartare jusqu'au menton. Là, il subit une privation de boisson et de nourriture, classique somme toute, mais assez raffinée. Dès qu'il se penche pour boire, l'eau baisse. Au-dessus de lui des arbres laissent pendre des fruits magnifiques, poires, grenades, oranges, figues douces, olives vertes ... Dès que Tantale tend la main, le vent éloigne les fruits. Dans une autre version, les dieux lui font croire en permanence qu'il va mourir : au-dessus de lui, une rocher en équilibre instable menace de l'écraser. Zeus n'est pas plus tendre avec Ixion, un autre roi, dont il appréciait beaucoup la femme. Ixion, lui aussi, avait des vues sur la femme de Zeus, Hera. Le dieu le lui fit payer cher. Il l'envoya chez Hermès pour qu'il y soit battu sans fin et attaché à une roue enflammée qui tournerait sans cesse dans l'enfer. Même cruauté avec Prométhée puni d'avoir donné le feu à l'homme ; Zeus le fait enchaîner sur le mont Caucase et son foie est mangé chaque jour par un aigle. Quant à Sysyphe, si chacun connaît le désespérant rocher qui redescend éternellement la pente de la colline, les raisons du courroux divin sont incertaines.

Religions, enfers et tortures

Les Dieux sont cruels. Dans beaucoup de religions ils ordonnent des supplices terribles et même parfois des sacrifices humains. Dans les systèmes polythéistes, une divinité est même spécialisée dans la souffrance et la mort. En Égypte, le Dieu Seth, par exemple, qui exigeait ce type de sacrifice. Les civilisations pré-colombiennes rivalisaient de cruauté. La fin de ces sacrifices est marquée, pour les religions judéo-chrétiennes, par le geste de Dieu arrêtant le bras d'Abraham après l'avoir mis à l'épreuve en lui disant : « Prends ton fils unique, va-t'en au pays de Morija, et là, offre-le en holocauste sur l'une des montagnes que je te dirai » (Genèse 22, 2). Mais, même une fois débarrassés de ces rites barbares, les symboles restent. Le croix est dans toutes les églises du monde et dans plus de foyers encore. Dans la plupart des églises chrétiennes, le signe de croix est une pratique courante. La signification de la croix est particulièrement riche et le symbole est d'ailleurs bien antérieur à la mort de Jésus. Il reste que cette croix est, très prosaïquement, l'image d'un des supplices les plus atroces qui soit, le crucifiement, qui était en usage chez de nombreux peuples.

Comme si toutes ces représentations de la cruauté des dieux ne suffisaient pas, les hommes ont ajouté l'enfer et ses innombrables accessoires. L'enfer est une vieille croyance qu'on retrouve sous des formes variées dans la plupart des mythologies. Les religions, elles, en font un usage immodéré. Plus encore que dans les mythes, l'homme y a déchaîné une imagination d'une perversité étonnante. Le foisonnement de la cruauté y est stupéfiant. L'alibi divin a manifestement libéré des pulsions d'une violence sans pareille. Les textes sacrés, leurs commentaires, les représentations iconographiques contiennent les inventions les plus perverses. L'obstacle technique ne retenait pas l'esprit. Il n'y avait pas à se demander comment exterminer en masse, ou torturer par millions. Il suffisait de laisser aller son imagination. L'enfer est une sorte de folie à livre ouvert, plume courante, où l'humanité a pu assouvir toute sa passion du mal. On est saisi du même étonnement que dans la réalité, face à la torture effective. Le parallèle est saisissant et éclairant. L'enfer est le dépôt de l'âme noire de l'homme. Il est le plus vieil aveu de l'humanité.

L'enfer de l'Islam par exemple connaît des châtiments atroces qui se résument à une torture perpétuelle par le feu qui porte des noms différents selon les victimes (chrétiens, juifs, mécréants ...). Il est particulièrement bien ordonné. Chaque catégorie de sous-hommes y a son étage réservé : Géhenne, Brasier, Houtama, Saqar ... L'enfer chrétien ou catholique est, lui aussi, peuplé des pires intentions.

L'inconscient collectif

Qui pourrait croire que toutes ces représentations collectives qui traversent les sociétés ne laissent aucune trace au-delà des générations qui les ont vues naître ou des époques qui les ont adoptées ? Comment expliquer les étranges coïncidences entre les images ou les scènes que véhiculent mythes ou religions et les tortures sans cesse pratiquées par les hommes ?

L'hypothèse est tentante d'un double mouvement, de sacralisation et référencement.

Sacralisation dans un premier temps : l'humanité, dès ses balbutiements, nourrissant ses représentations divines dans ce qu'elle porte de meilleur mais aussi de pire en elle. L'amour, la création, l'industrie d'un côté; la mort, la guerre, la souffrance, les supplices de l'autre. Le polythéisme permettait un partage habile de chaque part de l'homme, la claire et l'obscure, subdivisées en autant de nuances possibles. Le monothéisme a nécessité un langage plus ambigu, ménageant des évolutions, des interprétations, le maintien subtil d'un enfer sans cesse revisité, redéfini. Cette « sublimation », cette « divinisation » des instincts et des nécessités humaines a créé progressivement un fond d'humanité commune.

Référencement dans un second temps. Ce fond d'humanité vit à l'état latent. Il fait partie de l'inconscient. Mais une fois évoqué le lieu, autant fermer la porte et partir en courant, tant les disputes sur le sujet sont vives. Carl Gustav Jung a, le premier, évoqué la notion d'inconscient collectif dont il a progressivement dessiné les contours et la substance. Ce concept nous intéresse au premier chef car, pour le psychiatre suisse, cet inconscient contient aussi le « pire » de l'humanité :

> Ces images primordiales ne contiennent pas seulement tout ce qu'il y a de plus beau et de plus grand au sein de ce que l'humanité a jamais pensé, senti ou éprouvé, mais aussi de toutes les pires infamies et les plus infernales inventions dont les hommes ont pu être capables [1].

On connaît les controverses, les déchirements entre Freud et Jung, au sujet de cet inconscient. Il est trop tard pour réveiller de vieux démons. Cette dispute ne nous intéresse que par les points qui restent communs entre les deux hommes. Freud était, lui aussi, persuadé que se transmettaient inconsciemment des éléments fondamentaux de l'humanité, lui qui parlait du rôle de ces « précipités de l'histoire de la civilisation humaine » [2] :

1. C.G. Jung, *Psychologie de l'inconscient* (1916), Chêne-Bourg, Georg Éditeur, 1952.
2. S. Freud, *Cinq psychanalyses* (1909), Paris, PUF, 1973, p. 418.

> L'hérédité archaïque de l'homme ne comprend pas seulement des dispositions, mais contient aussi des vestiges de la mémoire et des expériences des générations antérieures[1].

Inconscient primitif (Freud) ou inconscient collectif (Jung), l'important est l'idée que renaissent régulièrement ce que Jung appelle des « archétypes » ou Freud des « schémas phylogénétiques ». Ils peuvent resurgir dans des troubles ou des maladies auxquels sont confrontés la psychanalyse, la psychiatrie ou d'autres disciplines de ce type. Ils peuvent aussi réapparaître dans des gestes ou des processus que les hommes retrouvent d'eux-mêmes, d'âge en âge, presque « naturellement ». Nombreux sont ceux qui ont emprunté la voie ouverte par Jung pour explorer les manifestations de cet inconscient collectif. Mais peu se sont intéressés à ce « pire » dont les traces sont pourtant évidentes.

Torture et culture, entre peurs et fascination

L'avant-Sade : la torture sacralisée

De façon très visible et très consciente, la torture fait partie des représentations ordinaires de l'humanité. Elle est totalement intégrée à sa culture. Qu'elle puisse émigrer dans un Olympe quelconque, on le comprend bien : autant repousser ce tabou le plus loin possible et en confier la lourde charge à des dieux lointains. Mais pourquoi la rapatrier dans le quotidien de la pensée des hommes ? Pourquoi en faire une des images les plus fréquentes, presque des plus banales ? Car ce ne sont pas des images qu'on se passe sous le manteau, des films censurés, des livres mis à l'index, même si certains livres comme ceux de Sade furent longtemps interdits. Non, la torture est bien présente parmi nous, depuis longtemps, dans la plupart des cultures et dans toutes les classes sociales.

Peut-être est-ce d'ailleurs cette sacralisation qui a le plus contribué à la popularité des tortures. La culture n'a longtemps été qu'une culture religieuse. La plupart des religions ont besoin d'icones, de récits, de légendes, de miracles et d'illustrations merveilleuses

1. S. Freud, *Moïse et le monothéisme* (1939), Paris, Gallimard, 1986, p. 195.

autant qu'effroyables. Il faut édifier et terrifier. Et si l'inconscient collectif existe, s'il se manifeste en chacun de nous, presque malgré nous, l'art en est une production naturelle : moins dangereuse et destructrice que la mise en œuvre réelle du supplice, il en assure la pérennité idéologique. Il le fait descendre du vaste panthéon des fantasmes humains pour le conduire vers le triste quotidien des petites et des grandes tortures ordinaires.

Il n'y a pas que le symbole de la croix. Les images de l'enfer ont migré de toutes les religions pour peupler toutes les cultures. Au Moyen Âge, en Europe, chacun pouvait voir, sur les vitraux, les tympans et les chapiteaux des églises, ces scènes d'effroi où les pécheurs étaient livrés aux pires des supplices. Dans chaque évocation du Jugement dernier ou de l'Apocalypse, sculptés en plein vent des places publiques, un diable banal inflige une géhenne terrifiante ou s'apprête à la faire, par respect des ordres divins. Il ne s'agissait évidemment pas d'une incitation. Mais comment éviter d'être fasciné par ces scènes censées nous éloigner du mal ? Comment ne pas être frappé par l'étrange et troublante beauté de tous ces récits, ces peintures, ces statuaires qui nous livrent avec minutie le raffinement des supplices ? Dans les cercles de l'Enfer de Dante, les damnés de la *Divine Comédie* subissent toutes sortes de martyres. Mais Dante ne fait que suivre une longue tradition de descentes aux enfers qui depuis des siècles faisaient le régal des auditeurs et des lecteurs. Les diableries de Jérôme Bosch sont dans les plus célèbres musées du monde. C'est bien dans un « Jardin des Délices », la plus célèbres de ses œuvres, sur le panneau de droite, que sont représentés, avec un luxe de détails fantastiques, des centaines d'hommes et de femmes livrés aux pires tourments.

Peinture et littérature vont poursuivre leurs représentations dans une veine religieuse mais sous l'angle des martyres. Leurs supplices sont une source inépuisable d'inspiration pour la peinture de la Renaissance à la peinture classique et académique. L'art y perd le côté flamboyant de l'horreur à la même époque où, dans l'ordre du politique, la réglementation minutieuse de la torture lui fait perdre de sa folie. Dans le monde fantastique de Bosch on trouve encore des grimaces hideuses, des corps déformés, des chimères terrifiantes, des machines monstrueuses et compliquées pour produire la pire des souffrances. Tout ce délire splendide va disparaître progressivement pour ne resurgir que bien plus tard au XXe siècle dans les évocations des enfers humains (le *Guernica* de Picasso en 1937). L'iconographie se limitera à la froide reproduction des exécutions, tel l'impeccable *Massacre des martyrs* de Dürer.

La longue, longue suite des martyrs de Saint Sébastien est peut-être la trace la plus symptomatique de cette évolution. Ce Gaulois mort vers le début du IVe siècle avait été recruté dans la garde prétorienne de Dioclétien. Son prosélytisme le trahit. L'empereur ordonna sa mise à mort par sagittation : qu'il soit transpercé de flèches jusqu'à ce que son corps ressemblât à celui d'un hérisson. Mais les archers, ses soldats (Sébastien était capitaine), ne visèrent pas le cœur. Les secours furent vains. Dioclétien, l'apprenant, le fit retrouver et le fit mourir sous les coups. La légende de ce Saint fut une des plus populaires du Moyen Âge. Il fut considéré comme l'un des Saints patrons protecteurs de la peste, à l'égal d'Apollon, le dieu-archer. Les innombrables représentations de son martyre sont particulièrement révélatrices de l'ambiguïté du spectacle du supplice. Combien de tableaux dans les églises troublaient au plus au point les chrétiens et peut-être surtout les chrétiennes, censées communier à la souffrance d'un saint, mourant pour sa foi ?

Il ne semble pas trop souffrir, Sébastien, attaché à son poteau ; des flèches le transpercent de partout, mais pas au cœur. Elles s'enfoncent doucement, dirait-on. On voit à peine le sang couler. En tout cas, elles ne déparent en rien ce corps musclé et dénudé jusqu'au pubis, recouvert d'un vague tissu enserrant ses hanches. Elles ne lui enlèvent même pas une sorte de sourire intérieur et n'altèrent en rien un regard extatique tourné apparemment vers le ciel. L'écrivain japonais Yukio Mishima était fasciné par le Saint Sebastien de Guido Rini, le plus adolescent de tous, le plus juvénile. Il en parle dans le livre qui lui valut sa première notoriété, *Confessions d'un masque*, comme l'une des œuvres qui lui fit découvrir sa sexualité. Il ose dire crûment que la cruauté éveilla sa jouissance.

Sade : la torture laïcisée

La laïcisation de la culture ne va pas pour autant faire disparaître la représentation de l'horreur humaine. Si la peinture et les arts plastiques vont se désintéresser progressivement de la torture et des supplices, ils vont, progressivement aussi, investir la littérature puis, au XXe siècle, le cinéma. Le passage se fait insensiblement. Parmi les *Peintures Noires* de Goya, Saturne dévore un de ses fils. Mais que pèse l'horreur de cette mythologie un peu désuète face au regard nu et halluciné, aux mains suppliantes des fusillés du *Tres de Mayo* (*Trois Mai*) pendant le soulèvement du peuple madrilène en 1808? Ou aux *Désastres de la Guerre*, les gravures de la même époque?

La mort infligée, celle du supplicié commence à fasciner les peintres. Gericault peint le *Radeau de la Méduse* mais il se penche longuement sur la tête de décapités pour rendre plus réaliste encore son *Radeau de la Méduse*.

Un des tournants dans l'idéologie de la torture est l'œuvre du marquis de Sade. Sa longue interdiction puis sa réhabilitation en font une figure finalement mal connue. Il est de bon ton, depuis longtemps, de voir en lui un génial précurseur, entre autres, de la libération des mœurs. On peut tout aussi bien voir en lui un précurseur des idéologies totalitaires et un « philosophe de la torture ». Lui-même était un fin connaisseur et un expérimentateur du supplice. Ce ne sont pas seulement ses écrits qui lui valurent ses si longs séjours en prison ou en asile. La torture chez Sade n'est pas qu'une création littéraire, un fantasme intellectuel. À 28 ans, par exemple, en 1768, il est détenu pendant six mois pour avoir séquestré et fouetté une jeune veuve sans ressources qu'il avait entraînée chez lui sous prétexte de l'employer au ménage et qui avait réussi à s'enfuir. Écrivain médiocre, Sade se veut un penseur de la sexualité. Foucault dira très justement qu'il n'est en fait que l'ordonnateur d'un érotisme disciplinaire : « Tant pis alors pour la sacralisation littéraire de Sade, tant pis pour Sade : il nous ennuie, c'est un disciplinaire, un sergent du sexe, un agent comptable des culs et de leurs équivalents »[1]. Le « Divin Marquis » est surtout une mine pour le spécialiste des pathologies sexuelles. Mais au travers de la sexualité c'est toute une conception de l'homme et de son corps qui se fait jour dans ses écrits. Bien plus tragique est l'idéologie politique qui se dessine très clairement derrière les interminables vaticinations des héros

1. M. Foucault, *Sade, sergent du sexe*, dans *Dits et écrits I*, Paris, Gallimard, 1954-1975.

sadiens. Certains se sont extasiés sur la modernité de son combat contre la peine de mort. Mais cette soudaine humanité n'est due qu'à son éloge du meurtre et de la torture. Il milite pour le meurtre naturel et, dans cette mesure-là, et uniquement dans celle-là, voit dans la froide exécution capitale (à laquelle, pendant la Révolution il échappa par miracle) une injure au meurtre impulsif. La mise à mort, psychique ou physique, qu'il appelle de ses vœux est une longue succession de jouissances au long d'une subtile descente dans l'horreur absolue de l'enfer des tortures. Rien ne doit retenir le pouvoir dans cette recherche du plaisir et de la mort. Aucune loi ne peut l'interdire. Bien au contraire, la seule loi doit être cette recherche-là. L'ordre politique sadien est celui de la torture généralisée. À l'inverse de tout ce qui avait pu être fait ou écrit jusqu'alors, Sade ne cherche pas à légitimer les supplices sous un prétexte quelconque. La torture n'a d'autre but qu'elle-même. Il ne s'agit pas de faire peur, de faire avouer, d'asseoir un pouvoir politique ou religieux. Sade nous invite à entrer dans le monde merveilleux de la jouissance banale et meurtrière.

> Il est essentiel que l'infortune souffre [théorise Cœur-de-fer, l'un des héros de Justine]; son humiliation, ses douleurs sont au nombre des lois de la nature, et son existence, utile au plan général, comme celle de la prospérité qui l'écrase; telle est la vérité qui doit étouffer le remords dans l'âme du tyran ou du malfaiteur; qu'il ne se contraigne pas, qu'il se livre aveuglément à toutes les lésions dont l'idée naît en lui, c'est la seule voix de la nature qui lui suggère cette idée, c'est la seule façon dont elle nous fait l'agent de ses lois[1].

Car Sade est persuadé que la cruauté est une loi de la nature, que l'homme naît ainsi, assoiffé de mort et de sexe qui ne peuvent s'exprimer que par la souffrance infligée. Pour lui, le corps n'est qu'un objet. On peut en disposer selon sa volonté, son caprice, son désir. Il n'y a ni bien, ni mal. La femme est un pur objet de jouissance. Une jouissance qui doit passer par sa souffrance, voire sa mort. Qu'on imagine pas le « sadisme » sauvé par le consentement

1. Sade, *Justine ou les Malheurs de la vertu* (1791), Paris, Le Livre de Poche, 1973, p. 74.

de la victime. Il n'y a d'ailleurs pas de « victime » pour Sade. Il n'y a pas d'« autre » : « Le sort des autres doit toujours être nul dès qu'il s'agit de notre bien-être » (Justine). Il n'y a que la primauté du désir et un corps destiné à assouvir les fantasmes du maître. Quant aux pratiques qu'il décrit de long en large et dans le plus infime des détails, ce sont celles de la torture la plus cruelle qui soit, avec un déchaînement imaginatif d'une intensité égale aux descriptions mythologiques, aux enfers fantasmatiques..., mais tournées uniquement vers les perversions sexuelles.

La terrible originalité de Sade, ce en quoi il a bouleversé l'idéologie de la torture, c'est qu'il a poussé jusqu'à ses extrêmes le fantasme de la torture et du meurtre. Il a écrit et pensé ce que personne jusqu'alors n'avait osé. Son « courage » est certes limité car ses œuvres étaient plus que confidentielles et il en a souvent dénié la paternité. Nous assistons néanmoins avec Sade à un saut qualitatif. Ce n'est pas la quantité de scènes scabreuses qui font de lui un écrivain « historique », ni l'horreur des détails, ni l'abominations des liens incestueux de toutes sortes. Son importance tient à la perversion totale du monde qu'il nous propose, à l'inversion absolue et définitive de toutes les valeurs. Ce que nous considérions jusqu'alors comme le mal devient la loi du monde. La torture est une de ses institutions « positives » qu'il relie à la nature humaine. Le monde sadien est un monde fou, parce qu'il est clos. L'enfer n'est plus seulement l'un des étages de la mort. Il remplit tous les étages de la vie. Il ne supporte aucun espace de liberté. Il se relie en cela parfaitement à tous les totalitarismes.

Le sadisme : la torture médicalisée

La porte du boudoir a été ouverte par Sade. Drôle de philosophie ! Dans ce XIXe siècle où l'ordre bourgeois le plus étroit va régner en maître, cette vision d'enfer ne peut prospérer. Comment s'en débarrasser ? De Sade lui-même ? Rien de plus facile. Il a passé sa vie d'un enfermement à l'autre. Après treize années d'un dernier internement toujours plus sévère, à Charenton, il mourra entre quatre murs en 1814. Son œuvre ? Rien de plus facile pour ce siècle répressif qui s'attaquera à Baudelaire ou à Flaubert, que de la mettre, elle aussi, sous le boisseau. Mais ce boudoir qu'il a fait visiter, rempli d'êtres raisonnant et bandant, foisonnant de scènes de torture, comment faire pour qu'il n'ait pas existé ? Il était trop tard. La porte avait été ouverte. Personne ne pouvait la refermer. À moins de faire de ce boudoir une chambre d'hôpital. Ou plutôt d'asile. C'est ce à quoi va s'employer ce siècle normatif. La torture va devenir une pathologie, le tortionnaire un malade. Le discours « sadien » va devenir « sadique ». La médecine psychiatrique naissante, avec l'enthousiasme et la naïveté des premiers découvreurs, va associer fortement les deux phénomènes. Dans la vaste entreprise de normalisation de la sexualité du XIXe siècle, la médecine va s'emparer de l'œuvre du Marquis. Sans qu'il le sache jamais, son nom sera désormais synonyme de perversion sexuelle. C'est à l'entomologiste des psychopathies sexuelles, le psychiatre austro-hongrois Richard von Krafft-Ebing, qu'on doit cette consécration. Depuis sa fameuse *Psychopathia Sexualis*, en 1890 (dans sa 5e édition), le sadisme est devenu une maladie, au sein de la longue liste – jamais achevée – des perversions, au même titre que le masochisme que l'infortuné Léopold von Sader-Masoch dut léguer à la postérité de son vivant. Torture et supplices resteront désormais marqués par cette approche et entraîneront toujours ce questionnement d'ordre médical, ce soupçon d'un fort désordre du psychisme. Mais, dans cette classification, le sadisme n'est pas, alors, considéré comme une maladie ordinaire. Elle est emblématique. Freud, dans un premier temps, en 1905, la portera même au pinacle des pathologies, considérant que le sadisme est « la plus fréquente et la plus significative de toutes les perversions »[1]. La médecine psychiatrique a conservé cette notion classique de sadisme même si elle l'intègre d'habitude dans un tableau clinique plus large. Pour Alexandre Lacassagne, le sadisme était :

> un état cérébral dans lequel l'instinct sexuel est excité ou satisfait sous l'influence de l'instinct destructeur… commettre un acte

1. S. Freud, *Trois essais sur la théorie sexuelle* (1905), trad. fr. Ph. Koeppel, Paris, Gallimard, 1989.

sadique, c'est donc faire souffrir autrui pour trouver dans cette souffrance une jouissance sexuelle[1].

On retrouve en tout cas aujourd'hui ce sadisme dans les classifications contemporaines que sont le DSM (Diagnostic and Statistical Manual) 4 ou la CIM (Classification Internationale des Maladies) 10, soit à titre autonome soit sous forme du sadomasochisme.

Tout comme pour les actes individuels de torture pour lesquels les tribunaux commettent systématiquement des experts psychologues ou psychiatres, les actes « politiques » (au sens large) de torture feront souvent l'objet d'un questionnement d'ordre médical, dans la droite ligne des évolutions de la science psychiatrique du XIXe siècle. La mission d'examen des accusés du procès de Nüremberg qui sera confiée en 1945 par le gouvernement américain au docteur Goldensohn n'avait d'autre raison d'être : est-il possible de commettre des actes aussi monstrueux sans être atteint d'une maladie ?

La banalisation

Malgré tous ses efforts, la médecine a échoué à cantonner le sadisme dans le domaine sexuel. On peut même dire qu'elle a échoué à en faire une maladie. Ce n'est pas seulement l'influence de Freud qui a joué. Si, en 1905, Freud, encore imprégné des travaux de ses prédécesseurs et de l'œuvre colossale de Krafft-Ebing et de quelques autres praticiens de son temps, attachait beaucoup d'importance au sadisme, il va, dans les années suivantes, modifier totalement son approche, se détacher de cette perversion et se référer, dans un questionnement infiniment plus large, d'ordre anthropologique, à la notion de pulsion de mort. Il intègre et dissout le sadisme dans une évolution plus globale de l'homme. Mais quelle que soit l'origine du mal que l'homme peut infliger avec plaisir à un autre homme, ce qui importe ici, c'est que la torture (entre autres manifestations de la cruauté humaine) apparaît détachée de toute explication externe. Elle n'est pas une anomalie. Elle n'exclut pas

1. A. Lacassagne, « Le Sadisme au point de vue médico-légal », dans A. Lacassagne (dir.), *Vacher l'éventreur et les crimes sadiques*, Lyon-Paris, Éditions A. Storck et Masson, 1899.

le tortionnaire de l'humanité. Bien au contraire elle le ramène à son essence, à ses origines, loin de toute image monstrueuse, sacralisée ou médicalisée. La vraie banalité est là : il n'y a ni monstre, ni sorcière, mais un homme ordinaire agissant dans un cadre extraordinaire.

La représentation de la torture va dès lors s'installer dans un nouvel équilibre, dans un nouveau partage entre l'horreur et le banal. La cruauté des méthodes, la souffrance aiguë de la victime provoquent toujours la même répulsion, même si bien d'autres sentiments troublants peuvent l'accompagner. Mais, pas plus que les siècles précédents, ce malaise ambigu n'empêche la fréquence des images de torture. Si, autrefois, les croix, les chapiteaux, les vitraux, le discours religieux sur l'enfer entretenaient très concrètement la population dans une proximité quotidienne avec la torture, la libéralisation de la culture, le bouleversement des modes de diffusion, l'émergence des médias de masse vont entraîner une nouvelle et plus profonde banalisation de la torture.

Les mots eux-mêmes accompagnent et traduisent cette évolution. Le sadisme va passer dans le langage courant. Il devient un terme usuel, à la portée de tout un chacun. « Sadique » devient un qualificatif ordinaire, une injure courante, synonyme de « particulièrement cruel ». Cette évolution ne traduit pas seulement un affadissement du vocabulaire, une vulgarisation du concept de base. Il signifie que cette cruauté excessive est plus fréquente qu'on ne le croyait, qu'elle est reconnue par la population, par les usagers du langage comme une réalité banale.

Le discours quotidien rejoint d'ailleurs le discours littéraire. Après Sade, la littérature va aborder de plus en plus librement le plaisir de la violence sexuelle et étaler complaisamment les scènes de torture : en passant ou en en faisant le cœur de l'œuvre. En 1899, dans le foisonnant *Jardin des Supplices*, Octave Mirbeau évoque les supplices chinois alors très en vogue mais dont l'horreur a passé les siècles. « Des pages de Meurtre et de Sang » annonce d'emblée Mirbeau. Une partie du roman est la visite du bagne de Canton sous la férule d'une anglaise perverse, Clara, « fée des charniers, ange des décompositions et des pourritures ». Dans une veine très sadienne, se succèdent les tableaux atroces de supplices variés et « raffinés ». On croise un bourreau nostalgique de l'ancien temps, pour qui

> l'art ne consiste pas à tuer beaucoup [...] à égorger, massacrer, exterminer, en bloc, des hommes. [...] L'art [...] consiste à savoir tuer, selon des rites de beauté dont nous autres les Chinois connaissons seuls le secret divin[1].

On retrouve la même influence un demi-siècle plus tard chez Georges Bataille, entre autres, dans *Les larmes d'Eros* (1961, il avait publié deux ans plus tôt une préface au *Procès de Gilles de Rais*). Le livre regroupe de multiples documents – gravures, peintures, photographies – alliant l'érotisme et la douleur physique. On y trouve surtout trois photographies de supplices chinois qui marqueront les esprits.

La qualité des œuvres importe peu, en définitive. Seule compte la lente mais leur irréversible diffusion. La torture fait désormais partie du paysage littéraire, et ce, dans le monde entier. Les œuvres de Sade étaient publiées au XIXe siècle. Son influence littéraire était considérable. On ne compte plus les admirateurs dans ce siècle-là. Flaubert surtout, fervent lecteur, mais aussi Baudelaire, Huysmans, Maupassant... La clandestinité sulfureuse de Sade contribua certainement plus que ses qualités littéraires à la gloire de l'écrivain. Au milieu du XXe siècle Jean-Jacques Pauvert a le courage d'éditer les œuvres de Sade. Des procès inutiles tenteront de l'en dissuader. Il est trop tard. Les œuvres seront bientôt en livre de poche. La torture devient une banalité littéraire. Sade, au grand jour, descend de son piédestal, même s'il est toujours un peu délicat d'ouvrir un de ses romans dans le métro.

La torture cathodique et domestique

La photographie, le film puis la télévision, et aujourd'hui internet, vont compléter et transformer la place de la torture dans la culture. Pour un tel sujet, quitter une image fixe (la peinture, la fresque, la statuaire), ne plus se contenter de l'imaginaire littéraire, mais arriver à une reproduction du réel, puis à une fiction cinéma-

1. O. Mirbeau, *Jardin des Supplices* (1899), Ebooks, p. 117.

tographique, à l'image mouvante de la souffrance infligée constitue un bouleversement majeur. Le spectateur se projette violemment dans une réalité atroce qu'il va rechercher lui-même pour son plaisir. Il est plongé dans un réel qu'il ne peut modifier, où sa part de liberté, à supposer qu'il la revendique, est réduite à celle de se soustraire à la fascination en fermant les yeux.

Le premier pas est celui de la photographie. Cette technique entretiendra avec la torture un lien ambigu qui ne se démentira pas jusqu'à aujourd'hui, les photographies de torture d'Abou Ghraïb ayant connu un succès planétaire. Au début du XXe siècle cette fascination débutante se traduit par des photographies de supplices chinois rapportées par des militaires en mission.

Le célèbre « supplice des cent morceaux » ou « lingchi » connaît le plus vif succès. Cette pratique datait de plusieurs siècles. La Chine ne s'en cachait pas, bien au contraire, ce genre de peine étant sensé être dissuasive. Mais la photographie va lui donner une célébrité nouvelle au-delà même de son existence puisque le *lingchi* sera aboli en 1905. Ce supplice consistait à entailler successivement des membres et des parties du corps avec les couteaux spéciaux; le supplicié souffrait atrocement et le plus longtemps possible avant que la mort ne l'emporte. Les photographies de ce dépeçage monstrueux vont connaître un tel succès qu'elles seront reproduites en cartes postales largement diffusées. C'était l'époque où toute l'Europe se coalisait pour dépecer l'Empire Chinois et lutter contre les atrocités de la secte des Boxers. Ce démembrement avait-il quelque chose à envier au supplice de Damiens, le déséquilibré qui, en 1757, tenta d'assassiner Louis XV à l'aide d'un canif? La torture dont on trouve le détail à la première page de *Surveiller et punir* de Foucault est tout aussi atroce. Le 28 mars, en Place de Grève, devant une foule immense qui avait payé les meilleures places à prix d'or, Damiens eut d'abord la main sacrilège brûlée au soufre. On lui entailla ensuite les membres et la poitrine pour y couler du plomb fondu, de l'huile bouillante… Il subit enfin l'écartèlement, ses membres attachés à des chevaux étant arrachés, puis son tronc jeté au feu. Qu'aurait pensé un spectateur chinois de cet acharnement?

Pendant la guerre du Vietnam, les journaux publièrent des photographies de militaires du gouvernement fantoche de l'époque en train de torturer des rebelles communistes sans susciter beaucoup de protestations. Ce n'était pas des photos volées. Nous étions dans la banalité de la torture. Les tortionnaires n'y voyaient apparemment aucun inconvénient. Seul Graham Greene, dans le *Daily Telegraph* s'indignait un peu :

> exactement comme s'il s'agissait de planches illustrant un ouvrage zoologique sur la vie des insectes ! Cela signifie-t-il que les autorités américaines considèrent la torture comme une forme légale d'audition des prisonniers de guerre ?[1].

Le cinéma a rapidement concurrencé la photographie. La torture y a pris une place de choix, notamment dans les films d'horreur qui sont vite devenus une catégorie à part entière. Mais au-delà du genre, avec son histoire, ses festivals, ses vedettes ... les scènes de torture vont se multiplier dans des productions de toute catégorie, notamment dans les films policiers. Surgit d'un côté l'image du criminel sadique capable des pires atrocités, de l'autre, des justiciers modernes, policiers ou non, adeptes de méthodes expéditives.

La torture grâce aux films, à la télévision et aux jeux vidéo arrive donc, non seulement dans les salles de spectacle, mais à domicile. Elle devient un plaisir domestique. Si banalité il y a, c'est bien dans cette domestication de la torture devenue une image parmi d'autres, un des divertissements possibles. Le criminel psychopathe, le tueur en série sadique devient l'objet d'un véritable culte. Il n'y a là rien de bien nouveau si ce n'est une adaptation contemporaine de l'admiration pour le crime. « Nous sommes tous fascinés par les petits enfants et les grands criminels », disait Freud. Dans la longue série des serial killers américains, le plus célèbre est, pour l'instant, Hannibal Lecter. Derrière les conventions du genre, on retrouve très exactement les ressorts les plus puissants de la torture, poussés, là, à l'extrême. À l'état pur, pourrait-on dire. Le cinéma nous transporte dans l'âme du tortionnaire, dans le creuset de ses pulsions, au cœur de sa jouissance du mal. Sont exhibées jusqu'à l'écœurement les méthodes méticuleuses et répétitives de la jouissance jusque dans le regard épouvanté de la victime disséquée avec délectation. Le spec-

1. G. Greene, *Daily Telegraph* du 6 octobre 1964.

tateur peut enfin assister, en gros plan, à tout le cérémonial de la torture. Une familiarité sans risque apparent puisque tout est faux, chacun le sait. Personne n'entend le clap de fin de scène mais chacun sait que la victime sanguinolente va se relever pour fumer une cigarette avant la prochaine prise.

Pour les passionnés, il reste les jeux vidéos. Au hasard dans un catalogue toujours plus riche disponible sur le net : « Chambre de punition 1 » :

> un gore à souhait [...] Tout se joue à la souris en choisissant l'action ou la torture que vous voulez effectuer sur le prisonnier. Ensuite vous n'avez qu'à regarder la scène de l'action que vous avez choisie.

Puis « Chambre de punition 2 » :

> Bien mieux réalisé que le premier, avec plus d'options de mise à mort ou de torture.

La torture, en tant que telle, n'est pas encore entrée dans la « télé-réalité » – cette évolution consternante de la télévision, débutée dans les années 80 – mais rien n'interdit de penser qu'elle y fera sa place. Elle progresse aujourd'hui, subrepticement. Dès lors que la télévision a pour mission première de satisfaire les pulsions du public, on ne voit pas quelles barrières pourraient, à long terme, endiguer ce processus.

Alors que les scènes d'exécution publiques disparaissent peu à peu, le supplice devient cathodique. Dans une escalade infernale, la course à la nouveauté pousse à exhiber une vraie-fausse réalité de plus en plus glauque et violente. Si l'exhibition de l'intimité était le ressort premier de la télé-réalité, dans des huis clos à tout vent et dans un climat toujours plus érotique, les programmes ont fini par s'appuyer sur des scénarii où la souffrance est de plus en plus présente. Les candidats sont soumis à des épreuves dégradantes et humiliantes qu'ils acceptent pour pouvoir gagner des millions... Au Japon, en Grande Bretagne (Endurance UK), en France. Plonger la tête dans un seau d'huile de friture, manger des chenilles, des asticots morts... Mais il faudra bien un jour aller plus loin pour gagner quelques point d'audimat. Car la demande est là. Souterraine, pour l'instant. Le *happy slapping* est devenu, là aussi, un genre : il s'agit d'enregistrer – avec des moyens souvent rudimentaires tels que le téléphone portable – des scènes réelles de violences, le plus souvent bénignes mais qui peuvent aller jusqu'à des viols. Ces scènes sont ensuite diffusées sur le net.

Du bourreau-paria au bourreau-héros

Si l'image de la torture est devenue banale et la figure du tortionnaire familière, nous n'en étions pas encore au bourreau-héros. Nous y arrivons progressivement, sur le plan idéologique du moins.

Le bourreau-paria

Torture et supplice ont toujours fait l'objet d'une fascination-répulsion qu'on retrouve dans toutes les cultures. Ce double mouvement s'est concrétisé dans la figure du bourreau. Paradoxalement son statut idéologique s'est amélioré du fait de l'abolition officielle des supplices. Du temps de la torture légale, le bourreau était l'objet d'un profond mépris social. La torture étant un mal nécessaire, ses professionnels étaient tenus pour les exécuteurs de basses œuvres et méprisés par le corps social. L'Église renâclait à procéder elle-même à ses tâches ingrates et salissantes. Elle ne voulait pas faire couler le sang, affirmait-elle, dans un dernier sursaut d'hypocrisie et préférait confier au « bras séculier » l'exécution de mesures qui lui répugnaient. Les bourreaux étaient tout sauf des héros. Ces parias devaient habiter le plus souvent en dehors des villes où ils officiaient. Un arrêt du Parlement de Paris rappelait en août 1709 qu'il n'était pas permis à l'exécuteur de demeurer dans l'enceinte de la ville. Même sa famille était considérée comme pestiférée. En France, mais dans bien d'autres pays, ils exerçaient de père en fils, par nécessité et non par choix. Ces lignées d'exécuteurs dont la profession s'est éteinte en France en 1981 sont encore dans les mémoires : les Deiblers, les Desfourneaux …

La contradiction

Les nouveaux tortionnaires subissent le handicap de la clandestinité et de l'opprobre officiel. Il est hors de question, dans un premier temps en tout cas, d'en faire des héros déclarés. La loi est là qui pose désormais un interdit si radical que le heurter de plein front est, pour l'instant, impossible. Deux systèmes de valeur coexistent, en l'état. Celui du droit qui décline sous des formes diverses le principe de la dignité humaine, prohibant et sanctionnant la torture. Celui de l'imaginaire collectif qui, dans la littérature, les films, les productions télévisuelles, admet – avec d'autant plus de force que l'interdit officiel est puissant – une torture apparemment subsidiaire.

La contradiction est aujourd'hui totale. Les rares tortionnaires dont les faits sont révélés sont inquiétés ou pourchassés. Les plus faibles en tout cas : ceux qui se trouvent loin du pouvoir, en bas de l'échelle du pouvoir. Eux, sont condamnés sans état d'âme. On voit ainsi quelques soldats américains, simples exécutants, passer en cour martiale et subir de lourdes peines d'emprisonnement. Les autres, ceux qui, au sommet de l'appareil d'État, ont donné l'ordre, sont, en théorie, menacés mais jouissent, en réalité, de l'impunité ordinaire.

Face à cette réalité, se développe la figure du bourreau-héros. Une figure qui prend parfaitement en compte la contradiction actuelle. Les séries télévisées américaines sont le lieu privilégié de cette promotion idéologique.

Les modèles télévisuels et culturels, Jacques Bauer, Dexter…

Les États-Unis sont loin de détenir le monopole. Nous avons déjà évoqué le film brésilien *Tropa de Elite* et son succès mondial. Mais les séries américaines ont toutefois un retentissement beaucoup plus fort compte tenu de la diffusion planétaire de ce type de produits. La série *24 heures* notamment a contribué, selon la plupart des observateurs, à la normalisation de la torture. *24 heures chrono* (selon le titre français) met en scène un agent secret américain, Jacques Bauer, membre de la cellule anti-terroriste de Los Angeles, ancien membre de la Delta Force (unité des forces spéciales) en lutte contre le terrorisme aux États-Unis. Il a été diffusé peu après les attentats du 11 septembre, puisque sa carrière a débuté le 6 novembre 2001 ! De plus sur le réseau Fox dont on connaît les options guerrières et ultra-conservatrices : 15 millions de télé-spectateurs, au moins, la regardent.

Jacques Bauer doit, à chaque fois, lutter contre une menace extraordinaire : tentative d'assassinat d'un candidat à la présidence, explosion imminent d'une bombe nucléaire, menace de propagation d'un virus mortel, attentats-suicides … À chaque épisode, Jacques Bauer utilise la torture. À bon escient nous dit-on : il ne se trompe jamais évidemment. Il a sauvé nombre de leaders politiques et sauvé la vie de milliers, voire de millions d'américains. Mais à quel prix ! Il tire une balle dans le genou du suspect pour lui faire avouer la cible d'un attentat. Il fait croire qu'il tue le fils d'un terroriste sous ses yeux pour savoir où se trouve une bombe …

Selon l'association Parents Television Council les cinq premières saisons de la série contiennent 67 scènes de torture. L'association américaine *Human Rights Watch* a même lancé une campagne contre « la torture en prime time ». Car *24 heures* n'est pas la seule série à la mettre en image. D'autres ont suivi : *Alias*, *The Shield*, *Lost* …

Le créateur de la série, un certain Joel Surnow, déclarait au *New Yorker* :

> Jack Bauer n'est pas un tortionnaire, juste un citoyen qui sait se montrer convaincant quand il faut. Il paye très cher ce qu'il fait, tout ça pour sauver des millions de vies humaines. Il est l'incarnation même de la justice. Une machine à tuer dont nous rêvons tous en secret, car elle ne sanctionne que les raclures[1] !

Beaucoup se sont émus de l'influence de ces séries sur le comportement des soldats américains en Irak. Fin 2006, une rencontre avait même été organisée à l'académie militaire de West Point avec les scénaristes de *24 heures chrono*. D'après le *Los Angeles Times*,

> les militaires ont exprimé un souhait : que les scènes de torture soient plus authentiques. Cela ne veut pas dire plus sanglantes ou

1. *Le Monde*, 14 mars 2008.

> sauvages. Au contraire, ils veulent qu'elles soient plus réalistes, moins expéditives[1].

Au cours d'un colloque de juristes à Ottawa, en juin 2007, un juge à la cour suprême des États-Unis, Antonin Scalia, avait justifié l'usage de la torture en s'appuyant sur le cas de Jack Bauer.

Tout aussi ambiguë apparaît une autre série, qui connaît aussi un grand succès, *Dexter*, diffusée depuis 2006. La confusion des valeurs est là à son comble. Le héros, Dexter Morgan, est un expert en médecine légale. Le jour, il travaille du côté de la loi, pour la police, analysant les traces de crime, à la recherche de meurtriers. La nuit, il devient lui-même *serial killer*, traquant ses « confrères » qui échappent à la justice. Là aussi, la torture et le meurtre sont mis au service de la loi et de la « justice », avec cette différence que Dexter éprouve le plaisir de tuer. En bon *serial killer*, il suit un rituel immuable et finit par démembrer les cadavres. Il tue, certes, mais il reste « profondément humain ».

L'émergence culturelle de la figure du bourreau-héros

L'abolition de la torture a donc transformé progressivement l'image du bourreau. Le tortionnaire moderne est représenté comme un hors la loi sympathique, une sorte de Robin des Bois. Violant délibérément la loi mais dans l'intérêt de tous, il prend des risques considérables pour sauver la veuve et l'orphelin. Nous sommes loin de l'infréquentable exécuteur, rémunéré sur les deniers de l'État, des basses œuvres de la société. C'est un sauveteur bénévole et sympathique, mais sans pitié, accédant à la gloire en se sacrifiant pour le bien de l'humanité, acceptant qu'on salisse son honneur, supportant la souffrance de l'autre. Dans cette imagerie moderne, la torture elle-même semble passer au second plan. Là où Robin des Bois commettait quelques vols ou détroussait le percepteur, le nouveau sauveur de l'humanité pratique le *waterboarding* ou défenestre le suspect.

On retrouve, dans ces fictions, la même justification de certains théoriciens néo-libéraux pour qui l'homme politique qui se résigne à

1. *Le Monde*, 14 mars 2008.

ordonner la torture devient l'homme politique modèle : cet homme exemplaire et courageux, prêt à affronter les poursuites, l'opprobre et l'éventuelle condamnation des juges. Il met en balance d'un côté son honneur et sa réputation et de l'autre l'intérêt d'une population d'innocents à qui il évite la mort.

Les mythes contemporains

Ainsi se poursuivent les mythes. Ainsi se perpétuent les légendes. La part obscure de l'homme s'habille différemment selon les siècles. Elle prend des vêtements différents selon les croyances et les techniques. Jamais elle ne se résout à habiter les seules noires profondeurs de l'âme humaine. Il lui faut un peu d'image et de raison. Mais la simple illustration du mal ne suffit pas. Pas davantage qu'une pellicule de légitimité. La torture est une telle négation de l'homme qu'elle réclame un statut qui dépasse l'humanité. Le tortionnaire n'est en paix qu'une fois acquis le statut de héros. Pour tutoyer les dieux, il transforme une abjection en un rite de passage vers une humanité supérieure. Il maquille la barbarie en sacrifice quand tous les ressorts idéologiques sont bandés pour métamorphoser notre répulsion en fascination.

LA FABRIQUE IDÉOLOGIQUE DES VICTIMES DE LA TORTURE LES SOUS-HOMMES

Un très long travail préalable : la torture en héritage

Une lente élaboration

Si la torture et la figure du tortionnaire existent de tout temps dans la conscience, la mémoire et l'imaginaire collectifs, une autre représentation joue un rôle tout aussi puissant : celle de la victime. Elle existe par le souvenir de millions et de millions de victimes mortes ou meurtries dans d'innombrables supplices inventés et pratiqués au cours des siècles. Elle intervient aussi sous une forme insidieuse, celle de la construction d'une victime potentielle, ou plutôt d'un groupe de victimes potentielles, désigné par avance, destiné à subir tous les outrages, toutes les violences. Ce « travail » collectif, cette fabrique de victimes, est un préalable constant.

Ignace, l'un des tueurs Hutus du génocide, explique comment sa vision des Tutsis s'était progressivement transformée :

> Ils n'étaient déjà plus nos bons avoisinants de longue date, ceux-là qui tendaient le bidon de boisson au cabaret, puisqu'ils ne devaient plus être là. Ils étaient devenus des gens à débarrasser, si je puis dire. Ils n'étaient plus ce qu'ils étaient auparavant et nous non plus[1].

On ne torture pas « à froid » et encore moins au hasard. Le tortionnaire ne s'attaque pas à un inconnu. Même s'il n'a jamais rencontré l'individu qu'il va faire souffrir, il le connaît déjà, il connaît par les siens. La société dans laquelle ils vivent tous deux, les cercles dans lesquels ils se meuvent, ont déjà dit l'essentiel. La victime a déjà été montrée du doigt, présumée coupable, condamnée par avance. Elle n'y est évidemment pour rien. Ce n'est pas elle qui a dessiné le cercle où on l'a enfermée mais où elle peut très bien s'enfermer d'elle-même, tant la contrainte idéologique est forte. Cet homme n'est plus un homme. Déclassé, il fait partie d'une quelconque catégorie de sous-hommes. Ce qui est apparent chez le bourreau, c'est la frontière tracée entre la victime et lui, le rejet absolu.

L'image que véhicule le tortionnaire n'est pas un modèle qu'il s'est forgé lui-même. Il y a tout juste mis sa propre touche. Ce n'est pas un décret personnel qui fait de cet homme une chose. Ce n'est pas dans l'énervement d'un interrogatoire, dans l'agacement d'un premier contact ou d'un soupçon de mensonge, que germe sa violence. C'est un modèle politique, mais surtout culturel et idéologique qu'il partage avec d'autres, auxquels il est relié par des valeurs communes fortes, qui agit en lui. La victime fait partie, elle aussi, d'un ensemble. En ce sens, la torture est toujours une entreprise collective. Même si elle s'applique à un seul homme, elle vise ses semblables.

La torture, entreprise physique et psychique d'anéantissement de la dignité de l'homme, confirme et illustre la représentation de

1. J. Hatzfeld, *Une saison de machettes*, Paris, Seuil, 2003, p. 53.

l'individu comme membre d'une espèce différente et dès lors inférieure. Pour le « réduire », briser toutes ses résistances, en faire un animal obéissant, un objet à merci, le tortionnaire doit impérativement s'appuyer sur sa conviction première et sceller en quelque sorte son entreprise par des méthodes irréversibles. L'intensité de la douleur infligée est dialectiquement liée à l'abîme préalable qui a été creusé entre le bourreau et sa victime comme appartenant à des mondes autres.

D'une certaine façon, la torture, par elle-même, ne nous apprend rien. Les mécanismes plus ou moins sophistiqués utilisés à travers les âges, nous en disent plus sur l'état des techniques que sur le pourquoi de la torture. Si la raison veut appréhender quelque chose de ce pourquoi, il faut se pencher sur l'histoire des représentations et scruter, loin, très loin parfois, tout ce qui a précédé la première torture.

La longue histoire des esclaves

L'esclave est un des prototypes les plus terrifiants de cette longue perpétuation d'une catégorie de sous-hommes. Il a longtemps fait partie de l'ordre naturel des choses, exposant « naturellement » ces hommes à la torture. Que cette coupure radicale dans l'humanité ait duré si longtemps, qu'elle se soit infiltrée si profondément dans la pensée humaine, qu'elle ait si solidement fait partie des idées évidentes, qu'elle ait été le socle de tant d'institutions, l'une des bases de tant de civilisations, en dit long sur la capacité de l'homme à créer ces discriminations radicales et à les vivre, sans discussion, pendant des siècles et des siècles. La torture n'était pas l'élément primordial du statut de l'esclave. Mais elle en était la conséquence inéluctable. Dans l'échelle de la dégradation et de l'abaissement, l'esclavage va au plus loin du possible. Il opère une exclusion fondamentale de l'humanité qui autorise toutes les pratiques. L'esclave n'a aucun droit. Il n'a que des devoirs : travailler, servir, se taire, souffrir. Le maître, à l'époque romaine, possède un pouvoir absolu, droit de vie ou de mort, ou, sans aller aussi loin, peut le battre ou le châtier à son gré. Il est un simple outil, un objet que l'on achète, vend, loue … L'esclave est du côté de l'animal. Dieu a-t-il créé le nègre en même temps que les oiseaux ou les reptiles ou bien le sixième jour, en même temps que l'homme ? Tel était le genre de question qu'il suscitait. La difficulté de l'analyse du phénomène tient à ses origines et à son ampleur. Il se perd dans la nuit des temps et a touché toutes les époques. Il reste que le statut d'esclave a été, plus encore que le statut de suspect, à l'origine d'un déchaînement d'imagination sadique extraordinaire à travers les siècles. L'histoire de l'esclavage est d'une densité prodigieuse dans l'invention de méthodes de supplice.

Un exemple parmi des milliers : le Code Noir[1] promulgué par Louis XIV en 1685 (la même année que la révocation de l'Edit de Nantes ...) pour maintenir dans les colonies « la discipline de l'Église catholique, apostolique et romaine ». On a peine à écrire que ce code survivra à la Révolution et ne sera aboli qu'en 1848. L'article premier du code est terriblement révélateur : il prescrit de chasser les Juifs des îles d'Amérique :

> ce faisant, enjoignons à tous nos officiers de chasser de nosdites îles tous les juifs qui y ont établi leur résidence, auxquels, comme aux ennemis déclarés du nom chrétien, nous commandons d'en sortir dans trois mois à compter du jour de la publication des présentes, à peine de confiscation de corps et de biens.

L'esclave est un bien, sans plus : « Déclarons les esclaves *êtres meubles*, et comme tels entrer dans la communauté ». Le Code Noir, malgré l'apparente interdiction de la torture, la légalisait en fait puisque « les maîtres, lorsqu'ils croiront que leurs esclaves l'auront mérité, pourront les faire enchaîner et les faire battre de verges ou de cordes » (article 22). Il prévoyait même la peine de mort si l'esclave avait frappé son maître, pour le vol d'un cheval ou d'une vache, pour une récidive d'évasion ou simplement en cas de réunion. La répression de la fuite de l'esclave était particulièrement cruelle. La chasse aux « marrons » était sans pitié.

La Shoah comme aboutissement

Comme on le voit, ne serait-ce qu'à lecture du code noir, la persécution des Juifs, s'inscrit, elle aussi, dans une histoire parti-

1. http://fr.wikisource.org/wiki/Code_noir/1685

culièrement longue. Les théories nazies qui ont conduit à la Shoah s'inscrivent dans une très ancienne histoire de persécutions. Toutes les idéologies totalitaires ont développé et théorisé cette existence d'êtres inférieurs. L'idéologie nazie en est le prototype, elle qui a fait des « *Untermenschen* », les *sous-hommes*, un des fondements de sa théorie. Elle considérait un certain nombre de peuples comme des races inférieures. À la race aryenne, la race des seigneurs, s'opposaient, à l'autre extrémité de ce nouvel ordre du monde, ces déchets de l'humanité qu'étaient les juifs, mais aussi les tziganes, races à exterminer. Cette idéologie s'appuyait sur un antisémitisme exacerbé mais dont l'origine est fort ancienne. Les Juifs n'ont pas été exterminés qu'à cause d'Hitler et de ses proches. La lourde bureaucratie nazie ne suffit pas davantage à expliquer, à elle seule, l'horreur absolue. L'antisémitisme très ancien de la société allemande a nourri le processus de fabrication des bourreaux mais aussi la fabrication d'une sous-humanité. Ou plutôt de plusieurs sous-humanités. Car bien d'autres courants sont à l'œuvre qui créent d'autres catégories d'*Untermenschen*, appelés à subir des sorts identiques. Daniel Jonah Goldhagen soutient à juste titre dans son ouvrage *Les bourreaux volontaires de Hitler, les Allemands ordinaires et l'Holocauste* que

> les hommes et les femmes qui sont devenus les agents de l'Holocauste opéraient dans un cadre social et historique particulier, dans lequel ils avaient été formés. Ils portaient en eux des conceptions du monde élaborées antérieurement, qui étaient communes à leur société[1].

C'est un très long processus historique qui aboutit dans le nazisme. Il va permettre à des hommes « ordinaires » mais totalement imprégnés de cette « culture » de participer aux tortures, aux meurtres, aux exterminations, tout en préservant, dans leur vie quotidienne, des valeurs de morale et d'ordre. Cette frontière apparemment infranchissable qui sépare le peuple supérieur de toutes les races inférieures, passe en chacun des membres de ce peuple.

1. D.J. Goldhagen, *Les bourreaux volontaires de Hitler, les Allemands ordinaires et l'Holocauste* (1996), trad. fr. P. Martin, Paris, Seuil, 1997, p. 17.

C'est une très longue histoire qui explique en définitive que l'élimination des juifs en Allemagne ait posé si peu de problème à l'arrivée d'Hitler au pouvoir. Ce n'est pas une poignée d'idéologues qui a imposé cette idée au peuple allemand. Les multiples lois qui excluent les Juifs de toutes sortes d'activités à partir de 1933 ont été accompagnées d'initiatives beaucoup plus modestes émanant d'innombrables secteurs de la nation allemande.

Raoul Hilberg dans sa somme remarquable, *La destruction des Juifs d'Europe*[1], recense quelques-uns des innombrables événements qui, dans l'histoire, rappellent, à plus faible échelle évidemment, l'entreprise d'extermination nazie. Comment oublier l'attitude de l'Église catholique et des royaumes catholiques, à partir du Moyen Âge, les exclusions, les interdictions professionnelles, les ségrégations de toute sorte, les réclusions dans les ghettos, les confiscations de biens, les destructions des livres sacrés, les persécutions contre les convertis, les expulsions de masse, l'extermination des « hérétiques » … ? Comment oublier les massacres des Juifs qui ponctuent l'histoire des pays de l'Est de l'Europe depuis le XVIIe siècle ? Les pogroms qui se multiplient en Russie à partir du XIXe siècle avec l'encouragement ou le soutien du pouvoir ? Comment faire abstraction de l'anti-judaïsme relayé à partir de la fin du XIXe siècle par un antisémitisme de plus en plus virulent s'appuyant sur la fausse science des races ? Le nazisme est en fait l'aboutissement – provisoire – d'une très ancienne histoire aux mille racines.

La déshumanisation idéologique

La double déshumanisation

La torture est doublement une œuvre de déshumanisation : au moment où elle se pratique, certes, mais surtout au moment où elle se prépare. Cette déchéance n'est pas subite. Les souffrances infligées ne sont que la partie émergée de l'iceberg. La torture n'est que la traduction ultime, l'aboutissement d'un long travail dont

1. R. Hilberg, *La destruction des Juifs d'Europe* (1985), Paris, Fayard, 1988, rééd. Paris, Gallimard, 2005.

le tortionnaire est l'un des héritiers, le plus souvent sans qu'il en ait conscience. À la suite à ce long travail, la victime n'est déjà plus conçue comme faisant partie de l'humanité. Elle en a été préalablement écartée.

L'entreprise de déshumanisation est donc un préalable. Il suffit, si l'on peut dire, d'avoir créé une catégorie de sous-hommes, dont l'histoire de l'humanité fourmille, pour pouvoir leur infliger tous les maux de la terre. Mais comment en arrive-t-on à ne plus voir un homme mais simplement le représentant d'une catégorie honnie ou méprisée ? Comment s'opère cette considérable mise à distance ?

En fait, personne ne peut transformer un homme en sous-homme. Personne n'a le pouvoir d'enlever sa qualité d'homme à un homme. Même en le tuant. On peut faire disparaître son corps, on ne transformera pas pour autant son essence. La mort n'est pas rétroactive. La dégradation ne peut donc être qu'une œuvre de l'esprit, une entreprise idéologique lente et progressive. La déshumanisation préalable se traduit par d'incessants actes d'humiliation et d'exclusion mais l'essentiel est dans le mensonge permanent qu'une longue tradition transmet au tortionnaire et dont il se convainc lui-même : j'ai en face de moi une chose et non un homme.

Le fantasme déshumanisant

Cette conviction peut parfois trouver une explication dans une réalité : la peur, l'angoisse que représente l'autre, ou les siens, la fureur des actes qu'ils ont pu commettre. Mais le plus souvent elle ne s'appuie sur rien d'autre qu'une production fantasmatique. Les tortures infligées pendant tant de siècles aux sorcières n'avaient pour autre soubassement qu'un délire collectif. Certes, sorciers et sorcières existaient. Ils existent d'ailleurs toujours sous des appellations diversifiées et modernisées : mages, astrologues et autres devins qui ne peuplent pas que les campagnes. Mais ces sorcières, aujourd'hui tout juste passibles de poursuites pour escroquerie ou publicité mensongère, étaient alors affublées de tous les maux de la planète. Les pouvoirs surnaturels qu'on leur prêtait ou dont elles-mêmes se paraient, les faisaient accuser de toutes les maladies, épidémies, mauvaises récoltes, tempêtes et autres catastrophes où la main du Diable, omniprésent, était décelée. Cette catégorie de sous-hommes avait certes un soubassement sociologique fort mais ce qui causa sa perte procédait aussi de l'imagination galopante des hommes de cette époque : aussi bien du peuple ordinaire que des clercs et des lettrés.

> Après l'avoir connu charnellement, le diable lui fit prendre un escot d'un balai de bois qui était dans ladite maison et l'oignit de quelque onguent et commanda à ladite déposante de le mettre derrière son dos et à chemin et lui commanda de s'approcher et de se mettre dessous la cheminée et comme elle se fut mise dessous la cheminée et qu'elle eut avec ledit escot de balai derrière son dos le tenant avec les mains, soudain elle fut enlevée par ladite cheminée et emportée par l'air en une montagne fort éloignée de la maison de son oncle comme elle présuma, toute nue comme elle était dans le lit[1].

Voici, parmi tant d'autres semblables, les aveux délirants qu'en 1606, un juge très sérieux et consciencieux se réjouissait d'avoir obtenus sous la torture avant d'envoyer sa sorcière au bûcher. Ces folles croyances avaient alors l'aval de l'Église, des magistrats et des intellectuels de l'époque. Elles soudaient tout un petit peuple de marginaux plus ou moins déséquilibrés dans un statut à risque qui allait causer non seulement leur perte mais celle de milliers d'innocents pris au hasard des dénonciations et de la furie judiciaire. Face aux juges il n'y avait plus ni homme ni femme mais des êtres fantasmatiques dans lesquels les magistrats projetaient les désordres, les croyances, les angoisses, les désirs coupables de l'époque. Mais que faire d'autre quand le pape lui-même divaguait :

> Il est parvenu à nos oreilles

écrivait Innocent VIII dans sa bulle *Summis desiderantes affectibus* du 5 décembre1484,

> non sans nous causer une grande peine, que, en certaines régions de la Germanie supérieure, comme dans les provinces, cités, territoires, districts et diocèses de Mayence, Cologne, Trèves, Salzbourg et Brême, maintes personnes de l'un et l'autre sexe, oublieuses de leur propre salut, et déviant de la foi catholique,

1. Cité dans S. Portelli et S. Clément, *L'interrogatoire*, Paris, Sofiac, 2001, p. 31.

> se sont livrées elles-mêmes aux démons incubes et succubes : par des incantations, des charmes, des conjurations, d'autres infamies superstitieuses et des excès magiques, elles font dépérir, s'étouffer et s'éteindre la progéniture des femmes, les petits des animaux, les moissons de la terre, les raisins des vignes et les fruits des arbres[1].

L'horreur déshumanisante

La déshumanisation peut aussi s'ancrer dans une réalité.

Marie-Monique Robin interroge le général Aussaresses sur la première personne morte de ses mains, pendant la guerre d'Algérie[2] :

> Je voulais savoir quelle était l'organisation qui se cachait derrière lui et quels en étaient les membres. Le type n'a pas voulu parler, il en est mort.
> — Comment ?
> — Eh bien, avec de l'eau, un chiffon …
> — Qu'est-ce qui fait qu'un ancien résistant se met à utiliser les mêmes méthodes que la Gestapo ?
> — Le fait d'avoir affaire à un terroriste qui s'attaque à des civils. Par ses actes, *il n'est plus un humain*, il échappe donc à la pitié que provoque naturellement tout être humain qui souffre.

L'une des convictions les plus solidement ancrées dans l'humanité est que l'horreur d'un acte fait sortir son auteur de l'humanité. Tel est d'ailleurs l'argument de nombreux partisans de la peine de mort, qui y ajoutent souvent la rédemption d'un au-delà où le pardon divin, que les hommes ne peuvent plus donner, serait assuré par un Dieu plus clément. Rien de tel ici. Toute perspective de pardon est exclue. Nous sommes dans l'enfer du présent. Pour le tortionnaire, au-delà d'un certain degré d'horreur reproché à l'ennemi, les lois ordinaires ne s'appliqueraient plus. L'immense paradoxe de cette proposition est qu'elle est précisément tenue par ceux-là même qui pratiquent la torture qui est un des actes les plus abominables de l'humanité, ce qui invalide sans rémission le raisonnement. Il n'est au pouvoir d'aucun homme de quitter l'humanité ou d'en faire partir quiconque. Aller au bout de l'horreur n'enlève en rien la

1. http://www.digitalhemp.com/articles/edict1484.html
2. M.-M. Robin, *Escadrons de la mort, l'école française*, *op. cit.*, p. 76.

qualité et la dignité d'homme. Hitler, Eichman, Duch, Torquemada, Aussaresses … restent des hommes. Tous les terroristes, le criminels de guerre, les tortionnaires de l'histoire restent des hommes. La définition de l'homme ne tient heureusement pas à ces actes, bons ou mauvais. En naissant, il entre dans une communauté qui l'accepte définitivement et sans condition. C'est ce pacte que prétendent abolir Aussaresses et tant d'autres. Ils ne veulent pas seulement s'en délier à l'égard de tel ou tel, mais d'une collectivité. L'intérêt est de dépasser une éventuelle responsabilité individuelle, toujours difficile à établir, mais de passer à un concept plus large, plus vague, où toute une communauté se trouve prise dans une déchéance globale : celle des sous-hommes. L'avantage est que cette catégorisation floue évite d'avoir à décliner le système individu par individu, et permet d'étendre la violence au gré des besoins et des peurs.

Le bouc émissaire

La peur primaire

Associée au fantasme ou non, la peur est un des ciments les plus puissants de la déshumanisation préalable. Les sous-hommes sont avant tout des êtres dangereux. Leur existence même constitue une menace en soi. Ce groupe est un ennemi permanent : même si, sur le moment, rien ne semble inquiétant, cette collectivité silencieuse n'est jamais qu'un réseau dormant prêt à s'éveiller à tout moment. La révolte des esclaves est une menace constante contre laquelle il faut se prémunir par tous moyens. Un front calme, au combat, est des plus inquiétants : il est un des signes que l'assaut se prépare. Les sorcières suscitaient des craintes d'autant plus fortes qu'aucun fait précis et immédiat ne pouvait leur être imputé. Au sein d'une population, le terroriste peut se dissimuler n'importe où ; le plus innocent des enfants peut porter un message, cacher une bombe …

La peur, c'est cette alerte permanente, cet état d'excitation constant, de surveillance de tous les instants, de précautions sans fin et, en définitive, prévention ultime, d'enfermement et d'éloignement maximum, tout ceci étant sensé prévenir l'attaque. L'effet pervers de ces mesures est qu'elles renforcent le sentiment de différence et qu'elles accroissent la peur, si besoin était. L'engrenage est infernal de part et d'autre. Chaque ségrégation, chaque mur, chaque ghetto est la promesse d'une révolte et d'une torture. Dans cet écart qui se creuse, grandit une béance idéologique. Les liens ténus de communauté qui pouvaient peut-être encore exister s'effilochent puis se cassent un à un pour faire de cet autre inquiétant, un étranger absolu.

La diabolisation

Peuvent alors se précipiter dans ce gouffre toutes les peurs, réelles ou non. La diabolisation de l'ennemi est en marche. Au noyau d'angoisse réelle s'agglutinent les fantasmes, les légendes. Peu importe qu'au départ, la menace terroriste soit faible ou insignifiante : en Argentine, l'entreprise fanatique et destructrice des premiers généraux de la dictature s'est moins nourrie de la réalité des « forces révolutionnaires de gauche » (en fait les avatars du mouvement péroniste) que des fantasmes contre-révolutionnaires de militaires nourris au lait d'un discours extrémiste franco-américain sur la lutte anti-subversive. Le Diable était alors le communisme. Il fallait l'éradiquer par tous les moyens. Le terme de « croisade » anticommuniste était parfaitement approprié. Voici ce que déclarait le chef d'état-major de l'armée de terre, le général Spirito (créateur du « Cours interaméricain de lutte anti-marxiste ») dès 1962 :

> L'ennemi principal de notre civilisation et mode de vie se trouve au cœur même de nos communautés nationales. C'est pourquoi l'ennemi est extrêmement dangereux. Nous ne sommes pas attaqués de l'extérieur [...], mais subtilement minés à travers les canaux de l'organisation sociale. Cela envenime les esprits, fragilise les âmes, fabrique des pharisiens et de faux prophètes et déforme tout au rythme imperceptible du temps. C'est une action similaire à celle des termites. La structure s'élabore au fur et à mesure que sont minés les fondements. Un jour, tout s'écroulera sur nos têtes[1].

Le processus est toujours le même. Les sous-hommes se transforment en ennemis, dénoncés inlassablement avec les outrances d'un discours guerrier.

1. M.-M. Robin, *Escadrons de la mort, l'école française*, *op. cit.*, p. 215.

Ce n'est pas seulement un peuple ennemi qui est ainsi créé mais un coupable idéal. Tous les maux de la terre vont pouvoir lui être attribués. Pour les nazis, on voit mal quelles tares pouvaient bien épargner le peuple juif. Une communauté restreinte va devoir ainsi prendre à sa charge la culpabilité du corps social dans son entier et se voir attribuer l'agressivité qui n'est autre que celle du groupe social dominant. Rien de plus révélateur que les harangues féroces d'Hitler contre les Juifs. Il finira par convaincre nombre de ses compatriotes que leur extermination était pour le peuple allemand une question de vie ou de mort. Que l'agression venait du peuple honni. Que la guerre, que lui-même préparait avec minutie de longue date, était leur fait. Et ce n'était pas mensonge de sa part. Il y croyait vraiment. Depuis toujours. Il a, inlassablement, attribué au peuple juif la responsabilité de la guerre. Il le disait encore au Reichstag le 30 janvier 1939, dix mois après l'*Anschluss* et huit mois avant de lancer ses troupes sur la Pologne.

> Il y a encore une chose que j'aimerais dire en ce jour, qui peut-être sera un jour mémorable pour tous et pas seulement pour nous Allemands : dans ma vie, j'ai souvent été prophète et on s'est moqué de moi pour cela. À l'époque de ma lutte pour le pouvoir, c'était d'abord la race juive qui accueillait mes prophéties par des rires, quand je disais qu'un jour je prendrai la direction de l'État et celle de toute la nation, et qu'entre autres, je réglerai le problème juif. Leur rire était tonitruant, mais je pense que depuis quelque temps, leur rire s'étrangle dans leur gorge. Aujourd'hui, je serai encore une fois prophète : si les financiers juifs internationaux en Europe et au dehors réussissent une fois de plus à plonger les nations dans une guerre mondiale, alors, il en résultera, non pas une bolchevisation du globe, et donc la victoire de la Juiverie, mais l'annihilation de la race juive en Europe[1] !

Le bouc émissaire

Dans le Lévitique (XVI), Dieu s'adresse à Moïse et lui indique comment se déroule le sacrifice d'expiation. Deux boucs sont

1. http://www.cicad.ch/www.edi.admin.ch/index.php?id=11

choisis. Le premier est sacrifié pour l'Éternel. Le second, le « bouc émissaire » est chargé d'un lourd destin :

> Aaron lui posera les deux mains sur la tête et confessera à sa charge toutes les fautes des Israélites, toutes leurs transgressions et tous leurs péchés. Après en avoir ainsi chargé la tête du bouc, il l'enverra au désert sous la conduite d'un homme qui se tiendra prêt, et le bouc emportera sur lui toutes leurs fautes en un lieu aride.

Ce phénomène de bouc émissaire est une constante des sociétés humaines et un thème de nombreuses disciplines dont l'anthropologie. Une partie du troupeau est sacrifiée dans l'espoir de sauver le reste. Sa mort est sensée préserver les autres. La catégorie des sous-hommes joue ce rôle-là. Elle catalyse tout le mal qu'une société ne supporte plus en elle. Les persécutions dont elle fait l'objet, son sacrifice ultime ont non seulement fonction d'expiation mais soudent davantage encore le corps social qui se croit ainsi débarrassé de ses impuretés. Car il ne sert à rien d'abaisser et d'humilier si la souffrance ne parachève pas cette dégradation. Le supplice ou la mort font partie de ce rite sacrificiel; il est l'exutoire de la violence inhérente à toute société.

> Un groupement civilisé plus réduit, c'est là son avantage, ouvre une issue à cette pulsion instinctive en tant qu'il autorise à traiter en ennemis tous ceux qui restent en dehors de lui. Et cet avantage n'est pas maigre. Il est toujours possible d'unir les uns aux autres par les liens de l'amour une plus grande masse d'hommes, à la seule condition qu'il en reste d'autres en dehors d'elle pour recevoir les coups[1].

La force des mots, le cadre du droit

De puissants outils aident à la construction de ces catégories d'hommes vouées à l'exclusion, la souffrance ou l'élimination. Un travail sémantique et juridique obstiné accompagne et étoffe l'entreprise idéologique.

1. S. Freud, *Malaise dans la culture* (ou *Malaise dans la civilisation*) (1929), Paris, PUF, 1995, chap. 5, p. 56.

Les « sous-hommes »

Avant que ne s'installe une quelconque ségrégation physique interviendra une stigmatisation sémantique. La plus importante car, à elle seule, par des mots soigneusement choisis, elle assied la certitude d'une différence. Le langage est un des premiers marqueurs de l'évolution idéologique.

« *Untermenschen* » : *sous-hommes*, un des mots préférés de l'Allemagne nazie et la propagande hitlérienne, un de ceux qui définissent le mieux cette idéologie. Il n'est évidemment pas arrivé au hasard d'un discours enflammé. Ce néologisme s'est très vite répandu. Il fleurait l'injure mais il se colorait aussi d'un vernis scientifique. La caution de certains « scientifiques » permet toujours de légitimer de genre de déviations. « Sous-hommes », « sur-hommes » : certains ont vu dans ces vocables la patte de Nietzsche. Mais, sous sa plume, ils s'inscrivaient avec précision dans une philosophie originale et n'avaient strictement rien à voir avec une quelconque théorie raciale, ni même avec la vision d'un régime politique. « Sous-hommes » est une invention d'un Américain, Lothrop Stoddard, anthropologue, qui parlait, dès 1922, d'*under man*, ces « sauvages et demi-sauvages ... incapables de civilisation et ennemis incorrigibles de celle-ci »[1]. Admiré par Alfred Rosenberg, il fut invité en grande pompe par le régime nazi après avoir été honoré par le président Hoover.

Le groupe des sous-hommes va se trouver prisonnier de tout un vocabulaire qui le prend en quelque sorte en charge, du début à la fin de son « traitement ». Au début, il y a ces mots injurieux, dégradants qui dévalorisent et ridiculisent. Puis tout y passe. La condamnation est globale. On se souvient que les esclaves ont longtemps été considérés comme des animaux, comme des « biens », des choses faisant partie du patrimoine du propriétaire. Les Juifs étaient eux taxés non seulement de sous-hommes, mais de dégénérés ; tout ce qu'ils touchaient été souillé. Même l'art moderne était présenté comme victime de cette dégénérescence.

1. L. Stoddard, *La révolte contre la civilisation. La menace de l'homme de dessous*, New York, C. Sons de Sribner, 1922.

Il y a, à l'arrière-plan des tortures infligées par nombre d'armées coloniales, des relents de racisme évidents. La police française s'illustrait aussi généreusement. On traitait les arabes entre autres amabilités de « ratons » (de « petit rat » !). Dans les années 50-60, on avait donc appelé les violences de toutes sortes exercées contre eux des « ratonnades » ! L'extrême droite était extrêmement puissante dans les rangs de l'armée française, mais aussi de la police. Comment expliquer que l'Argentine, après la seconde guerre mondiale, ait reçu à bras ouverts tant de chefs nazis en fuite, et qu'elle ait tout autant été généreuse dans l'accueil des anciens de l'OAS ? C'est tout ce petit monde brun qu'on retrouvera dans nombre d'exactions perpétrées pendant la « sale guerre » argentine. À cette différence que les militaires n'avaient plus affaire à des « bicots », à des « bougnoules », à des « crouilles », à des « melons », mais à des Argentins, comme eux.

Les mots pour éliminer

Les mots sont le signe le plus tangible du travail qui s'opère à l'intérieur de la société. Souterrainement d'abord, puis, peu à peu, au fur et à mesure de la « libération » du vocabulaire, encouragé par le pouvoir. Il évolue aussi pour évoquer les mesures d'exclusion, de violence, de torture ou d'élimination qu'on leur applique.

Le vocabulaire de l'horreur se veut parfois humoristique. Pendant la guerre d'Algérie, les oueds ou la mer rapportaient les cadavres des « fellagas » torturés qu'on avait fini par exécuter. La méthode était déjà employée en Indochine : les pieds étaient coulés dans une bassine de ciment et le corps était jeté dans la Méditerranée. On appelait cela les « crevettes Bigeard » du nom du colonel Marcel Bigeard qui avait mené la « Bataille d'Alger » en 1957. L'armée argentine reprit la même méthode vingt ans plus tard. Là encore, le vocabulaire était adapté. On parlait de « transferts », quand, chaque semaine, un avion partait au-dessus de la mer et lâchait sa cargaison d'hommes et de femmes torturés qu'on avait le plus souvent drogués au préalable.

Quant à l'élimination, elle traduit encore mieux la « chosification » de la victime. Les Khmers Rouges, pour tous ceux qui arrivaient au camp S 21, ne parlaient plus de « mort » mais de destruction. Quant aux nazis, pour régler le « problème » juif, ils parlaient, dans le même type de logique, de « solution finale ».

Le droit, merveilleux outil de discrimination

Le droit est un instrument idéal de marquage social. Il dispose, lui aussi, de son vocabulaire décalé. Même si ses conséquences sont extrêmement réelles, le droit est une œuvre de l'esprit, une production imaginaire. Aucune loi physique ne peut faire qu'une pierre lâchée remonte vers le ciel, mais une loi humaine peut toujours affirmer qu'une grenouille est un crapaud ou qu'un cheval sera consul. L'une des tâches les plus banales de la discipline juridique est précisément de créer des catégories, puis des sous-catégories, puis des exceptions, puis des sous-exceptions ... C'est la délectation des juristes que de tracer à la plume fine des frontières qu'on croirait, à les lire, immuables, et de ranger la vie dans des cases parfaites et étanches. Les lois écrites pour l'éternité se défont souvent quand l'encre n'est pas encore sèche. Peu importe au juriste : il étudie le droit positif. Il ne s'agit pas de savoir depuis quand, ni pourquoi cette loi existe. Elle existe et c'est là un titre suffisant. Cette tendance naturelle du droit est poussée à l'extrême par le « positivisme juridique », cette école très large, aux nuances multiples, mais dont le trait principal est de prendre le droit tel qu'il est sans une quelconque référence à ce qu'il devrait être, au droit naturel. Le positivisme est évidemment très utile pour les régimes politiques autoritaires et les dictatures dont on ne remettra pas en cause la légitimité, se contentant d'étudier « objectivement » leur production comme un laboratoire analyse sans répugnance les selles d'un patient.

Le droit est d'abord utile pour définir les sous-hommes, puis pour les exclure et évidemment les punir. La définition est l'opération la plus importante. Elle va permettre de cibler la répression. Plusieurs techniques sont possibles. Définir le plus vaguement possible pour favoriser l'arbitraire le plus large ou, à l'inverse, entreprendre un travail minutieux d'entomologiste pour mieux donner corps à la population haïe. Dans les Républiques socialistes, les ennemis de la Révolution sont toujours restés une catégorie des plus floues précisément pour varier et réorienter la répression en fonction des humeurs et des intérêts du moment du pouvoir en place. Certes les accusations de terrorisme ne sont pas propres aux régimes marxistes, mais le sabotage économique éloigne déjà beaucoup des canons ordinaires du droit; avec la répression des « activités anti-soviétiques » le droit arrive à ce degré de flou total permettant l'arbitraire absolu.

Le droit et les persécutions des Juifs

L'autre technique consiste, avec une passion de collectionneur, à classifier, à dénombrer et à marquer les sous-hommes. Le catalogage minutieux réjouit davantage les juristes, leur faisant la part belle pour définir le périmètre des discriminations, des tortures ou des exterminations. Il faut reconnaître que distinguer une sorcière d'une non sorcière n'est pas chose aisée. D'où les innombrables traités savants divagant à loisir sur la définition d'un peuple inexistant. Les juifs ont fait l'objet, dans les premiers temps de la Shoah, d'une attention tout aussi tatillonne. Les persécuter, certes, mais qui est vraiment Juif? Dans la France de Vichy, plusieurs lois ont ainsi tenté de les définir. La « loi » du 3 octobre 1940 promulgue le premier statut des Juifs, les excluant d'un certain nombre de professions : fonctionnaire, enseignant, journaliste, dirigeant de certaines entreprises... Elle est abrogée et remplacée par la loi du 2 juin 1941 allongeant la liste des interdictions professionnelles et un décret du mois suivant excluant les Juifs des professions commerciales ou industrielles. Tous ces textes tentent de définir « le Juif ». Avant de les exclure, de les spolier, de les recenser (loi du 2 juin), de les exterminer, encore faut-il les repérer. D'excellents esprits s'attachent à expliquer la logique du système et des juristes font, comme à chaque époque de l'histoire, preuve d'un professionnalisme admirable. Dans la livraison de juin 1941 de la *Revue du Droit Public et de la Science Politique* dirigée par le Professeur Honoraire Gaston Jèze et le Doyen Roger Bonnard on trouve ainsi une excellente étude de Maurice Duverger sur « La situation des fonctionnaires depuis la Révolution de 1940 ». L'un des chapitres les plus intéressant est intitulé « La définition du Juif ». L'universitaire y dissèque avec minutie les options possibles :

> Deux systèmes sont possibles à cet égard : la définition par la race ou la définition par la religion. L'un et l'autre présentent d'ailleurs de grandes difficultés. Si l'on adopte le critère religieux, il est à craindre que la plupart des juifs ne feignent une conversion apparente et ne parviennent ainsi à éluder l'application de la loi. Si l'on adopte le critère racial, il est très difficile de déterminer les caractères qui permettront d'établir l'appartenance ou la non-appartenance à la race juive.

L'éminent juriste expose que le gouvernement de la Révolution nationale a finalement choisi le critère religieux, précisant que cette présomption de race ne peut être renversée par la preuve contraire : « Il s'agit donc d'une présomption irréfragable, ou comme disent les civilistes, d'une présomption juris et de jure »[1].

Le droit et la justification de la torture des terroristes

Dans un contexte très différent, on retrouve le même genre de glissement sémantique lorsqu'il s'agit de justifier la torture dans les démocraties. Les États-Unis ont, d'un tour de passe-passe juridique, transformé les terroristes ou supposés terroristes qu'ils avaient décidé de torturer en « combattant illégaux ». Rien de plus simple que d'inventer un concept juridique. Le but était de soustraire ces prisonniers aux règles des conventions de Genève. En « déclassifiant » ces hommes on en faisait, en fait, une nouvelle catégorie de sous-hommes. On doit cette subtilité juridique à George Bush et ses équipes. Elle a été officialisée dans le *Patriot Act* de 2001. Le gouvernement américain peut ainsi conserver ces détenus dans des centres tels que celui de Guantanamo ou dans d'autres centres clandestins.

On trouve ainsi appliquée la théorie développée par les militaires français pendant la guerre d'Algérie. Voici ce qu'écrivait le colonel Trinquier dans son livre-bible, *La guerre moderne*[2] :

1. M. Duverger, « La situation des fonctionnaires depuis la révolution de 1940 », *Revue du Droit Public et de la Science Politique en France et à l'étranger*, juin 1941, Paris, LGDJ, p. 279 *sq.*
2. Colonel Roger Trinquier, *La guerre moderne*, Paris, La Table Ronde, 1961.

> Il faut qu'il sache que lorsqu'il sera pris, il ne sera pas traité comme un criminel ordinaire, ni comme un prisonnier fait sur un champ de bataille. En effet, ce que recherchent les forces de l'ordre qui l'ont arrêté, ce n'est pas de punir un crime pour lequel d'ailleurs sa responsabilité personnelle n'est pas engagée, mais comme dans toutes les guerres, la destruction de l'armée adverse ou sa soumission. On lui demandera donc peu de précisions sur le ou les attentats qu'il peut avoir commis, et qui sont d'un passé ancien, sans intérêt immédiat, mais des renseignements précis sur son organisation. En particulier chaque homme a un chef qu'il connaît; c'est d'abord le nom de ce chef qu'il faudra donner, et sa résidence afin qu'on puisse procéder sans délai à son arrestation. Pour ces interrogatoires, il ne sera certainement pas assisté d'un avocat. S'il donne sans difficulté les renseignements demandés, l'interrogatoire sera rapidement terminé; sinon des spécialistes devront par tous les moyens, lui arracher son secret. Il devra alors, comme le soldat, affronter la souffrance et peut-être la mort qu'il a su éviter jusqu'alors.

Et de citer Clausewitz :

> Dans une affaire aussi dangereuse que le guerre, les erreurs dues à la bonté d'âme sont la pire des choses.

La victime préparée

Si la fabrique idéologique de la victime est une entreprise si puissante, c'est qu'elle n'atteint pas seulement le tortionnaire mais la personne torturée elle-même. La construction de cette catégorie de sous-hommes ne forge pas seulement le monde des êtres se croyant supérieurs, elle s'insinue aussi dans le monde des êtres réputés inférieurs. Le même travail, lent et souterrain, s'opère aussi chez eux. Il serait d'ailleurs inimaginable que cette emprise idéologique se limite à une part de la population et épargne les futures victimes. Certes la révolte n'est pas exclue. Mais comment peut-on, à longueur de temps, être vu comme inférieur, stupide, incapable, mauvais, dangereux … sans risquer de le devenir progressivement? Comment peut-on éviter de se soumettre à un diktat collectif si puissant? D'autant qu'à ce laminage idéologique s'ajoute un affaiblissement systématique du groupe. Comment s'étonner, dès lors, de la passivité des sous-hommes?

Il y a près de cinq siècles un jeune noble français s'étonnait de cette passivité du peuple si soumis au tyran. Étienne de La Boétie écrivait *De la servitude volontaire*. Tout est dans « volontaire ».

> Je voudrais seulement comprendre comment il se peut que tant d'hommes, tant de bourgs, tant de villes, tant de nations supportent quelquefois un tyran seul qui n'a de puissance que celle qu'ils lui donnent, qui n'a pouvoir de leur nuire qu'autant qu'ils veulent bien l'endurer, et qui ne pourrait leur faire aucun mal s'ils n'aimaient mieux tout souffrir de lui que de le contredire.

Les ressorts de cette soumission, ce jeune magistrat les trouvait non pas dans l'usage de la force ou de la contrainte, mais, essentiellement, dans l'habitude. « La première raison de la servitude volontaire, c'est l'habitude »[1]. Les peuples oublient lentement leur liberté naturelle. Ils considèrent leur soumission comme une fatalité, comme l'ordre naturel des choses. Peu à peu le poison de la servitude les pénètre. Comme le roi Mithridate qui s'était immunisé contre le poison en en absorbant régulièrement, les peuples ne s'imaginent même plus qu'ils puissent vivre libres. Il sont si engourdis par l'habitude de servir qu'ils n'en sentent plus l'amertume. Comment en vouloir à ce peuple quand tout est mis en œuvre pour l'asservir ? Mais comment l'approuver quand il suffirait de désobéir ?

La théorie de La Boétie vaut pour tout un peuple. Elle ne peut être transposée telle quelle pour une catégorie de sous-hommes, mais les ressorts sont en grande partie du même ordre. Pourquoi tant d'esclaves se sont-ils révoltés ? Était-ce autant de gestes de désespoir absolu ? Spartacus n'était pas seul. Son combat, fut celui de la « troisième guerre servile » : la dernière. Il est difficile de savoir quelles furent exactement les conséquences de ces révoltes mais elles furent suivies de profonds changements dans le statut des esclaves et d'une modification dans le comportement du peuple romain à leur égard. Et Spartacus est resté, pour l'histoire, un modèle, un des symboles les plus puissants de la révolte contre l'injustice.

1. Étienne de La Boétie, *De la Servitude volontaire ou Le contr'un*, Paris, Tel-Gallimard, 1993, p. 79.

CHAPITRE IV

LES RESSORTS INDIVIDUELS DE LA TORTURE

NOUS

Il y aurait quelque chose d'infiniment réconfortant à penser que le mal vient d'ailleurs. Comme une sorte de virus extérieur auquel nous serions totalement étrangers et qui nous déchargerait de toute responsabilité. La façon dont s'est organisée la société où nous vivons ne dépend pas de nous. Qui irait nous imputer les lois, les traditions, les pratiques qui sont nées bien avant nous et perdurent sans que nous y puissions grand chose? Nous ne sommes pas responsables de nos pères. Quant aux représentations collectives qui viennent prendre place en nous et nous faire agir avec d'autres, parmi d'autres, nous ne les avons pas davantage créées. Elles existaient bien avant nous. Nous serions donc acquittés sans avoir même à plaider d'un crime qui nous échappe?

Je ne parierais pas un kopek sur un tel verdict. La torture, comme n'importe quel crime se rejoue, à chaque fois, en chaque homme. Le bourreau, la victime et le spectateur: nous avons largement notre place, nous et personne d'autre, dans cette triangulation, à l'une quelconque des places.

La triangulation, bourreau-victime-spectateur

On néglige un peu vite le troisième homme, le plus gênant. Le spectateur. La torture ne se limite pas au lien bourreau-victime. La part de l'individu ne se borne pas à ces deux personnages. Entre le spectateur et le bourreau, la différence est parfois ténue. La spécialisation du tortionnaire, la création du métier de bourreau, a permis de détacher les deux composantes du supplice : le plaisir et la technique. Elle permet au tiers voyeur de se consacrer à la jouissance et à l'exécuteur d'assumer la culpabilité. Une division des tâches que remet en cause la clandestinité des tortures modernes. Une autre distribution des rôles est alors nécessaire.

La spectateur-bourreau

La mise à mort collective

Ils avancent en rang serré vers le bord du précipice. Le condamné recule. Personne ne le touche. Il n'a pas d'autre choix. Personne ne pourra dire qui l'a tué mais personne n'en sera indemne. C'est le groupe tout entier qui est responsable de sa mort. Il suffit d'avancer. On peut voir en même temps. Voir la terreur qui précède la mort. Jouir de l'effroi, du basculement, puis de la chute. Dans certaines cités de la Grèce antique, en Ionie en particulier, au VIe et Ve siècles av. J.-C., quand de grandes catastrophes arrivaient, on utilisait un bouc émissaire, un « pharmacos » qu'on sacrifiait ainsi, à tout hasard, pour changer le cours des choses. L'un des modes d'exécution était de le précipiter du haut d'une falaise. Le supplice était réservé aussi aux criminels. Ainsi mourut, paraît-il, le poète Esope – esclave, il est vrai –, accusé d'avoir volé un vase sacré.

La lapidation participe du même processus collectif. Lancer des pierres sur la femme coupable n'est pas l'œuvre d'un lanceur qualifié. Chacun peut participer à l'exécution du moment que la pierre est du bon calibre. La pratique est ancienne. « Que celui d'entre vous qui est sans péché lui lance la première pierre ! ». Cette phrase de Jésus, on oublie parfois qu'elle a – peut-être – arrêté la lapidation d'une femme adultère. Aujourd'hui cette mise à mort barbare se pratique encore dans beaucoup de pays où l'on applique la charia. Le code pénal de la République Islamique d'Iran décrit avec précision la taille des pierres qui vont permettre de tuer à petit feu :

> Les pierres utilisées pour infliger la mort par lapidation ne devront pas être grosses au point que le condamné meure après en avoir reçu une ou deux. Elles ne devront pas non plus être si petites qu'on ne puisse leur donner le nom de pierre. La taille moyenne est choisie généralement afin de faire expier la faute par la souffrance [1].

Femmes – et hommes parfois – sont ainsi tués par des lapideurs devant des foules hystériques après qu'on a enfoui leur corps dans le sol jusqu'à la taille ou aux épaules. Qui a tué? Personne ne saura jamais. Quelle a été la dernière pierre fatale? Mystère! C'est la collectivité qui a agi. Chacun a été juge et témoin. Chacun a pu voir et jouir des blessures progressives, du dernier raidissement, du dernier affaissement.

Des jeux du cirque au lynchage

La distance avec la torture et la mort s'allonge encore à Rome avec les jeux du cirque. Une fois le sort du combat décidé, la mort était décidée par le peuple dans son entier. Le peuple baisse le pouce – ou l'étend, selon les spécialistes – et crie « Jugula! ». Sénèque, dans une lettre à Lucilius [2], décrit l'horreur des combats où les gladiateurs se livrent à des luttes sans merci, sans même être recouverts d'un vêtement ou d'une quelconque protection. Il lâche : « c'est le pur et simple assassinat » [3]. Le rôle de la foule l'atterre. C'est elle qui exige, qui condamne, qui se repaît de la mort infligée. « Le matin on expose des hommes aux lions et aux ours; à midi, à leurs spectateurs. Contre celui qui le tuera chaque tueur est exposé par ordre de la foule ». Ce spectacle de torture et de mort devint un des plus prisés du peuple romain. Tout l'Empire était mis à contribution pour alimenter ces « jeux ». Les esclaves et les prisonniers en

1. http://www.amnestyinternational.be/doc/article12289.html
2. Sénèque, *Lettres à Lucilius*, Lettre 7.
3. « *nunc omissis nugis mera homicidia sunt* ».

étaient les victimes naturelles. Les premiers chrétiens y moururent en martyrs.

Longtemps après la chute de l'Empire romain le peuple n'a pas encore renoncé à son rôle de bourreau. William Lynch, cet ancien juge de paix, mourut en 1796 comme un vénérable sénateur à l'estimable réputation. On lui doit le mot lynchage. Le brave juge Lynch avait des méthodes expéditives aussi bien pour faire avouer que pour exécuter ses décisions. C'est à la fin du XIXe siècle qu'on systématisa les exécutions publiques sans jugement après un interrogatoire à l'emporte pièce. Quand il y en avait un. En fait, c'est la foule qui se décidait, précipitamment, puis qui, d'un mouvement, conduisait au supplice. La mort, dans l'immense majorité des cas infligée à des noirs, était donnée par pendaison ou par le feu. Ces pratiques ne cessèrent qu'à compter des années 60. Il reste de multiples photographies de ces « spectacles », sous forme de cartes postales. Une exposition a été montée en 2000 à New York par James Allen, qui regroupe ces photographies qui se vendaient très bien à l'époque. La collection est visible en permanence au Centre pour les droits civiques et humains d'Atlanta. On y voit surtout les spectateurs. Des hommes et des femmes manifestement satisfaits. Des enfants souvent. Tous bien habillés, endimanchés. La manifestation était annoncée comme un bon moment de détente. Le *Courrier de Memphis* en 1921 annonçait par exemple : « Lynchage possible de trois à six Nègres ce soir »[1].

Le spectateur

La spécialisation, le plaisir épuré

Bourreau est devenu progressivement un métier. L'exécution collective n'était plus possible. Toutes sortes de solutions ont été trouvées. À l'époque de la justice privée, le clan, la famille s'organisaient comme ils le pouvaient. À Rome ce sont les licteurs (sorte de gardes du corps mais aussi fonctionnaires d'exécution des

1. *Without Sanctuary*, exposition de photographies sur le lynchage, Centre pour les droits civiques et humains à Atlanta et Rencontres de la photographie d'Arles, 2009, *Le Monde*, 16 août 2009.

magistrats importants) qui s'étaient spécialisés dans cette tâche. « Des hommes bien exercés dans l'art de frapper et fouetter les criminels », rapporte Cicéron (*Contre Verres*). Lorsque, en Europe, l'État retrouva des structures politiques plus stables, les seigneurs ou les autorités locales, utilisèrent des soldats ou se dévouèrent eux-mêmes. Mais il fallut peu à peu trouver de vrais bourreaux. Les volontaires ne se bousculaient pas. On requérait parfois des bouchers. Ou des condamnés, à mort souvent, qui bénéficiaient d'une grâce contre service rendu. L'histoire des bourreaux est bien plus longue mais elle est, ici, de peu d'intérêt. Car c'est moins celle du bourreau que celle du spectateur qui compte. Le supplice devenait enfin un spectacle à part entière.

Le spectateur se trouvait enfin avec son plaisir, pur. Le bourreau fait son métier, obéit à un ordre, si ce n'est à la loi. Mais le spectateur, lui, que vient-il chercher ? Que lui offre-t-on ? Quel que soit le contexte historique ou social, le badaud poursuit un plaisir normalement prohibé : assister à un meurtre avec préméditation. Mais il n'a rien à craindre puisque la loi elle-même organise cette transgression majeure de l'interdiction de tuer. Le spectateur est potentiellement délinquant en ne venant pas au secours de celui qui va mourir et même en observant tranquillement la mise à mort. Le meurtre est, d'ordinaire, une entreprise compliquée où le plaisir éventuel de l'auteur est « gâché », voire « empêché » par de multiples occurrences factuelles liées à la préparation et l'exécution du crime. Pour le spectateur, débarrassé de tout souci matériel et de tout risque de poursuite, le plaisir est plus simple, sans risque. Et ce plaisir est immense.

Le supplice, rite religieux et fête populaire

Dans nombre de civilisations, le supplice était avant tout une fête religieuse. Au-delà du plaisir de regarder la souffrance, le spectateur participait à une cérémonie dont les règles étaient fixées avec la plus grande précision et se déroulaient au milieu d'une immense ferveur. Dans la civilisation aztèque, les sacrifices humains avaient lieu devant des foules très nombreuses. Les dieux étaient très exigeants et le peuple friand de sang. Dans le Templo Mayor de Mexico-

Tenochtitlan, on comptait jusqu'à dix mille personnes. Quel spectacle ! On arrachait le cœur des victimes.

Sous l'Inquisition les bûchers étaient de grandes cérémonies religieuses auxquelles les foules participaient avec passion. L'autodafé n'était pas qu'une cérémonie destinée à brûler des livres. Il était un acte religieux, un acte de foi : « *auto da fé* » en portugais. Le mot « auto » prendra ensuite le sens non plus d'acte mais de jugement, puis de représentation dramatique. Les personnes n'étaient pas exécutées pendant la fête religieuse proprement dite (toujours la pudeur de l'Église), mais à l'extérieur de la ville où ils étaient brûlés par dix, vingt, cent ... La cérémonie religieuse rassemblait une foule impressionnante comme le montre l'iconographie de l'époque. Les plus hauts dignitaires de l'Église et du pouvoir civil participaient en grande tenue à la procession, à la messe, assistaient au sermon.

Le spectacle s'est laïcisé. La fête est devenue populaire. Les tortures ont été pendant des siècles des spectacles légaux et gratuits, joués à guichets fermés. Il faut relire les lettres de madame de Sévigné où elle raconte à sa fille le supplice de la Brinvilliers et de Mme Voisin. Entre deux passages sur ses maux de tête et les dernières festivités de la cour, elle narre plaisamment ces derniers instants auxquels tout Paris est accouru.

> Ceux qui ont vu l'exécution disent qu'elle a monté sur l'échafaud avec bien du courage. Pour moi, j'étais sur le pont Notre-Dame, avec la bonne d'Escars ; jamais il ne s'est vu tant de monde, ni Paris si ému ni si attentif ; et demandez-moi ce qu'on a vu, car pour moi je n'ai vu qu'une cornette. [...]
> Nous la vîmes passer à l'hôtel de Sully, Mme de Chaulnes et Mme de Sully, la Comtesse et bien d'autres. À Notre-Dame, elle ne voulut jamais prononcer l'amende honorable, et, à la Grève, elle se défendit, autant qu'elle le put, de sortir du tombereau : on l'en tira de force ; on la couvrit de paille ; elle jura beaucoup ; elle repoussa la paille cinq ou six fois ; mais enfin le feu s'augmenta, et on l'a perdue de vue, et ses cendres sont en l'air présentement.

> Je sais encore mille petits contes agréables comme celui-là ; mais le moyen de tout dire [1] ?

Malgré l'extension de l'abolition de la peine de mort, il existe toujours, dans certains États, des exécutions publiques où l'on se précipite avec le même empressement qu'en France jusqu'en 1939. Cette année-là, le 17 juin, Eugène Weidman est guillotiné, très tôt le matin, devant une petite foule passionnée dont il reste quelques photos. Le 24 juin, le président du Conseil Edouard Daladier promulgue un décret-loi interdisant la publicité des exécutions capitales. Quelques personnes s'étaient précipitées pour tremper leur mouchoir dans le sang du condamné, au pied de l'échafaud.

En 1999, en Afghanistan, à Kaboul, une femme, Zarmeena, mère de sept enfants qui avait tué son mari au cours d'une dispute, était exécutée par un soldat taliban dans un stade rempli d'hommes, de femmes et d'enfants hurlant « Dieu est grand » ! En 2006, à Mogadiscio, en Somalie, plusieurs hommes condamnés pour meurtre, sont fusillés en public devant des milliers de personnes sur les ordres d'un tribunal islamique. En 2010, on pend un condamné pour un vol de trois cents dollars devant des centaines de personnes. En 2010 également, en Iran, les pendaisons sont toujours publiques, dans des stades ou dans la rue, devant des milliers de personnes. Les photographies sont visibles sur internet.

La Chine continue de détenir le record des exécutions capitales. Alors qu'environ sept cents personnes ont été exécutées dans le monde en 2009, le chiffre chinois n'est pas connu. Il est tenu secret. Mais il est certain qu'il est de plusieurs milliers. En tout cas, même si les médias diffusent largement la nouvelle des exécutions, celles-ci ne semblent plus être publiques. Grâce aux Jeux Olympiques elles ne se passent plus dans des stades. Jusqu'alors, le cérémonial était bien réglé. Le condamné était exhibé pendant des heures, promené dans les rues sur un camion débâché. Dans les stades, il était présenté à la foule, tête basse, une pancarte suspendue sur sa poitrine, où son

1. Madame de Sévigné, *Lettres*, Paris, GF-Flammarion, 2006, lettre du 17 juillet 1676, p. 205.

nom était barré d'une croix. À genoux, il était ensuite abattu de dos à bout portant dans le cou. La balle était facturée à la famille.

Il faut bien l'admettre : non seulement les supplices plaisent aux foules, mais elles en demandent. En 1870, le ministre de la justice, Adolphe Crémieux, supprima l'échafaud, suscitant mille protestations. L'échafaud n'est que le socle sur lequel on montait la guillotine. On la bâtissait la nuit précédant l'exécution pour que, le jour du supplice, la foule assemblée du plus loin puisse apercevoir le sang couler, la tête rouler. Supprimer ce piédestal, c'était décourager la foule. Peine perdue. La guillotine, mise à terre, attirait tout autant. On se bousculait même pour arriver, plus tôt qu'avant, aux tout premiers rangs. Deux cordons de gardes entouraient la scène. Au-delà du second, on n'apercevait que le couperet et le coup partir. Dans le premier périmètre, près du supplicié, se serraient les plus prévoyants. Malgré ces restrictions, à la fin du XIXe siècle, on comptait ving-cinq à trente mille personnes pour des exécutions de criminels quelque peu célèbres. On louait parfois des chaises, des échelles, des lorgnettes … Les vrais privilégiés étaient ceux qui, à la même époque, obtenaient l'autorisation exceptionnelle d'aller observer le condamné à mort, la veille de son exécution ou le jour même. Au programme : assistance aux derniers moments, à la dernière « toilette » et, enfin, à quelques pas de là, à l'exécution. On trouve aux archives historiques de la préfecture de police de Paris, en l'année 1876, cette lettre indignée, du directeur de la police municipale :

> Je n'ai rien vu d'aussi scandaleux que les quémandeurs de bonnes places pour l'exécution, qui sont venus m'assaillir. J'ai vu des dames dont le nom vous étonnerait bien, les aides de camp du Maréchal [Mac Mahon] eux-mêmes sont venus[1].

La caution du spectateur

Assister à la mise à mort, aux tortures, à l'exécution, c'est satisfaire de multiples plaisirs.

1. Cité dans *Le métier de bourreau*, *op. cit.*, p. 397.

> Le grave magistrat [écrit Voltaire] qui a acheté pour quelque argent le droit de faire ces expériences sur son prochain, va conter à dîner à sa femme ce qui s'est passé le matin[1].

Il y a évidemment le plaisir de voir. Plus qu'un voyeurisme. Ce que les Allemands appellent d'un terme intraduisible mais parfaitement compréhensible, « *Schadenfreude* », la joie provoquée par le malheur d'autrui.

Mais le spectacle n'est pas qu'une quête de jouissance. Le pouvoir offre un divertissement dont la gratuité n'est qu'apparente. En échange le spectateur donne sa caution. Le simple regard, la seule présence ne sont pas hors-champ. Ils sont partie intégrante de l'économie de la torture. Ils sont une approbation muette. La torture a toujours été une arme politique. Elle diffuse une peur qui est un des ressort essentiels des régimes autoritaires. Le spectateur est un diffuseur irremplaçable de la peur.

Le télé-spectateur

Dans la plupart des pays, la mise hors la loi de la torture et son entrée dans la clandestinité, ont apparemment ramené la torture à la seule relation bourreau-victime. Il n'y aurait plus de spectateur puisqu'elle se pratique désormais dans des lieux reculés, dans des régions inaccessibles, dans des caves, dans des bâtiments soigneusement dissimulés.

Et pourtant nous savons tous que la torture existe toujours. La fiction nous l'apprend en permanence, une fiction qui est conçue comme un décalque le plus précis possible du monde réel. Quant à cette réalité, elle est tout aussi connue. Les images d'Abou Ghraïb ont fait le tour du monde. Celles de l'autre camp sont tout aussi présentes sur nos écrans. Nous connaissons tous les photographies des otages que diffusent les terroristes et les cassettes qu'ils envoient aux chaînes de télévision même si les rédactions se montrent circonspectes. Le lien est là, dans l'image de la souffrance exhibée. Visages défaits, textes lus d'une voix monocorde, avec le dernier

1. Voltaire, *Dictionnaire Philosophique* (1764), Paris, GF-Flammarion, 2010, article « Torture ».

des désespoirs, décors sordides … Le supplice est parfois filmé jusqu'au bout. La décapitation est montrée dans le moindre détail. Le message des ravisseurs couvre à peine les cris de l'homme exécuté.

Le spectateur existe toujours. Son rôle s'est adapté tout comme son statut. Il n'avance plus vers le précipice pour acculer le supplicié, il n'abaisse pas son pouce pour décider de la mise à mort, il n'est plus le badaud et sa famille avides de surprise. Assis dans son fauteuil, il se divertit et se fait peur sans risque. Des millions d'autres spectateurs, assis dans d'autres fauteuils vibrent des mêmes émotions. La scène s'est considérablement élargie. La plaisir est toujours là. Mais il n'est pas plus gratuit qu'auparavant.

Ce spectateur est devenu un cible. Un client que l'on cherche à convaincre. Que chaque camp cherche à rallier à sa cause en tentant de le persuader que la violence est nécessaire, que la paix, la victoire est au prix de cette souffrance ignoble.

TOUT LE MONDE PEUT-IL DEVENIR TORTIONNAIRE ?

La part de l'individu chez le tortionnaire

La torture pose un problème délicat de la responsabilité. À l'époque où la torture était légale, la place de chacun était assez bien définie : chacun pouvait alors tenir son rôle en invoquant l'autorisation de la loi, le poids de la coutume. On pouvait être le bourreau qui estropiait, le juge qui ordonnait la question, le juriste qui dissertait sur les bienfaits ou les risques d'une pratique … Il était difficile de distinguer l'individu derrière son statut, la conscience derrière la loi. Juges et enquêteurs avaient pourtant une marge de manœuvre importante. La répression n'était pas égale partout, loin de là. Certains professionnels prenaient particulièrement à cœur leur mission. D'autres tordaient le nez. Quelques pays, quelques diocèses ont beaucoup plus souffert que d'autres. Certains ont frôlé la barbarie, n'en sentant que le souffre. Au-delà d'une théorie des climats, il est difficile de ne pas y voir une part de responsabilité individuelle. Lorsque la torture devient illégale et clandestine, l'influence de l'individu parait devoir être plus déterminante : la distribution des rôles n'est plus officiellement réglementée, la couverture légale a été retirée, même si les ordres d'un supérieur quelconque sont toujours là. Comment, dès lors, peser ce qui revient à l'homme ? Et cet homme, qui est-il ? N'importe qui ? Lui ? Moi ? L'horreur de la torture dit-elle quelque chose de l'individu ? Pratiquer la torture implique-t-elle une pathologie ? En est-elle l'expression ? Suffit-il d'ordres reçus, d'une instance supérieure ou d'une idéologie impérieuse ? Peut-on faire autrement ? Désobéir ?

Quelques figures de tortionnaires

S'agissant d'hommes, peut-être vaut-il mieux d'abord parler d'eux. De certains d'entre eux du moins, presque au hasard, à cinq siècles de différence, plutôt que d'entrer de plain-pied dans l'abstraction.

Tomas de Torquemada a vécu au XVe siècle. Il est mort en 1498, à un âge beaucoup plus avancé que la plupart de ses victimes, 78 ans. Son nom propre, par antonomase, est devenu synonyme de tortionnaire sanguinaire. Comment a-t-il pu devenir ce tristement célèbre premier inquisiteur général d'Espagne ? Ce symbole quasi universel du supplice et de la torture ?

De ce que nous savons de sérieux sur sa vie la réponse est d'une banalité redoutable. Certes, nous ne disposons d'aucune expertise de l'intéressé mais les témoignages de ses contemporains sont assez nombreux et l'homme a – hélas – laissé suffisamment d'écrits.

Torquemada a embrassé la carrière qu'il fallait à la bonne époque. Il a suivi la filière classique de son temps et s'est illustré au sein d'une Église qui a produit bien d'autres inquisiteurs de ce type car elle était alors une puissance temporelle, bien plus que spirituelle, en lutte perpétuelle pour le pouvoir, aussi bien en son sein qu'à l'extérieur. De la religion à la guerre, de la prière au meurtre, la distance est parfois courte. À cette époque plus que jamais.

L'oncle était cardinal et théologien pontifical. Tomas de Torquemada suit son modèle et devient lui aussi moine dominicain, au couvent San Pablo de sa ville natale, Valladolid. À 32 ans, il est nommé prieur au monastère de Santa Cruz de Ségovie. Il y restera vingt-deux ans. Mais au-delà de la culture religieuse de son époque dont il s'imprègne totalement, ce prieur est un grand, un immense politique. Il vit assez rapidement sur les plus hautes marches du pouvoir et respire avant tout l'air de la cour. Dès le plus jeune âge d'Isabelle, Infante de Castille (mais elle est fiancée à 3 ans au futur roi Ferdinand II d'Aragon), Tomas de Torquemada est son confesseur. Il sera aussi celui de Ferdinand et aura sur ce couple une profonde influence. Ce sont en effet les « Rois catholiques » qui organisèrent en 1492 l'Inquisition espagnole. Pendant quinze ans, jusqu'à sa mort, Tomas de Torquemada dirigea avec une cruauté sans pareille l'Inquisition. On estime que deux mille condamnations à mort furent prononcées et exécutées sous sa responsabilité, les victimes étant principalement des « conversos » d'origine juive. Des autodafés publics étaient organisés au cours desquels étaient brûlés les livres interdits (juifs ou musulmans) puis les condamnés eux-mêmes. La torture était pratiquée couramment selon les méthodes les plus barbares même si l'inquisition se défaussait sur le « bras séculier » des tâches les plus sordides, celles qui faisaient « couler le sang ». Exactions, injustices, erreurs de tout type étaient tellement fréquentes que même le Pape s'en plaignait.

Mais l'activité de Torquemada ne se limita pas à la défense de l'orthodoxie religieuse. Il combattit toutes les autres religions. On oublie parfois que l'Espagne de l'époque se construisait comme nation et comme État et qu'elle le faisait au prix de combats intérieurs peu reluisants en livrant une guerre sans merci à tous les « infidèles », juifs et musulmans. Ceux-ci n'avaient d'autre choix que de se convertir mais beaucoup ne le faisaient qu'en apparence, tentant de conserver leur foi malgré la contrainte. C'est contre eux que l'inquisition espagnole sévit sans pitié. C'est contre eux que Torquemada fit preuve d'une acharnement sans pareil. Il appuya de tout son poids l'action politique et militaire des « Rois Catholiques » pour vaincre les « Maures ».

Torquemada fut un homme de méthode, un théoricien et pédagogue. La sang, la souffrance, les tortures, les exécutions le laissaient de marbre. Mais rien n'indique qu'il y prenait un quelconque plaisir. C'était un homme austère, un homme d'ordre. Il avait, si ce n'est le génie de l'organisation, du moins la passion.

C'est lui qui réorganisa les tribunaux d'inquisition. Mais au-delà de l'administrateur, il y a ce qu'on peut appeler sans exagération le fanatique. Nous sommes bien au-delà du zèle. Toruqemada est totalement convaincu de la justesse de ses combats et de la nécessité de tout y sacrifier. Rien ne peut se mettre en travers de cette route-là. Il ne peut y en avoir d'autre. Aucun regret, aucun remords.

Il est aussi le chef implacable de l'Inquisition, une puissance redoutable, la seule qui existe et prospère dans tous les royaumes de l'Espagne de l'époque. Une puissance extrêmement riche aussi qui se nourrit et s'engraisse sans scrupule de tous les biens qu'elle confisque à ceux qu'elle persécute, notamment des juifs, après leur expulsion en 1492.

On trouve toute la personnalité de Torquemada dans le manuel d'inquisition qu'il rédigea et compléta tout au long de sa vie : *Compilacion de las instrucciones des officio de la Santa Inquisition*. Torquemada voulait laisser une trace pour l'avenir dans des détails qui peuvent aujourd'hui nous paraître infimes et sans importance. C'est pourtant là qu'est le trait le plus évident de sa personnalité et peut-être le plus symptomatique. Torquemada avait une vision de son Église et de son pays que l'on peut discuter mais qui faisait de lui un homme politique de premier ordre. Mais, à côté de ce visionnaire impitoyable et cynique, co-existait un petit homme ordonné, buté, passionné du plus infime détail de la cruauté. Il organisait tout, tout devait se plier à son désir d'ordre. L'administration du pays, comme l'administration de la vérité. Il a créé un code à son image. Il suffit d'en lire quelques articles. Les têtes de chapitre du moins. Ainsi l'article 15 :

> De l'emploi possible de la torture dans les cas où subsiste une contradiction entre les dires de l'accusé et ceux des témoins. Si quelqu'un confesse sous la torture, il faudra qu'il renouvelle cette confession trois jours plus tard. S'il ne la renouvelle pas, il pourra de nouveau être soumis à la torture.

Cet homme pieux se retirera à la fin de ses jours au couvent saint Tomas d'Avila. Mais rien ne l'empêchera alors de continuer à perfectionner son chef d'œuvre, son code.

Le général Aussaresses est commandeur de la légion d'honneur et titulaire de la médaille de la Résistance. L'homme est un autre symbole de cette transmission d'une culture de la torture.

Né en 1918 d'un père directeur de journal et historien, il fait partie des rares qui ont refusé de prêter serment au maréchal Pétain. Il embrasse la carrière militaire mais, là encore, choisit son camp, le bon : il part en Espagne pour rejoindre la France libre, et après une rencontre avec le colonel Chaban-Delmas à Alger, est envoyé en Écosse. Il fait partie des services spéciaux et s'illustre dans plusieurs opérations extrêmement risquées en France et en Allemagne. À la fin de la guerre, il entre dans le contre-espionnage français et dirige, au sein du SDECE (aujourd'hui la DGSE) le « 11e choc ». Il met en pratique les méthodes apprises depuis l'Angleterre. Méthodes pour le moins expéditives qui ne s'embarrassent d'un quelconque respect des droits de l'homme et comportent si nécessaire le meurtre et la torture. Ce sont ces pratiques qu'il met en œuvre en Indochine où il arrive en 1948. Ce sont celles qu'il poursuit en Algérie et qu'il avouera, non sans complaisance, dans des interviews qu'il donne à partir de 2000 et des livres qui lui vaudront d'être poursuivi. Il participe sous les ordres du général Massu à ce que l'on appellera la « Bataille d'Alger ». Il reconnaît avoir fait pendre un membre important du FLN (Larbi Ben M'Hindi) et défenestrer un avocat proche du FLN (Ali Boumendjel) en faisant passer ces deux meurtres, précédés de tortures, pour des suicides.

M. Aussaresses a joui d'une excellente réputation pendant toute sa vie. Jusqu'à ce qu'il parle. « En apparence [écrit-il lui-même], je menais d'ailleurs une vie normale et tranquille d'homme marié et père de famille ». Ses compétences et les secrets qu'il partageait avec le pouvoir en faisaient un homme particulièrement recommandable. À la fin des années 60, il est nommé à la section française de l'état-major international de l'OTAN. Il travaillera même pour la société Thomson comme vendeur d'armes. Cet homme particulièrement estimable se verra pourtant retirer sa légion d'honneur pour avoir trop parlé. Il le prendra comme une trahison.

Si Torquemada a été le plus produit de son époque, de ce qu'étaient alors l'Église, l'État et la justice, le général Aussaresses est le pur produit de ce que l'armée et le monde de la guerre a produit au XXe siècle. Il aurait pu être considéré comme un « héros militaire » et il l'a été d'une certaine façon, au début de sa vie. Mais il est devenu, et il restera un symbole de la torture, et plus particulièrement de la torture française en Algérie. Il aurait pu, comme tant d'autres, sous couvert de silence et de mensonges, passer inaperçu dans l'histoire, mêler son nom à tant d'autres militaires qui ont torturé comme lui, ou ordonné la torture. Mais, sur la fin de sa vie, il a parlé, publiquement, ce que lui reprochent d'ailleurs beaucoup de ses collègues. Il a brisé l'omerta. C'est presque ce qui fait sa spécificité. Ce général a complètement assumé la torture. Il l'a même théorisé. Dans ses mains, sous sa plume, dans sa bouche, elle est devenue une arme parmi d'autres. Un des moyens « modernes » de conduire une guerre qu'il a pour mission de gagner. Ce qu'il a fini par dire dans les médias, il l'avait toujours dit, mais devant des publics restreints. Devant d'autres militaires, en France et à l'étranger où il enseignait dans des écoles militaires, aux États-Unis (voir p. 52) et au Brésil. Le pratiquant silencieux, le théoricien discret a fini par parler.

Duch, expertise d'un tortionnaire

Duch est le prototype du tortionnaire « moderne ». Il n'est pas un modèle unique, loin de là. On trouve chez lui beaucoup de points communs avec ses compagnons de l'horreur, les chefs des Khmers rouges, tels Pol Pot, Khieu Samphan, Ieng Sary … Là aussi, inutile de s'imaginer des êtres incultes, bestiaux ou fous. Il s'agit d'hommes plutôt cultivés, voire raffinés, imprégnés de culture française comme beaucoup de Cambodgiens. On étudie à Paris. On fréquente le Quartier Latin.

Douch, de son vrai nom Kang Kech Ieu (il est d'origine chinoise mais a été naturalisé cambodgien), est connu du monde entier car il a été jugé en 2009 par le tribunal international pour le Cambodge. Il porte la responsabilité de conditions atroces de détention, de tortures innommables infligées à des prisonniers de toutes façons voués à la mort. Il a ordonné l'extermination de milliers d'eux, hommes, femmes ou enfants, dans le camp S 21. Il a en effet dirigé ce camp d'une main de fer pendant la dictature de Pol Pot, de 1975 à 1979.

Après la débâcle des Khmers rouges, il s'est fondu dans la nature et n'a été retrouvé qu'en 1999, dans un village cambodgien.

Et pourtant Duch était au départ un intellectuel, catégorie sociale qu'il haïra et persécutera sans pitié. Il était professeur de mathématiques à Phnom Penh. Mais très vite il s'engage dans le mouvement révolutionnaire, aux côtés des Khmers rouges. Il est arrêté par la police de Norodom Sihanouk. Ce dernier est renversé en mars 1970 par le général Lon Nol. À la suite de l'amnistie, après deux ans de détention, Duch est libéré et prend le maquis. Ses qualités sont vite reconnues au sein des Khmers rouges. Il se voit confier un camp déjà tristement célèbre, le camp M 13. Un de ses prisonniers, le jeune ethnologue François Bizot, accusé d'être un agent de la CIA, fera plus tard de lui un portrait saisissant. En avril 1975, les Khmers rouges entrent dans Phnom Penh.

Après la débâcle de 1979, Duch ne perd rien de sa férocité ; il abat de sa propre main les derniers prisonniers du S 21. Plus personne n'entend parler de lui pendant vingt ans. Jusqu'à ce qu'un journaliste irlandais ne l'identifie en 1999 dans un village cambodgien, à Battambang. L'intéressé avait entre temps changé d'identité. Kang Kech Ieu/Duch était devenu Ta Pin. Il avait séjourné pendant une douzaine d'années dans des camps de réfugiés thaïlandais et était devenu très religieux.

Aujourd'hui, Kang Kech Ieu/Duch ne paye pas de mine. C'est un petit homme, présentant bien, mais d'apparence modeste, courtois. Ce qui frappe ses interlocuteurs ordinaires, c'est le caractère très ordonné de sa pensée. Duch est un homme d'ordre mais d'un ordre poussé à ses plus extrêmes limites. Si les photographies de toutes les victimes du camp S 21 ont été conservées, on le doit à sa passion du fichage et des archives. « Duch est un littéraire qui a l'esprit mathématique. Il a l'habileté du mécanicien et l'amour du clinicien pour le travail propre », dit Rithy Panh, auteur du film *S 21*. Peut-être cet esprit-là aurait-il fait merveille dans une administration quelconque, mais il dirigeait un camp de torture et de mort. Et Duch, passionné d'ordre, ne pensait pas que le doute puisse exister. Sa vérité était la seule possible. Il était excédé par le « mensonge » qu'il voyait partout et traquait partout. Il était persuadé d'une vaste conspiration contre les Khmers rouges et convaincu que son travail de torture était déterminant pour le mettre au jour. C'est au sein même des siens qu'il frappait le plus fort. Dans le système de délation systématique qu'il avait mis en place, les Khmers rouges eux-mêmes étaient les premiers visés.

Duch a été à la fois un organisateur, un administratif et un tortionnaire, donnant l'exemple. Il surveillait tout minutieusement, épluchait les aveux, les annotait, les commentait. Il venait même parfois à la rescousse de ses subordonnés quand l'aveu tardait. Prak Khan, l'un d'eux, décrit : « Duch s'armait de câbles électriques. Une grande colère montait en lui. Je l'ai vu frapper, frapper sans pitié, il riait en montrant les dents ». Duch était d'une férocité terrifiante ; sans pitié. Il a envoyé à la torture deux de ses beaux-frères.

Par rapport à beaucoup de tortionnaires, Duch présente la particularité d'avouer ce qu'il a fait, d'où son procès, plus rapide que ceux des autres dignitaires de la dictature. Il affirme même regretter ce qu'il a fait. En tout cas c'est ce qu'il a affirmé. Il analyse sa faute en termes religieux : il a trahi Dieu. « Mon unique faute [dit-il], est de ne pas avoir servi Dieu. J'ai servi les hommes, j'ai servi le communisme ». Duch est en effet devenu très religieux. Il s'est converti au christianisme sous l'influence d'un missionnaire évangélique protestant. Ce qui ne l'empêche pas, emmêlé dans toutes ses contradictions, de demander en définitive son acquittement !

L'intérêt du procès mené par le tribunal international est qu'a été ordonnée une expertise menée par une psychologue française, Françoise Sironi, spécialiste reconnue des problèmes de la torture, et le professeur Ka Sunbaunat, expert psychiatre à Phom Penh. Leur description de Duch est extrêmement riche et, bien au-delà du cas singulier de l'accusé et du contexte particulier du Cambodge, apporte un éclairage fondamental sur la genèse de la torture ainsi que sur ses ressorts individuels et collectifs. Les deux phrases-clé de la déposition de Françoise Sironi sont les suivantes :

> On ne naît pas tortionnaire, que l'on soit commanditaire ou exécutant, mais on le devient. Avant de devenir un tortionnaire qui

> déshumanise ses victimes, le tortionnaire a toujours d'abord été déshumanisé lui-même[1].

Les experts démontrent parfaitement comment le cours de l'histoire personnelle de Duch, mêlée à l'histoire et à la culture de son pays ont fait de lui ce tortionnaire. Cette approche clinique est assez éloignée de celle que fournissaient jusqu'alors les témoignages recueillis lors du procès ou par les médias. Il est apparu ainsi que Duch était un nom d'emprunt. À l'âge de 15 ans, il avait demandé à son père l'autorisation de changer de nom (ce changement de patronyme est fréquent au Cambodge). Il devient alors « Duch ».

> Lors de l'expertise psychologique [explique Françoise Sironi], l'accusé s'est dressé, les bras serrés le long du corps comme au garde-à-vous, quand il nous a expliqué que : « Duch, cela veut dire l'écolier qui se dresse quand le maître lui demande de se lever ».

Toute la vie de Duch va être ainsi marquée par cette volonté de servir, de trouver un maître, par le plaisir du garde-à-vous. Cette passion de l'obéissance, Duch va la trouver en lui, mais aussi dans sa culture. À 22 ans, en 1964, Duch rencontre Son Sen, son « mentor ». Le professeur Ka Sunbaunat explique que

> dans la culture cambodgienne, habituellement, les enfants étudient avec les mentors – les mentors, c'est-à-dire les moines. C'est une pratique qui se perpétue. C'est la raison pour laquelle nous avons un grand respect pour nos mentors, car les parents font en sorte que nous étudiions avec les mentors.

Assez vite s'installe chez Duch cette nécessité de trouver une idéal : un besoin d'admirer, d'adhérer, d'obéir aveuglément. Les experts analysent ainsi l'engagement sans retenue dans le marxisme puis dans le christianisme : un engagement sans limite, Duch se mettant totalement au service d'une cause qui lui paraît alors la plus forte. L'homme a besoin de se fondre dans un groupe. Il réclame la reconnaissance d'un chef. Elle lui est nécessaire pour se dépasser, aller encore plus loin, toujours plus loin : « Mon supérieur m'active.

1. Transcription du procès Duch, 31 août 2009, journée d'audience n° 67; toutes les citations sont extraites du compte rendu des débats : http://www.eccc.gov.kh/french/cabinet/caseInfo/61//E1_71.1_TR001_20090831_Final_FR_Pub.pdf

Il me stimule ». Françoise Sironi analyse cette sur-adaptation, ce besoin de dépasser ses maîtres qui se traduit par un zèle mortifère comme l'expression d'une peur, d'un doute intérieur.

L'autre approche des experts tient à l'insensibilité qu'ils ont constatée chez Duch. Celui-ci ne manifeste que très peu d'émotion, quels que soient les événements, si tragiques soient-ils, qu'il a vécus ou les tragédies et les meurtres qu'il a provoqués. Sa froideur est pour le moins surprenante. Les femmes, les enfants qu'il a fait tuer ne soulèvent apparemment pas d'émotion particulière. Clivage, disent les experts : ce mécanisme par lequel un individu cloisonne sa vie intérieure, lui permettant d'un côté de vivre une vie de bon père de famille (Duch est père de quatre enfants) et, de l'autre, d'ordonner de sang froid l'assassinat – entre autres – de centaines d'enfants. Et aussi, là où l'émotion pourrait exister, incapacité à accéder aux mots pour la traduire (les spécialistes parlent d'alexithymie, mais peu importe). Les experts soulignent également une autre incapacité, celle de penser les pensées des autres (qu'ils appellent la « désempathie »). Si la vie et les traits de personnalité de Duch expliquent assez bien ces caractéristiques, d'autres facteurs collectifs – idéologiques ou politiques – viennent se mêler à ces données individuelles. Duch s'était imprégné de philosophie stoïcienne dans sa jeunesse. Étudiant, il découvre, grâce à l'un de ses professeurs dont il se souvient encore, le stoïcisme. Il le comprend certainement à rebours, car si le stoïcisme est l'absence de passion (l'apathie au sens littéral), il n'est en aucun cas l'insensibilité. Son stoïcisme s'exprime dans son admiration pour Alfred de Vigny et son poème préféré, *La mort du loup*. L'animal, meurt pour défendre les siens, et le poète conclut ainsi :

> Gémir, pleurer prier est également lâche.
> Fais énergiquement ta longue et lourde tâche
> Dans la voie où le sort a voulu t'appeler,
> Puis, après, comme moi, souffre et meurs sans parler.

Autre composante de la personne de Duch, la culture cambodgienne et sa réticence, là encore, devant l'expression des émotions. Le psychiatre cambodgien l'analyse ainsi :

> Nous avons aussi dans notre culture cambodgienne un concept assez similaire. En effet, les enfants sont normalement éduqués de manière à ce qu'ils n'expriment pas leurs difficultés ou leurs peines parce que le faire c'est montrer sa faiblesse. Et donc, nous, en tant que Cambodgiens, nous sommes éduqués de manière à ne pas montrer nos faiblesses. On nous dit : « Il vaut mieux être silencieux que parler dans ce cas », car se taire en pareilles circonstances veut dire qu'on ne remet pas en cause les autres, montre aussi qu'on n'est pas lâche et que, en quelque sorte, on ne renonce pas. Ainsi, un petit garçon, un fils dans la société cambodgienne, est censé être fort et il n'est pas censé se plaindre ou montrer ses faiblesses. Duch fait cela notamment en adhérant au stoïcisme[1].

Bien malin qui dira quels éléments prédominent dans ce creuset. La question est d'ailleurs assez vaine. C'est plutôt la conjonction de tous ces facteurs et leur interaction qui sont intéressantes. Sans l'idéologie des Khmers Rouges, Duch n'aurait pas commis d'exactions, il aurait excellé au service d'une autre cause, peut-être moins sanglante. Sans Duch, l'Angkar aurait sévi, mais aurait trouvé un autre chef du S 21 parmi ses innombrables serviteurs.

L'ethnopsychiatre Georges Devereux a créé le concept de « désordre type » pour nommer ces troubles psychologiques qui surgissent sous l'effet conjugué des troubles psychologiques particuliers d'un individu et du fonctionnement pathologique d'une société. Ces néologismes n'ont par eux-mêmes qu'un intérêt limité mais ils permettent d'isoler et de valoriser une pensée suffisamment nouvelle pour autoriser une fantaisie lexicale. Il est inutile d'insister sur la pathologie des Khmers Rouges si ce n'est précisément pour souligner l'analogie avec les caractéristiques personnelles de Duch. Il s'agissait d'interdire toute pensée personnelle, de traquer toute autre conscience que la conscience collective définie par la doctrine dominante et de pourchasser toute manifestation de l'inconscient. Duch est devenu ainsi cet être « déshumanisé » dont parle Françoise Sironi. Par une sorte de dépouillement intime progressif, fruit de son histoire individuelle et collective, il a perdu tous les vêtements de son humanité.

1. Transcription du procès Duch, 31 août 2009, journée d'audience n° 67, *op. cit.*

Le tortionnaire : monstre, psychopathe ou homme banal ?

La terrible question

À voir les souffrances incroyables, les douleurs indicibles causées par la torture, le premier mouvement est de se dire qu'elle ne peut être pensée, recommandée, ordonnée ou pratiquée que par un individu perverti, souffrant de troubles psychiques profonds, suffisamment graves en tout cas pour lui permettre de refuser de voir ou de rester insensible, une sorte de psychopathe. N'importe qui, pense-t-on dans un premier temps, refuserait d'infliger à autrui de telles douleurs et s'arrêterait net devant les instruments barbares des tortionnaires. L'idée première est qu'à l'intensité des souffrances infligées doit correspondre la gravité d'une maladie intérieure. Ce n'est pas que l'homme soit bon; il peut être mauvais. Mais à ce point ... Comme s'il y avait une gradation du mal et, qu'aux derniers échelons, la nature de l'humanité changeait, par une sorte de mutation de l'horreur. À l'anormalité du mal infligé devrait correspondre l'anormalité de la personne qui l'inflige. Il serait inconcevable qu'un homme ordinaire, sain de corps et d'esprit, accepte cette réalité. L'admettre serait comme ouvrir une boîte de pandore. Car si un homme, de sang froid, posément, calmement, peut se livrer à de telles abominations, s'il peut préparer, doser, calculer, programmer, infliger la souffrance extrême de l'autre, c'est la nature humaine qu'il faut questionner en profondeur.

« Banalité » de la torture, Hannah Arendt

Depuis le nazisme et la Shoah, ce questionnement n'est plus exceptionnel. Beaucoup l'ont abordé et d'autres encore le feront. Un palier a été atteint qui ne l'avait encore jamais été. Plus rien ne sera comme avant. La politique, le totalitarisme, la torture ne peuvent plus être pensés comme auparavant.

La référence à Hannah Arendt s'impose immédiatement. Et notamment ce concept de la « *banalité du mal* » développée dans son livre-reportage *Eichmann à Jérusalem*[1] dont le sous-titre est

1. H. Arendt, *Eichmann à Jérusalem. Rapport sur la banalité du mal*, Paris, Gallimard, 1966.

d'ailleurs *Rapport sur la banalité du mal* (1963-1966, voir aussi *La Vie de l'esprit*). Elle assiste (pour le *New Yorker*) au procès d'Adolf Eichmann à Jérusalem qui s'ouvre le 11 avril 1961 (il sera pendu le 31 mai 1962).

Le cas de Eichmann est tout à la fois hors du commun et ordinaire. Hors du commun car il a été un des principaux organisateurs de la « Solution finale » et il y a apporté beaucoup de zèle et d'énergie. On le trouve, dans les tous premiers temps, en 1933, dans l'équipe d'administration du camp de Dachau. Il se spécialise rapidement dans les questions juives. Il est même envoyé en 1937 en Palestine pour étudier la possibilité d'une expulsion massive des Juifs dans cette région. Il participe à la fameuse conférence de Wannsee où est décidée la « Solution finale ». Il s'occupera dès lors de tout ce qui concerne l'acheminement des Juifs vers les camps d'extermination en Pologne. Envoyé en Hongrie en 1944, il montrera autant de détermination pour conduire à la mort quatre cents mille personnes. Eichmann ne manifestera aucun regret : « Les regrets ne font aucun bien. Regretter des choses est inutile, les regrets, c'est bon pour les enfants ». Inlassablement, il se présentera comme un fidèle soldat, comme un parfait exécutant. Il a suivi les ordres qu'on lui donnait, sans état d'âme. Eichmann est donc aussi le fonctionnaire « modèle ». Il a été d'ailleurs remarqué très vite par tous ses supérieurs en raison de ses « performances ». Sa carrière est étonnante, « brillante » pourrait-on dire, si elle ne conduisait à chaque promotion à un peu plus de meurtres. Cet homme, père de quatre enfants, a étonné pendant son procès.

Hannah Arendt donne une image surprenante de cet homme qui a dirigé le système d'extermination des Juifs en Europe et que l'on peut considérer comme tout à fait représentatif du tortionnaire contemporain. Il s'agit de ne pas diaboliser un tortionnaire, mais de le prendre pour ce qu'il est :

> Eichmann n'était ni un Iago, ni un Macbeth, et il ne lui serait jamais venu à l'esprit, comme à Richard III, de faire le mal par principe.

C'était un être plutôt borné et insignifiant, incarnant « l'incapacité à penser » :

> malgré tous les efforts de l'accusation, tout le monde pouvait voir que cet homme n'était pas un « monstre » ; mais il était vraiment

> difficile de ne pas présumer que c'était un clown. Et comme une telle présomption aurait été fatale à toute l'entreprise, comme il était aussi assez difficile de la soutenir, vu les souffrances qu'Eichmann et ses semblables avaient infligées à des millions de personnes, ses pires clowneries passèrent quasiment inaperçues et l'on ne s'en rendit jamais compte[1].

Il est vrai que ce constat d'un homme ordinaire – quand on sait quelle est son immense responsabilité dans la Shoah – est difficilement supportable. Face à de tels actes nous pensons, là encore, naturellement que son auteur n'a pu agir qu'en raison d'une « anomalie » : une pathologie, une déviance, une passion dévorante … Il nous faut absolument trouver une raison de l'éloigner de nous. L'absence d'une cause palpable est effrayante, car elle nous renvoie une image insoutenable de nous-même : si le tortionnaire est un être banal, un homme ordinaire, moi aussi, je peux l'être, si les circonstances m'y conduisent.

Mais lorsqu'Hannah Arendt évoque la « terrible, indicible, impensable banalité du mal », seul le premier terme est exact, « terrible ». L'indicible est contredit par son propre exposé. Quant à « impensable », il n'est qu'un effet de la stupeur. Effet momentané car le mal incarné par Eichmann est tout à fait pensable. Arendt parle aussi d'un « nouveau type de criminel » et c'est là sa plus grave erreur. Dans les mécanismes qui poussent un être humain à devenir tortionnaire, il n'y a rien de nouveau sous le soleil noir du nazisme. La « nouveauté » est ailleurs. Elle est dans l'ampleur gigantesque de la machine d'extermination mise en place, dans les moyens d'anéantissement déployés, dans l'adhésion d'innombrables personnes à l'entreprise génocidaire, dans la lâcheté sans précédent de tout un monde. Mais si l'on prend, un à un, tous les hommes qui ont trempé dans cette abomination, nous trouverons rien de nouveau.

Nuremberg, des êtres ordinaires : les carnets du Docteur Goldensohn

Tout aussi troublants que le reportage d'Hannah Arendt, et les écrits qu'elle a consacrés à la question, sont les carnets du jeune

1. H. Arendt, *Eichmann à Jérusalem*, *op. cit.*, p. 126.

psychiatre américain Léon Goldensohn, écrits sur le vif au moment du procès de Nuremberg, en 1946. Ils donnent une image très surprenante des quelques responsables nazis jugés par ce tribunal international. L'enquête de ce médecin est d'autant plus intéressante qu'elle répondait très précisément au questionnement qui nous intéresse : il s'agissait de savoir qui étaient ces personnages que l'on considérait comme des « monstres ». Souffraient-ils de troubles psychiatriques graves ? Étaient-ils des malades ? Telle était en effet la question que chacun se posait avant le procès et tout au long des audiences. Et même, disons-le franchement, l'hypothèse que l'on demandait à ce jeune psychiatre et, à d'autres, de confirmer. La réponse est claire : les accusés ne souffrent d'aucun trouble particulier. Le Docteur Goldensohn a rempli de très nombreux carnets où il relate les multiples entretiens qu'il a pu mener dans les cellules des détenus qu'il rencontrait en dehors des moments d'audience[1]. Surgissent les figures de Hermann Göring, Hans Frank, gouverneur général de Pologne, Julius Streicher, fondateur du journal antisémite *Der Stürmer* et surtout Rudolf Höss. Ce dernier était le commandant du camp d'Auschwitz à partir de mai 1940 et jusqu'en décembre 1943. Il fut simplement cité comme témoin à Nuremberg. Il sera pendu deux ans plus tard, dans le camp d'Auschwitz même. Les notes prises sur Höss sont particulièrement révélatrices. L'intéressé a mis en œuvre avec une minutie et une efficacité hors norme l'élimination systématique et à grande échelle des Juifs à Auschwitz, où, rappelons-le, plus d'un million de personnes a été exterminé dans les chambres à gaz.

Léon Goldensohn rapporte donc ses entretiens calmes avec Rudolf Höss. Ce militaire rédigera d'ailleurs une autobiographie, publiée en 1958 sous le titre *Rudolf Höss, Commandant d'Auschwitz* et qui servira de base au roman de Robert Merle, *La mort est mon métier*. Rudolf Höss est né en 1900 dans la charmante petite ville de Baden-Baden. Il a connu une enfance heureuse, dans une famille catholique allemande bien équilibrée. Il était destiné à devenir prêtre mais, à la mort de son père, il s'engage dans l'armée à l'âge de 16 ans

1. L. Goldensohn, *Les Entretiens de Nuremberg*, Paris, Flammarion, 2005.

et y mènera une carrière « exemplaire ». Höss est à la fois un militaire et un militant. Sa formation est très précoce puisqu'il participe très jeune à la première guerre mondiale. Il est sur les fronts d'Irak et de Palestine, se battant contre les Anglais. À 22 ans, Höss adhère au national-socialisme. L'année suivante, il commet un meurtre politique, participant à l'exécution d'un homme qui collaborait avec les Français. Condamné à dix ans de travaux forcés, il n'est incarcéré que pendant cinq ans grâce à une loi d'amnistie. Il est un jour remarqué par Himmler et est nommé superviseur d'un camp de concentration. Il commencera ainsi sa carrière de spécialiste de l'extermination qui s'achèvera en 1944 lorsqu'il se verra confier la tâche de superviser l'ensemble des camps de concentration.

Rudolf Höss était un bon père de famille. Il s'était marié à 29 ans avec une femme plus jeune que lui dont il avait eu cinq enfants. La famille a vécu sans problème pendant quatre ans à proximité d'Auschwitz. À l'arrivée des alliés, Rudolf Höss s'est enfui puis caché sous une fausse identité. Il a été arrêté, pensait-il, parce que l'un de ses fils, questionné à son sujet, avait révélé sa cachette. Sa femme avait fini par comprendre, en 1942, ce qu'il faisait réellement. Rudolf Höss lui avait répété les explications d'Himmler auxquelles il croyait dur comme fer :

> Le Führer a ordonné la solution finale du problème juif. Nous, les SS, devons exécuter ces plans. C'est une tâche rude, mais si l'action n'est pas accomplie tout de suite, au lieu que ce soit nous qui exterminions les Juifs, ce sont les Juifs qui plus tard extermineront les Allemands.
> Cette explication l'a satisfaite [dit-il, à propos de sa femme], et nous n'en avons plus parlé[1].

À aucun moment, Rudolf Höss n'arrive à se sentir coupable. Goldensohn l'interroge alors qu'il est dans sa cellule, souffrant d'engelures, les pieds trempés dans une bassine pour atténuer la douleur. Lorsqu'il lui demande ce qu'il pense de ces meurtres, Höss lui répond :

1. L. Goldensohn, *Les Entretiens de Nuremberg*, *op. cit.*, p. 380.

> J'avais des ordres personnels d'Himmler. Je ne pouvais pas [protester]. Les raisons que Himmler me donnait, je devais les accepter.

Il serait possible de multiplier les témoignages. Les écrits de Goldensohn sont d'ailleurs confirmés par les analyses pratiquées à partir des tests psychologiques effectués sur ces mêmes accusés du procès de Nuremberg ; notamment des Rorschach. Les conclusions du seul expert qui ait osé aller jusqu'au bout de ses travaux, Douglas Kelley, sont édifiantes :

> Sur la base de nos travaux, nous sommes obligés de conclure non seulement que de telles personnes ne sont ni malades ni d'une sorte particulière, mais encore que nous pourrions les rencontrer aujourd'hui dans n'importe quel autre pays du monde [1].

Tous ceux qui ont connu ou approché de près des tortionnaires ont tous, à quelques exceptions près, été frappés par leur normalité. À propos de Douch, François Bizot dit :

> Il faut en finir avec cette sécurité qui nous fait mettre les bons d'un côté et les méchants de l'autre. Et s'imaginer qu'en supprimant les méchants il ne restera que les bons. Ce qui était la démarche exacte des Khmers rouges. [...] Quand on prend conscience de cette terrible capacité qui nous habite tous [...] alors, on prend peur. Et c'est de soi-même qu'on a peur [2].

En fait les tortionnaires sont exactement comme les autres hommes.

Un constat unanime : aucun monstre à l'horizon

Il faut en finir avec ce vocabulaire et cette idée du « monstre ». Les tortionnaires n'en sont pas. Il y a évidemment, parmi eux, des cas pathologiques, mais pas plus que dans n'importe quel échantillon de population. Les autres nous ressemblent. Les mêmes

1. M. Harrover, « *Rorschach Records of the Nazi WarCriminals : An Experimantal Study after Thirty Years* », *Journal of Personality Assessment*, 40/4, 1976, p. 341 ; cité dans H. Welzer, *Les exécuteurs. Des hommes normaux aux meurtriers de masse*, Paris, NRF Essais, 2005, rééd. Paris, Gallimard, 2007.

2. J.-P. Mari, « Douch, le grand Inquisiteur », art. cit.

interrogations existent pour les criminels et la réponse est la même. Si l'on se réfère aux tortures jugées dans les cours d'assises (les tortures « de droit commun » pourrait-on dire), où les accusés sont systématiquement soumis à des expertises psychologiques et psychiatriques, on relève parfois, dans les conclusions des spécialistes, des troubles profonds de la personnalité, des pathologies lourdes ou de puissants facteurs extérieurs, tels que l'alcool ou la drogue. Mais souvent aussi, rien de tel. Certes, dans la plupart des cas, une vie carencée, mouvementée, où les souffrances remontent parfois à la lointaine enfance. Mais peu de pathologie à l'horizon. L'ordinaire de la vie des hommes, vue de loin. L'extraordinaire, vu de près : une singularité qui fait dire qu'il n'y a aucun hasard. Reste alors le questionnement lourd des avocats, des jurés, des magistrats et de chacun de nous : pourquoi cet homme-là a-t-il pu ? Et l'autre question, dans l'ombre : et moi, en serais-je capable ?

La tentation est pourtant permanente d'inventer des « monstres » et d'utiliser ce mot, qui ne veut rien dire d'autre que notre peur, pour rejeter hors de l'humanité ordinaire des comportements que nous n'arrivons pas à comprendre. La science balbutiante du crime, au XIXe siècle, essaya de circonscrire l'énormité de certains crimes dans des catégories rassurantes mais inutiles telles que la monomanie, aujourd'hui totalement oubliée. D'autres hypothèses tout aussi hasardeuses allaient suivre. La phrénologie (le neurologue allemand, Franz Joseph Gall expliquait les « dispositions intellectuelles et morales » des hommes par la morphologie des crânes) ou la théorie du criminel-né de Cesare Lombroso (*L'Homme criminel*, 1876). Chacune de ces théories, à sa façon, tentait de faire sortir les criminels de l'humanité et d'accréditer les opinions faciles et les jugements à l'emporte-pièce de certains médias ou de certains hommes politiques qui voyaient des « monstres » à chaque crime hors-norme. Ce populisme démagogique a toujours cours au XXIe siècle, si ce n'est que la génétique a remplacé les bosses du crâne et la pédophilie les meurtres. Chacun sait pourtant que, pas plus chez les criminels que chez les tortionnaires, les monstres n'existent. Dès le début du XIXe siècle, la plus parfaite illustration en était apportée par l'affaire Lacenaire. Auteur de nombreux assassinats « crapuleux », en tout cas dont le seul mobile était l'argent, autant escroc que meurtrier, Lacenaire soulève dans un premier temps l'indignation générale. La presse se déchaîne. *L'Ami de la Charte* écrit : « On dit qu'il y a des monstres dans l'ordre moral comme dans l'ordre physique. Lacenaire est du nombre ». L'inconvénient est que Lacenaire ne donne en rien cette image-là. Fin, cultivé, éloquent, plein de charme, Lacenaire devient très vite la coqueluche de Paris. La représentation se brouille. « Il est l'âme de la bête unie à l'intelligence de l'homme » d'après *La Gazette médicale* (tous journaux cités par Anne-Emmanuelle Demartini, *Le crime, le monstre et l'imaginaire social*[1]). Dans les deux mois qui séparent le verdict de l'exécution, Lacenaire reçoit à la prison de la Conciergerie comme en un salon, il rédige ses mémoires (*Mémoires, révélations et poésie*) et devient populaire. Sa légende se bâtit anéantissant celle du monstre.

On pourrait recenser dans ce registre mille autres exemples qui parcourent le XXe et le XXIe siècles. Si les actes sont monstrueux, leurs auteurs, eux, en définitive, ne le sont pas. Mais la question n'est pas pour autant supprimée : si le tortionnaire est un homme normal, quel est le mécanisme qui fait que ce citoyen ordinaire passe à l'acte ? S'il n'y a ni monstre, ni psychopathe, ni psychotique, ni malade, si ces militaires, policiers, juges ou autres fonctionnaires depuis des siècles et des siècles pratiquent la torture, pourquoi n'ont-ils pas refusé d'appliquer la loi perverse, d'obéir à des ordres infâmes ?

Le tortionnaire obéissant à l'autorité ; Milgram et autres

La psychologie sociale nous démontre de façon très convaincante que la grande majorité d'entre nous est prête à obéir aux instructions les plus folles et, pourquoi pas, à torturer, si une autorité l'ordonne.

Cette démonstration, Stanley Milgram l'a faite pendant de nombreuses années (1965-1974) sans être jamais contredit sérieusement[2]. L'étude était menée par le laboratoire de psychologie à

1. A.-E. Demartini, « Le crime, le monstre et l'imaginaire social », dans *L'affaire Lacenaire*, Paris, Aubier, 2001.

2. S. Milgram, *Soumission à l'autorité*, Paris, Calmann-Lévy, 1974.

l'Université de Yale. Des individus étaient recrutés par petites annonces dans le but de soi-disant tester l'effet d'un choc électrique sur la mémoire. Le sujet se retrouvait dans la position d'un *moniteur*, agissant sous les ordres d'un *expérimentateur* et ayant sous ses ordres un élève qui étaient tous deux des acteurs. L'élève allait être la victime des maltraitances, l'expérimentateur celui qui donnait les instructions pour les commettre. Comment le sujet allait-il réagir? L'élève était attaché sur un fauteuil, des électrodes fixées à ses bras, dans une pièce séparée. L'expérimentateur et le sujet se trouvaient dans une pièce voisine, séparée par une cloison vitrée. Le sujet avait à sa disposition un tableau de commande dénué de toute ambiguïté, équipé de trente boutons gradués de 15 à 450 volts. Ces boutons correspondaient à des mentions: « choc léger », « choc modéré », « choc fort », « choc très fort », « choc intense », « choc extrêmement intense », « attention choc dangereux » et enfin « trois “X” ». Le test de mémoire prétexte à l'expérience consistait à apprendre des associations de mots et d'adjectifs. Par exemple « bleu » et « ciel ». Le sujet interrogeait « l'élève ». À chaque erreur le sujet devait administrer un choc électrique; plus les erreurs étaient nombreuses, plus le choc devait – apparemment – être intense. L'élève devait jouer la souffrance: gémir à 75 volts, crier que les chocs sont douloureux à 120 volts, refuser de continuer à 150 volts, pousser un cri d'agonie à 279 volts, râler et ne plus répondre aux questions à 300 volts. À chaque fois que le sujet hésitait, l'expérimentateur lui commandait de continuer, et si, après la quatrième incitation, le sujet refusait de continuer, l'expérience s'arrêtait. L'expérience révélait que 62% des sujets obéissaient jusqu'au bout et continuaient à administrer des chocs jusqu'à ce qu'on leur dise d'arrêter.

Cette démonstration est très convaincante. Elle explique beaucoup de comportements et livre de nombreuses clés. Il est évident que les chiffres de Milgram seraient encore bien plus élevés dans certaines circonstances. Notamment quand le sujet se trouve déjà dans un contexte de forte soumission: vivant dans un pays aux fortes traditions d'obéissance (l'Allemagne dans les années 30 par exemple), voire de fanatisme (le Japon de la même époque), travaillant au sein d'un corps cultivant des règles de forte soumission (militaire par exemple), partageant des valeurs ou des idéologies prônant la soumission absolue à une autorité (le parti ou le Chef), dans des situations d'urgence (période de guerre ou de troubles, de criminalité incontrôlée).

L'expérience de Milgram est d'autant plus intéressante qu'elle est directement liée à la torture. Les décharges électriques pratiquées sont très exactement celles que l'on pourrait demander aujourd'hui à un jeune militaire d'administrer dans la réalité au cours d'un conflit quelconque. La plupart des expérimentateurs s'exécuteront donc, telle est la triste réalité humaine que nous révèle crûment Milgram. Un chef de gouvernement décidé à employer la torture n'aura aucun mal à recruter des tortionnaires. D'autant que parmi ces exécutants, il s'en trouvera toujours pour adhérer réellement aux mesures proposées et même pour faire du zèle. Quand en 1311, le pape Clément V, dans sa bulle *Multorum Querela* avait restreint les pouvoirs de l'inquisition en matière de torture en la soumettant à l'autorisation de l'évêque du lieu, certains inquisiteurs avaient protesté devant ce qu'ils considéraient comme une restriction inadmissible de leurs pouvoirs, notamment Bernard Gui, qui y voyait une atteinte intolérable à la recherche de la vérité et avait envoyé au pape une lettre de protestation.

Les expériences de Milgram ont été en quelque sorte poursuivies par le professeur Philip Zimbardo. Il avait, en 1971, expérimenté une simulation de prison dans les sous-sols de son laboratoire de psychologie, à l'université de Standford (« Stanford Prison Experiment »). 24 étudiants avaient été répartis de façon aléatoire dans des rôles de gardiens et de détenus. L'expérience devait durer deux semaines mais elle avait dû être interrompue au bout de six jours. Les « gardiens » s'étaient montrés très rapidement d'un « zèle » inquiétant et avaient fait preuve d'une brutalité insupportable pour les « détenus », moralement brisés. Philip Zimbardo analyse cette transformation sous le titre « d'effet Lucifer »[1].

Parmi les nombreuses répliques de l'expérience, l'une des plus intéressantes est très récente : l'expérimentation s'est faite sous l'apparence d'un jeu télévisé. En 2009, en France, quatre-vingt

1. Ph. Zimbardo, *The Lucifer Effect*, New York, Random House, 2007, mais aussi le film *L'expérience* (2003), inspiré de cette étude.

personnes ont été recrutées pour participer à ce qui était présenté comme un jeu, intitulé « la zone Xtrême ». Les règles du « jeu » étaient les mêmes que dans l'expérience de Milgram. Seul différait le cadre : l'autorité était la télévision. Celle qui donnait les ordres était une charmante présentatrice de télévision. 82% des candidats sont allés jusqu'au bout, administrant la décharge maximale.

L'influence du groupe, tortionnaire par imitation

Une œuvre collective

Le tortionnaire n'est jamais un homme seul. La torture, aujourd'hui, est une œuvre collective. On sait que des médecins ou des psychologues assistent parfois aux tortures pour en assurer la « bonne tenue ». En 1975 a été élaborée une « Déclaration de Tokyo » qui vide à interdire toute participation médicale ou toute présence médicale dans le cadre de tortures. En 1982, l'Assemblée Générale des Nations Unies a adopté des principes d'éthique médicale condamnant la participation de médecins de façon passive ou active à des actes de torture. La part de l'individu est donc difficile à déterminer. Elle ne se dissout pas pour autant dans une responsabilité collective. Le soldat, le policier qui torturent ne sont pas de simples pièces d'un puzzle. Mais ils font partie de plusieurs cercles dans lesquels ils jouent un rôle précis. Certes, individuellement, ils reçoivent des ordres, dont on a vu qu'ils pouvaient difficilement se défaire. Mais leur appartenance à un groupe a un rôle propre qui va avoir un effet déterminant dans la production de la torture.

Les valeurs propres du groupe

Par delà les « assistants spécialisés », il y a tout une collectivité de participants, exécutants ou pas. Tous ceux qui se relaient auprès de la victime, tous ceux qui savent, tous ceux qui préparent, qui surveillent, qui rendent compte, qui lisent les rapports, qui les attendent, les commandent et les utilisent, une sorte de « chaîne de la torture » ... Chacune de ces équipes n'est pas isolée, elle sait que d'autres travaillent, ailleurs, selon les mêmes méthodes. La structure policière ou militaire de la plupart de ces groupes renforce encore les liens qui unissent leurs membres. L'esprit de corps, la camaraderie, le partage d'épreuves douloureuses, les expériences communes, font que se développe un sentiment d'appartenance qui s'extériorise par de multiples signes : les vêtements, les insignes, le vocabulaire … La solidarité de base est donc particulièrement forte. Une sorte de pacte du silence les unit. Et chaque torture renforce encore ces liens. Il y a très peu de traîtres parmi les tortionnaires. Le silence unit au moins autant que la parole. Cette solidarité est encore plus forte parce qu'elle s'appuie sur une hostilité commune à un ennemi. Il y a le « nous », unis par la loyauté, et « eux », les autres, inférieurs mais menaçants, comme l'a fort bien décrit Norbert Elias[1]. Il se crée au sein des groupes des normes propres qui se renforcent et se précisent à mesure que le temps passe et que l'expérience dure. L'autonomie de ces normes par rapport aux règles sociales ordinaires peut aller jusqu'à un antagonisme avéré.

La psychologie sociale ne s'est pas intéressée au seul phénomène de l'autorité. Les nombreuses études menées sur l'influence au sein des groupes ont aussi mis en évidence le phénomène du conformisme. Ce qui paraît faux, aberrant ou impossible, devient subitement admissible lorsque le groupe auquel on appartient l'adopte. Les jugements les plus évidents sont balayés simplement parce que le groupe les a rejetés. Les actions les plus aberrantes deviennent possibles parce que le groupe en a décidé ainsi.

La violence des groupes

Tout groupe est de toutes façons potentiellement porteur de violence. Il renferme des germes intrinsèques de violence qui dépassent l'addition des tendances individuelles : il a une réalité, une expression, un imaginaire autonomes. Il va, de plus, permettre, en son sein, de laisser libre court à des pulsions personnelles qui profiteront du cadre collectif pour légitimer des passages à l'acte que l'individu, seul, ne s'autoriserait jamais. Le phénomène de la foule criminelle avait déjà passionné les criminologues du XIXe siècle (Gustave Le Bon, Gabriel Tarde, Scipio Sighele). Tous les groupes, démontraient-ils, qu'ils soient manipulés ou non, qu'on y découvre des meneurs ou pas, peuvent sécréter une violence considérable,

1. N. Elias, *Etablierte und Aussenseiter*, Francfort, Suhrkamp, 1990.

aveugle ou ciblée, spontanée ou calculée, simplement parce qu'ils sont des collectifs d'individus dotés de ce que Gabriel Tarde nomme « l'âme de la foule ». Une âme souvent noire qu'on voit à l'œuvre dans les pogroms ou les lynchages, par exemple, et que le regroupement autour d'une tâche aussi sordide que la torture va rendre encore plus noire.

Le 101ᵉ bataillon

Le livre de Christopher R. Browning, *Des hommes ordinaires, le 101ᵉ bataillon de réserve de la police allemande et la Solution finale en Pologne*[1] apporte une réponse édifiante. Ce livre d'histoire, de « micro-histoire », montre parfaitement comment des « hommes ordinaires », issus d'un corps de police ordinaire, provenant de Hambourg, transplantés dans la Pologne de 1942 envahie par l'armée allemande, se sont livrés à leur part de génocide en exterminant des milliers de Juifs polonais dans des conditions d'une barbarie inouïe, par fusillade. De multiples facteurs peuvent être choisis mais l'un des plus déterminants est l'existence même du 101ᵉ bataillon. Lorsqu'il est demandé aux policiers s'ils veulent participer à ces exécutions d'hommes, de femmes et d'enfants, très peu refusent.

Tortionnaire par initiation et conviction

L'adhésion à la torture

Pour Françoise Sironi, comme pour bien d'autres, « on ne naît pas tortionnaire, on le devient par initiation. Ce n'est pas une question de « nature » mais une question de fabrication »[2]. Mais que fabrique-t-on? Un spécialiste de la mécanique de la torture ou quelqu'un susceptible de l'appliquer sans flancher? Le raisonnement part souvent de l'hypothèse que le tortionnaire a d'abord été un personnage hostile à la torture et qu'il a fallu, de diverses façons, contraindre à pratiquer des actes qu'il réprouvait dans un premier

1. Ch.R. Browning, *Des hommes ordinaires. Le 101ᵉ bataillon de réserve de la police allemande et la Solution finale en Pologne*, Paris, Les Belles Lettres, 1992, rééd. Paris, Tallandier, 2005 et Paris, Texto, 2007.

2. F. Sironi, *Bourreaux et victimes, psychologie de la torture*, *op. cit.*, p. 13.

temps. Ce raisonnement est en grande part contestable. L'immense mérite de Daniel Jonah Goldhagen[1] est d'avoir montré que l'extermination des Juifs par la Shoah rencontrait une adhésion préalable importante dans la population allemande. Et qu'une des raisons majeures de son accomplissement tient à ce préalable. En matière de torture, il faut avoir l'honnêteté d'admettre qu'une grande partie de ce que nous appelons maintenant l'opinion publique peut être favorable à la torture. Les sondages effectués en 2005 aux États-Unis montraient qu'une majorité des Américains était favorable à l'application de la torture (avec des nuances : « souvent », « parfois » ou « rarement ») et prouvaient au moins qu'il existait une base d'adhésion, un terreau favorable. S'il est si facile de trouver dans la population des « volontaires » pour torturer, c'est qu'il n'y a pas à les convaincre : ils sont déjà d'accord. Ils sont prêts à entendre l'ordre qu'on va leur donner.

La conviction idéologique

Mais au-delà de l'accord, il y a, chez nombre de tortionnaires, peut-être le plus grand nombre, une réelle conviction qu'ils accomplissent une tâche nécessaire. On peut soutenir, pour certains d'entre eux, qu'ils sont victimes de la propagande. Mais pour beaucoup d'autres, il y a l'adhésion franche à une idéologie dont la réussite implique la destruction possible de l'ennemi. Il y a, la conviction que l'être en face d'eux, ou dans leurs mains, n'est pas un homme comme les autres. Qu'il est bien un sous-homme.

L'habitude du mal, l'accoutumance à la torture, l'insensibilisation progressive : un « travail » comme un autre

Une première victoire sur soi

L'inhumanité de la torture, on l'a vu, a pour condition préalable une déshumanisation idéologique. Le bourreau doit d'abord avoir la conviction qu'il n'a pas affaire à l'un de ses semblables. Mais cette conviction peut se révéler défaillante. Comme toute règle, elle a ses exceptions et ses éclipses. On peut penser que, chez le tortion-

1. *Les bourreaux volontaires d'Hitler*, trad. fr. Paris, Seuil, 1998.

naire, dans son âme ou dans son corps, subsiste ou sommeille une minuscule part d'identification à la victime, une toute petite parcelle d'humanité commune, toujours susceptible de se réveiller. C'est pourquoi l'accomplissement de la torture, quelle que soit le degré d'endoctrinement préalable, réclame, dans un premier temps, du moins, un combat contre soi. Il faut surmonter ce petit sentiment d'appartenance à l'humanité commune qui peut surgir au moment de la douleur, du cri, des larmes, face à l'être humain résumé à sa souffrance, dépouillé de ses vêtements et de ses appartenances.

Jean Amérydécrit bien ce processus pour l'Allemagne nazie :

> Le partisan d'Hitler n'atteignait pas le plein épanouissement de son identité quand il se contentait d'être vif comme l'écureuil, coriace comme le cuir, dur comme l'acier Krupp. Ce n'est pas un insigne en or du parti qui en faisait le représentant achevé de son Führer et de son idéologie, pas plus qu'un ordre de sang ou une croix de Chevalier. Il fallait qu'il torture, qu'il anéantisse, pour « être grand en supportant la souffrance des autres ». Il fallait qu'il puisse manier les instruments de torture pour que Himmler lui délivre le certificat historique de maturité et les générations futures lui voueraient leur admiration pour avoir réussi à faire fi de sa propre miséricorde [1].

Un dictateur, un général, peuvent peut-être plus facilement concevoir la torture lorsqu'elle reste théorique. L'éloignement des lieux, l'ordre abstrait, la lecture d'un rapport peuvent donner de la torture une vision abstraite, purement administrative ou « théorique ». Après tout, dresser les plans d'un camp de concentration sans y voir défiler des femmes et des enfants, sans assister au spectacle de la souffrance, sans avoir à sortir les corps, était peut-être, pour certains ? supportable. Le lien de subordination, la soumission hiérarchique absolue, peuvent aussi, pour d'autres, anesthésier un sentiment d'humanité minimum. Il reste que beaucoup de tortionnaires ne sont pas particulièrement préparés à leur « tâche » (si préparation il peut y avoir) et se trouvent confrontés régulièrement et directement à l'innommable. Aucune mise à distance n'est possible. Comment un homme peut-il vivre en torturant ? Comment peut-il continuer sa tâche ?

1. J. Améry, *Par delà le crime et le châtiment* (1966), Arles, Actes Sud, 1995, p. 64-65.

Insensibilisation

Peut-être en raison de sa faculté d'adaptation, l'homme semble pouvoir prendre l'habitude du mal. Les premiers gestes, les premiers instants du premier supplice sont extrêmement pénibles, pour certains, même, totalement insupportables. Mais il se crée une sorte d'accoutumance aux gémissements, aux hurlements, aux supplications, à la mort. Adalbert, l'un des tueurs Hutus, expliquait ainsi cette habituation :

> Nombre de cultivateurs n'étaient pas lestes en tueries, mais ils se montraient consciencieux. De toute façon, la manière se façonnait avec l'imitation. Le rabâchage et la répétition contraient la maladresse[1].

À peu près tous les bourreaux « occasionnels » décrivent cette progression : cette nouvelle peau qui recouvre l'âme et laisse filtrer de moins en moins de sentiments et d'humanité. Cette seconde peau a un prix. Elle ne se constitue pas à partir de rien. Elle emprunte à l'individu une part de son équilibre global, elle peut le déséquilibrer définitivement mais à long terme. Le prix en sera alors éventuellement payé plus tard. Il s'agit sur le moment de survivre, d'aménager ses défenses pour accomplir sa tâche. Un certain nombre de récepteurs ordinaires sont mis en sommeil. À la première autopsie, le futur médecin peut ressentir un certain malaise, se sentir près à tourner de l'œil, mais, peu à peu, il s'accoutumera à couper la peau, à disséquer le corps, même si certains médecins légistes peuvent difficilement supporter la vue du sang.

Un militaire français, affecté pendant la guerre d'Algérie à un DOP (Détachement Opérationnel de Protection, où l'on pratiquait systématiquement la torture) explique :

> On s'habitue à tout, même à l'horreur. Parfois indigné, toujours écœuré, on finissait par s'habituer aux cris, aux gémissements des suppliciés. [...] Les appelés étaient pris dans le cycle infernal, absorbés par l'engrenage. Tout compte fait, on attendait la quille et,

1. J. Hatzfeld, *Une saison de machettes*, *op. cit.*, p. 40.

> dans un DOP, on était relativement plus tranquille que les copains qui crapahutaient dans le djebel[1].

Rudolf Höss à qui le Docteur Goldensohn demandait s'il était un homme dur répondait : « Vous devenez dur quand vous exécutez de tels ordres »[2].

Un travail…

La répétition des tâches ne se traduit pas seulement par cette insensibilisation mais par une approche différente de la torture. L'aspect « technique » finit par prendre le dessus. La personne disparaît derrière le travail à accomplir, le renseignement à soutirer, la méthode à exécuter, à adapter, voire à perfectionner. Le tortionnaire devient alors un fonctionnaire. Le détail de son travail en recouvre l'objet.

On retrouve cette progression parmi les membres des commandos de la mort, les *Einsatzgruppen*, qui procédèrent aux exécutions massives par balles pendant l'avancée des nazis. Les témoignages de leurs membres montrent comment les premières hésitations furent rapidement remplacées par le souci de détails purement techniques. Certes les exécutions des enfants auraient dû poser des problèmes de fond insurmontables. Mais, le temps passant, il s'agissait surtout de savoir s'il fallait d'abord tuer la mère ou d'abord tuer l'enfant. Comment faire pour exécuter des milliers de personnes en très peu de jours ? C'est ce qui occupait essentiellement l'esprit des membres des commandos et de leurs chefs.

Le métier de bourreau, de tortionnaire, s'accommode de la régularité, de l'habitude, de la banalité des horaires fixes. On prend le café entre deux séances, on fume une cigarette, on discute entre collègues. On imagine facilement que le tortionnaire, emporté par la monstruosité de son acte, par son caractère exorbitant, subit un dérèglement général de sa vie. Les cadres habituels de la vie ne supporteraient pas une telle acuité de la douleur, une telle approche de la mort. Il n'en est rien. On peut tuer et torturer de sang froid. On

1. *Le Nouvel Observateur*, 14 décembre 2000.
2. L. Goldensohn, *Les Entretiens de Nuremberg*, *op. cit.*, p. 370.

peut y transposer toutes les règles de la vie ordinaire, du travail bien accompli. Les Hutus massacraient les Tutsis plutôt entre 9h30 et 16h. Ils partaient tous les jours au travail, la machette en main, dans les endroits qu'on leur avait assignés [1].

La torture, exutoire d'une violence humaine fondamentale

N'importe quel praticien de la justice pénale sait que la violence fait partie de la production humaine ordinaire. L'homme frappe, blesse, tue ... tout ce qui l'entoure, ses compagnons, ses conjoints, ses enfants, ses voisins, ses amis, ses ennemis ... Tous ceux qui s'intéressent au psychisme humain font le même constat sur la place de la violence, même s'ils divergent grandement sur ses causes et son origine. Il faut bien admettre ce potentiel d'agressivité qui est présent en tout être humain et que certains facteurs peuvent transformer en violence réelle dans des proportions qui peuvent sembler inimaginables.

La torture est l'une des expressions les plus troublantes, les plus stupéfiantes de cette violence fondamentale. L'acuité des actes peut parfois faire croire que nous changeons de registre. Qu'il y a chez le tortionnaire quelque chose de plus ou de moins que chez l'être humain ordinaire. Un être différent, aux limites différentes, au comportement inattendu, se glisserait dans la peau de l'homme que nous connaissons d'habitude, du bon père de famille, de l'ami débonnaire ...

Mais c'est bien le même homme qui sort du centre de torture et va boire un café, regarder la télévision, fumer une cigarette, le même homme qui, un jour reprendra son chemin ordinaire, redeviendra boulanger, ingénieur, menuisier ... Non, il n'y a pas de dédoublement de la personnalité. Le tortionnaire n'est pas un fantôme intérieur. La continuité est parfaite. La torture est simplement l'occasion, peut-être attendue, peut-être pas, pour que la violence qui nous habite, s'exprime soudain, parfois dans la rage, parfois dans le calme ... Avec un fort risque d'impunité. La porte est ouverte. La violence peut s'échapper. Sans limite.

1. J. Hatzfeld, *Une saison de machettes*, *op. cit.*

Le courageux témoignage d'un soldat américain pendant la guerre du Vietnam est révélateur :

> Les coups, c'est étonnant comment on peut arriver à battre un homme, on lui donne une gifle dans la figure pour le rendre attentif et on le gifle à nouveau. Puis on se met un peu plus en colère. On le fait encore, et encore et encore et bientôt on commence à le frapper avec rage, sans plus réaliser ce qu'on est en train de faire et ça dégénère en une sorte de bestialité difficile à décrire. C'est dur de penser qu'on est comme ça, qu'un individu est comme ça, que ça peut lui arriver, mais ça arrive. Ça ne m'est pas seulement arrivé à moi, mais aux huit autres interrogateurs [1].

Un ancien militaire français, précédemment cité, va dans le même sens :

> L'air épaissi par la fumée, l'affreuse odeur des corps suppliciés en sudation se mélangeant à l'odeur des déjections (réaction physiologique fréquente des corps des torturés), de l'urine, ajoutons à cela les cris, les hurlements, les supplications, les bruits de coups ... Les interrogateurs faisaient de fréquentes pauses durant lesquelles on buvait (il fallait bien un « doping » pour soutenir les nerfs, on buvait du vin ou de la bière en grande quantité, on fumait également beaucoup, énormément même) et l'on continuait. Ces « interrogatoires » commençaient parfois vers 21 heures et ne s'achevaient parfois que vers 4 ou 5 heures du matin. [...] Pour les interrogateurs, les moments les plus pénibles commençaient après la deuxième partie de la nuit. Les nerfs excités soit par l'alcool soit par le manque de sommeil, par la fatigue, par le désir d'avoir des renseignements à tout prix; alors les coups tombaient plus drus, la torture s'exacerbait [2].

Comment ne pas penser à tous ceux qui ont fait le constat de cette violence fondamentale chez l'homme ?

> L'homme n'est pas un être doux, au cœur assoiffé d'amour, qui serait tout au plus en mesure de se défendre quand il est attaqué, mais un être, au contraire, qui doit porter au compte de ses données instinctives une bonne somme d'agressivité. Pour lui, par

1. M. Lane, *Les soldats américains accusent*, Paris, Maspero, 1972.
2. *Le Nouvel Observateur*, 14 décembre 2000.

> conséquent, le prochain n'est pas seulement un auxiliaire et un objet sexuel possibles, mais aussi un objet de tentation. L'homme est en effet tenté de satisfaire son besoin d'agression aux dépens de son prochain, d'exploiter son travail sans dédommagement, de l'utiliser sexuellement sans son consentement, de s'approprier ses biens, de l'humilier, de lui infliger des souffrances, de le martyriser et de le tuer[1].

À ces phrases terribles, Freud, en 1929, dans *Malaise dans la culture*, ajoutait cette référence terrible à Hobbes : « L'homme est un loup pour l'homme »[2]. Il ne faisait pas référence à la torture mais à ces moments de l'histoire où l'occasion se présente pour l'homme (« quand les circonstances lui sont favorables ») de déverser sa violence primaire sans que jouent les inhibitions habituelles. Alors se « dévoile dans l'homme la bête sauvage, à qui est étrangère l'idée de ménager sa propre espèce ».

Il ne nous appartient pas ici de rechercher les racines profondes de cette violence qui habite l'homme. Contentons-nous de poser qu'elle habite chaque homme et qu'*a priori* elle peut surgir chez n'importe lequel d'entre nous « quand les circonstances lui sont favorables ». Nous sommes tous ainsi faits. « Chaque homme porte la forme entière de l'humaine condition »[3].

Le remords et le refus

Le prix payé : le traumatisme du bourreau, la tragédie des anciens tortionnaires

On n'insiste pas assez sur le sort des anciens bourreaux, surtout de tous ces militaires qui ont dû accomplir de « sales » tâches et qui reviennent souvent avec les honneurs chez eux, voire en héros. Le dégoût que certains d'entre eux peuvent éprouver envers eux-mêmes, une fois le contexte de la guerre disparu, une fois l'ennemi mortel réhabilité comme homme, devenu parfois, à l'échelle de la nation, un partenaire, voire un allié, bref un être respectable, est à l'origine de bien des maladies psychiques et/ou physiques et de

1. S. Freud, *Malaise dans la culture*, *op. cit.*, p. 53.
2. *Ibid.*, chap. 5.
3. Montaigne, *Essai*, III, 2.

suicides. Les études menées sur les traumatismes de guerre sous-évaluent cet aspect du mal. Les soldats sont aussi malades des atrocités qu'ils ont dû commettre, des tortures parfois qu'ils ont dû accomplir et qui se retrouvent, une fois les combats terminés, vides de toute légitimité.

On peut se réjouir de ces conséquences funestes de la torture chez le bourreau. C'est, d'une certaine façon, le prix à payer pour rester un homme. Dans *Les Bienveillantes* Jonathan Littell délivre ce message « optimiste ».

> Si les terribles massacres de l'Est prouvent une chose, c'est bien, paradoxalement, l'affreuse, l'inaltérable solidarité de l'humanité. Aussi brutalisés et accoutumés fussent-ils, aucun de nos hommes ne pouvait tuer une femme juive sans songer à sa femme, sa sœur ou sa mère, ne pouvait tuer un enfant juif sans voir ses propres enfants devant lui dans la fosse. Leurs réactions, leur violence, leur alcoolisme, les dépressions nerveuses, les suicides, ma propre tristesse, tout cela démontrait que l'autre existe, existe en tant qu'autre, en tant qu'humain, et qu'aucune volonté, aucune idéologie, aucune quantité de bêtise et d'alcool ne peut rompre ce lien, ténu mais indestructible [1].

Les 38% des expériences de Milgram

La psychologie, la sociologie, la philosophie politique ou d'autres disciplines scientifiques peuvent nous fournir des clés de compréhension des mécanismes de la torture mais elles ne sont et ne seront jamais des justifications, des excuses ou des circonstances atténuantes. Reprenons l'expérience de Milgram. 62% des sujets acceptent de se soumettre mais 38% s'y refusent. Ce dernier pourcentage est tout aussi révélateur et finalement « réconfortant ». Il ne suffit pas de se lamenter sur le premier chiffre et d'accabler l'humanité. Il y a autant d'enseignement à tirer de l'attitude d'une minorité : il est possible de dire non. Le refus de la banalité du mal est tout aussi scientifiquement prouvé que la banalité du mal. Qu'une majorité de sujets accepte d'obéir n'est en rien une exonération de responsabilité.

1. J. Littell, *Les Bienveillantes*, Paris, NRF, 2006, p. 142.

À toutes les époques, des hommes recrutés pour devenir tortionnaires s'y sont refusés ou ont tenté de saboter la torture. Henri Alleg, au pire de ses souffrances, raconte :

> Un para au moins, pourtant, n'était pas d'accord. C'était un jeune, avec un accent du terroir. Il ouvrit la porte de ma cellule, vers les sept heures, un soir, au moment où il n'y avait plus personne dans le couloir. Il avait à la main un sac de provisions : des cerises, du chocolat, du pain des cigarettes. Il me les tendit et me dit seulement : « Tenez, prenez cela. Excusez-moi, mais ici on ne peut pas parler »[1].

Ce que dit le droit : le devoir de désobéir à l'ordre illégal

Qu'une conduite soit adoptée par une majorité de sujets ne lui donne aucune légitimité. C'est d'ailleurs ce que dit le droit. L'article 2.3 de la Convention contre la torture du 10 décembre 1984 prévoit que « l'ordre d'un supérieur ou d'une autorité publique ne peut être invoqué pour justifier la torture ». Cette règle apparaît d'une évidence première. Elle n'est qu'une traduction particulière d'une solution dégagée dans bien d'autres cas d'ordre illégal : la solution de la « baïonnette intelligente ». Cette solution est la seule moralement défendable et juridiquement applicable mais il faut reconnaître qu'elle suppose un certain courage de la part de celui qui doit exécuter l'ordre. À toutes les époques sombres on trouve ainsi des hommes courageux qui, même engagés dans des corps de l'État où se pratiquait la torture, ont dit non. Aucun système démocratique n'a de toutes façons prévu que les fonctionnaires, militaires ou agents de l'État étaient tenus d'un devoir d'obéissance passive absolu qui les mettait en position d'obéir à tous les ordres de leurs supérieurs, même s'ils violaient délibérément les lois. Toutes les autorités, si haut placées soient-elles dans la hiérarchie de l'État, se doivent de respecter la légalité et de la faire respecter par les personnels placés sous leur autorité. Cette position conduit nécessairement à donner à tous les agents de l'État un devoir de conscience et à les obliger, avant d'exécuter une instruction qui leur parait douteuse, à se demander s'ils doivent ou non y obéir. En France, la

1. H. Alleg, *La Question*, Paris, Minuit, 1958, p. 91.

discipline générale des armées est régie par un décret du 1er octobre 1966. S'il prévoit que « l'obéissance est le premier devoir du subordonné », son article 22 indique que l'inférieur soit, avant d'obéir, apprécier la légalité de l'ordre du supérieur et, au besoin, le discuter.

Dans la réalité certains ont refusé

Qu'est-il arrivé à ceux qui, dans l'histoire de l'humanité, ont refusé d'obéir aux ordres illégaux, qui ont refusé de massacrer, de torturer, d'exterminer ? Faut-il être un héros pour dire non ? Christopher Browning évoque l'attitude de ces hommes ordinaires à qui il fut demandé de fusiller des hommes, des femmes, des enfants dans des conditions abjectes. Il s'en trouve quelques uns pour dire non. Combien exactement ? Il est difficile de la dire avec précision. Pendant la guerre d'Algérie plusieurs officiers refusèrent aussi de participer aux tortures[1]. Le ressort politique essentiel est là : l'autorité légitime donne l'ordre de torturer. Il suffit. Mais la pensée humaine s'est toujours rebellée contre cette lâcheté. Il existe évidemment un droit naturel dont l'appellation a pu varier mais qui reflète toujours la même idée. L'homme a le droit, et même le devoir, de lutter contre la loi injuste qui demande que l'on viole la dignité humaine. Contre l'ordre de torturer, tout homme peut et doit se rebeller. Il doit désobéir à la loi et à l'autorité qui lui transmet cet ordre.

La victime déshumanisée

Tenter d'approcher l'indicible ?

Si le « succès » de la torture est si important et si permanent, c'est qu'il produit chez la victime, des effets exceptionnels, très puissants, très longs, qui vont d'ailleurs au-delà de cette seule victime et diffusent, non seulement parmi ses proches, mais jusqu'aux générations

1. J.-Ch. Jauffret, *Ces officiers qui ont dit non à la torture, Algérie 1954-1962*, *op. cit.*

prochaines et dans la société toute entière. La victime est un puits de souffrance mais elle est aussi, qu'elle se taise ou qu'elle parle, le lieu choisi pour diffuser la terreur dans toute la société. Aucune autre acte humain ne parvient à inscrire sa marque aussi fortement et durablement sur un autre homme. Le choix de la torture est celui de la souffrance maximum.

Pourquoi la torture? La réponse est aussi dans une approche de cette souffrance-là. L'approche est impossible, dira-t-on. Certaines des victimes disent, d'ailleurs que ce qu'elles ont vécu n'est pas transmissible. Et pourtant la parole arrive parfois à émerger. Certains ont tenté de s'en emparer. Parfois immédiatement après leur libération, le plus souvent au bout d'un long, très long silence. Les thérapeutes, tous ceux qui prennent en charge les victimes, à un titre ou un autre, ont pu aussi apporter leur témoignage. Il est possible de tenter de savoir.

Le paradoxe de la torture qui, sur l'instant, a pour objectif de faire parler, est qu'elle produit ensuite du silence. Beaucoup de victimes sont menacées au cas où elles parleraient. Le plus souvent, c'est inutile. La torture exprime cette extrême de la violence humaine qu'il est difficile de rendre avec des mots. Le mécanisme du supplice, lui, se laisse attraper en quelques phrases. La photographie ou le film ont ce pouvoir de décrire la méthode et d'évoquer la souffrance. Mais ce qui se passe à l'intérieur de l'être torturé défie la pensée et l'écriture. L'expérience n'est pas transmissible. Tous ceux qui l'ont subie font le même constat. Il est difficile de « dire » ce qui est arrivé. Dès lors que les limites du supportable ont été franchies, qu'un pic de souffrance, variable pour chacun d'entre nous, a été atteint, les mots manquent. Tout simplement parce qu'ils ont été inventés pour colorer et illustrer des situations qui tournent autour de l'ordinaire. Au-delà les hommes disposent des cris, des râles, de la perte de la conscience, du silence. Tous les professionnels ont pour première mission d'apprendre à écouter les victimes et à verbaliser leur vécu. Il leur faut pour cela une formation particulière non seulement sur le traumatisme mais sur les spécificités du traumatisme de la torture et ses effets sur la parole.

La confrontation à la mort

Un indicible qui rapproche de la mort

Si les mots sont absents, c'est que la mort n'est jamais très loin. L'individu torturé ne sait pas ce qui peut lui être infligé. Il est totalement soumis, à la merci de son tortionnaire. Que subira-t-il? Quand? Jusqu'où? Comment? Cette empreinte de la mort est permanente. Son encre noire efface tout. Elle fait basculer dans un monde inconnu où personne n'avait jamais pénétré. Un monde de douleur physique et psychique pour lequel il n'existe pas de préparation, ni d'apprentissage, si ce n'est des techniques qui permettent de repousser la douleur, de reculer l'échéance en se taisant plus longtemps que prévu ou en « balladant » le tortionnaire avec de faux renseignements ou des renseignements sans intérêt. Le corps perd ses repères devant l'intensité de le douleur. Comment rendre compte de ce qui, soudain, dépasse l'humain? Jean Améry, longtemps après avoir été torturé par la Gestapo lâche :

> Vingt-deux ans après que cela s'est produit, j'ose affirmer, en me fondant sur une expérience qui n'a pourtant pas sondé toute l'étendue du possible, que la torture est l'événement le plus effroyable qu'une homme puisse garder au fond de soi [1].

Les cris des suppliciés sont leur seul langage: la torture désarticule le langage et la pensée. Elle défie toute abstraction.

> À cette frontière [dit toujours Jean Améry], il ne peut plus être question d'abstraction, et encore moins d'une imagination capable de s'approcher un tant soit peu de la réalité.

Le tutoiement de la mort

Toute la subtilité, le professionnalisme du tortionnaire est de laisser en vie, le temps nécessaire du moins, pour obtenir les paroles nécessaires. Il frôle la mort, la tutoie, la laisse entrevoir en permanence, simule même parfois l'exécution, mais la repousse ou la rapproche à sa guise. Avec évidemment un risque inévitable, ce qu'on pourrait appeler un accident professionnel : un coup mal dosé,

1. J. Améry, *Par delà le crime et le châtiment*, *op. cit.*, p. 53.

une charge trop forte, une souffrance mal calculée, la mort accidentelle, survenue trop tôt. Lorsque la torture était légale, les consignes étaient claires. Au XIIIe siècle, la papauté a légalisé la torture. Dans la bulle *Ad extirpenda* du 15 mai 1252, pour la première fois de façon officielle, le pape Innocent IV recommande le recours à la torture mais il précise bien qu'il ne faut pas tuer le supplicié, ne pas « lui couper un membre ou le mettre aux portes de la mort ». La difficulté est que la mort survient souvent : parce que la lésion causée est irréversible, que la pendaison a duré trop longtemps, qu'il y a eu un coup de trop, que la privation d'aliment a été trop longue … Mais aussi parce que le « cœur a lâché ».

Nombre de méthodes de torture ne sont que cette approche de la mort. Le but du tortionnaire est de faire sentir à la victime qu'il tient sa vie entre ses mains. L'asphyxie, l'étouffement … durent, durent … jusqu'à ce qu'elle croie qu'elle va vraiment mourir. Si la douleur s'arrête il faut qu'elle croie qu'elle revient de très près de la mort et pire, que cette mort serait une délivrance qu'on lui refuse. Mais la mort est aussi parfois programmée. Du camp S 21, à quelques très rares exceptions près, personne n'est ressorti vivant. La « destruction » était inéluctable, mais elle n'empêchait en rien tous les raffinements de la torture. La disparition fait partie de la logique de la torture. Paul Aussaresses l'explique crûment.

> On tient le type qui fait poser les bombes. On le secoue pour qu'il donne tous les renseignements qu'il peut donner. Et puis, s'il ne peut pas tout donner, eh bien, à force, il finit … eh bien, celui-là, on en sortira rien …
> — Vous le faisiez disparaître …
> — Il disparaît[1].

La tentation du suicide

L'homme torturé dispose de la mort en dernier recours. Mais la mort est aussi un espoir du côté de la victime. Beaucoup de suppliciés tentent par tous les moyens de se suicider ou attendent désespérément qu'un dernier coup, un dernier supplice, ait raison de

1. Interview de Paul Aussaresses, dans M.-M. Robin, *Escadrons de la mort. L'École française*, *op. cit.* et le documentaire.

leur vie. Ils préféreraient la mort immédiate à l'incertitude de la vie, à l'attente interminable de la mort. Louisette Ighilahriz, de son nom de guerre Lila, torturée pendant la guerre d'Algérie à Alger, en 1957, par les parachutistes français, raconte :

> Pendant ces trois mois, je n'ai eu qu'un but : me suicider. Mais la pire des souffrances, c'est de vouloir à tout prix se supprimer et de ne pas en trouver les moyens.
> En moi couvait sans doute l'espoir [écrit Jean Améry], qu'après des aveux aussi accablants, on m'assènerait un coup bien dirigé sur le crâne, qui mettrait un terme à ma détresse et m'expédierait au plus vite dans l'au-delà [1].

La mort, les disparus

L'étape ultime de la torture est souvent la dissimulation de la torture. Il faut masquer que l'interrogatoire a « mal tourné ». Il n'y a souvent pas d'autre moyen que de faire disparaître le cadavre. Le tortionnaire est alors confronté au même problème que beaucoup de meurtriers : effacer les traces du crime, mais lui, le plus souvent, peut compter sur de multiples complicités dans toutes la chaîne policière et judiciaire qui fera tout pour l'aider à échapper à ses responsabilités.

Mais la mort peut parfois être programmée dès le départ, la disparition devenant une arme de terreur. Un homme est enlevé illégalement, on le torture aussi longtemps que possible, on obtient le maximum de renseignements, on le tue et le silence le plus absolu entoure le tout. Le but est de plonger les proches et les opposants dans l'incertitude et l'angoisse.

On oublie parfois que la disparition était une méthode largement utilisée par les nazis. Le 7 décembre 1941, le maréchal Wilhelm Keitel, commandant en chef sur le front de l'Est de la Wehrmacht, signait un décret tristement célèbre et connu sous le nom de « Nuit et Brouillard ». Il s'agissait de répondre à l'augmentation des actions de résistance depuis le début de la campagne de Russie. Il était préconisé l'envoi des suspects en Allemagne et les consignes suivantes étaient données :

1. Louisette Ighilahriz, interview par Fl. Beaugé, *Le Monde*, 19 juin 2000.

> 3) Les prisonniers emmenés en Allemagne ne seront assujettis à la procédure militaire que si certains intérêts militaires l'exigent. Au cas où les autorités allemandes ou étrangères essaieraient de se renseigner sur le sort de ces prisonniers, on leur dira qu'ils ont été arrêtés, mais que la procédure n'autorise pas d'autres informations.

Ce décret était explicité par une lettre du même Keitel écrite cinq jours plus tard :

> c'est l'avis du Führer que si de tels crimes sont punis par des peines d'emprisonnement, ou à des travaux forcés à vie, ces peines seront considérées comme des preuves de faiblesse. Les effets durables et efficaces de dissuasion ne peuvent être réalisés que soit par la condamnation à mort, soit par des mesures qui laisseront la famille et la population dans l'incertitude en ce qui concerne le sort des coupables. La déportation de l'accusé en Allemagne servira à réaliser ce but[1].

Un peu plus loin dans la chaîne de commandement, le Dr Hoffmann précise aux commandants des camps comment doivent être appliquées ces directives :

> le but de cette ordonnance étant de laisser les parents, amis et connaissances dans l'ignorance du sort des détenus, ceux-ci devront être complètement coupés du monde extérieur[2].

Il est intéressant de voir que la « théorisation » de la disparition comme méthode de torture et de terreur est née dans le cerveau d'Hitler. Elle a malheureusement depuis lors fait de multiples adeptes comme on l'a vu, pendant la guerre d'Algérie puis en Amérique latine, en Argentine. Un Groupe de travail sur les disparitions forcées ou involontaires a été créé par l'ONU en 1980. Dans son rapport de 1998, il indiquait que les disparitions forcées sont

> un phénomène récent, qui est apparu dans les années 60 et au début des années 70 comme une forme de répression systématique dans

1. Tribunal International de Nuremberg, Procès des grands criminels de guerre, Nuremberg, 1949, cité dans J.C. Lauret et R. Lasierra, *La torture et les pouvoirs*, *op. cit.*, p. 194-195.

2. *Ibid.*, p. 195.

> plusieurs pays d'Amérique latine soumis à un régime militaire. Cette pratique s'est ensuite développée et étendue à d'autres pays comme l'Irak, le Skri Lanka, l'ex-Yougoslavie puis à l'occasion de conflits armés internes, de tensions ethniques et religieuses ou de troubles intérieurs.

Le Groupe de travail avait jusqu'en 1998 été saisi de 47.758 cas. Très peu de cas avaient été élucidés : moins de 2.200. Le Groupe de travail indiquait que

> bon nombre de ces disparitions, en particulier en Amérique latine, remontent aux années 70 ou au début des années 80; la plupart des victimes sont probablement décédées depuis longtemps, mais il est extrêmement difficile de connaître avec certitude le sort qui leur a été réservé et le lieu où elles se trouvent. Or [...], il est indispensable d'en avoir la preuve pour pouvoir déclarer le cas élucidé [1].

C'est en 2006 qu'aboutira ce travail par la convention internationale sur les disparitions forcées.

Les spécificités du traumatisme de la torture, la déshumanisation

Le traumatisme « classique »

On ne peut réfléchir au pourquoi et aux effets de la torture sans évoquer la notion de traumatisme puisque, par définition, le traumatisme est une confrontation à la mort dans un choc physique ou psychique d'une intensité sans égal. Nous sommes donc dans une définition quasi identique à celle de la torture. Il est donc nécessaire de se pencher sur quelques notions élémentaires en matière de traumatisme afin de distinguer ce qui fait la spécificité de la torture.

Le traumatisme est l'irruption d'un événement souvent imprévu qui détruit subitement l'enveloppe charnelle ou psychique du sujet. Cette effraction suscite une sidération qui le paralyse et lui fait perdre ses repères habituels, bloquant ou désorganisant sa pensée. Le mécanisme du traumatisme est désormais bien connu depuis les

1. Haut Commissariat des Nations Unies aux droits de l'homme, Groupe de travail sur les disparitions forcées ou involontaires, Rapports. Tous ces rapports dont celui de 1998 peuvent être consultés sur www2.ohcrh.org/french/issues/disappear/rapports.htm

travaux entrepris à partir des accidents de chemins de fer du XIXᵉ, en passant par les recherches sur les traumatismes de guerre, les écrits de Freud sur la névrose, et les recherches menées aux États-Unis, après la guerre du Vietnam. Les effets en sont désormais définis (depuis 1980) dans le DSM IV sous le nom de PTSD (*Post-Traumatic Stress Discorder*) ou EPTS (*état de stress post-traumatique*).

On constate un rupture du cours de l'histoire de la vie. La victime vient se heurter à un non sens. Même si le mécanisme du traumatisme est perceptible, l'effraction psychique est telle qu'elle ne permet pas de véritable élaboration mentale. Cette incompréhension peut se répéter indéfiniment, la victime venant buter inlassablement contre ce vide de sens. Chaque individu réagit à sa manière selon son seuil particulier de vulnérabilité, en fonction d'une histoire personnelle, d'un vécu propre, d'un état antérieur et de bien d'autres facteurs encore. Les effets des traumatismes sont donc très variables d'un être à l'autre et sont d'autant plus difficiles à analyser que la part de l'inconscient est majeure et que ces effets peuvent être à très long terme, à l'issue d'une phase de latence. Mais les conséquences habituelles sont souvent les mêmes :

– un syndrome de répétition ou de reviviscence (« syndrome intrusif ») : la victime revit de façon envahissante, notamment sous forme de cauchemar ou de « flash-back », les sensations, les images, les mots de l'événement ;

– un syndrome d'évitement : la victime tente d'échapper à tout ce qui peut lui rappeler les circonstances des faits (en évitant par exemple les lieux, qui peuvent être le lieu de son travail) ;

– un syndrome d'hypervigilance anxieuse (ou « d'hyperactivité neurovégétative ») : le sujet se trouve dans un état d'alerte permanente, comme si un nouvel événement pouvait survenir à chaque instant. On constate alors des troubles de l'humeur, des difficultés de concentration.

Le traumatisme peut avoir pour effet de développer des troubles associés (on parle de « comorbidité ») tels que des conduites addictives (stupéfiants, alcool …), des troubles anxieux et dépressifs, des conduites suicidaires. Il a aussi un puissant effet désorganisateur sur la mémoire et la parole.

Toutes les analyses insistent par ailleurs sur un aspect fondamental du traumatisme qui va jouer un rôle particulièrement important en matière de torture, la dissociation de la personnalité qui se produit au moment du choc traumatique. Il s'agit d'une sorte de méthode de survie psychique inconsciente qui permet au sujet, sur le moment, d'échapper à la frayeur de l'effraction et à la confrontation insoutenable avec la mort. Ce phénomène (« trouble dissociatif » ou « dissociation péritraumatique ») est à l'origine de nombreux troubles postérieurs, touchant aussi bien la mémoire (blancs de mémoire, déni ...) que le comportement (détachement, symptômes de déréalisation, de dépersonnalisation).

Spécificité de la torture

La description du traumatisme classique est valable pour la torture mais celle-ci produit des effets particuliers, beaucoup plus destructeurs. Cette spécificité s'explique en partie par l'intensité hors du commun de la souffrance infligée. Mais sa cause principale est dans l'intentionnalité de l'acte du tortionnaire et le contexte des souffrances infligées. La torture est certes une violence très aigue et parfois très longue. Mais elle est surtout une violence très organisée, fortement préméditée. Elle s'inscrit dans un programme humain. Elle pénètre la victime et y subsiste de façon dramatique.

Dissociation de la personnalité

On retrouve chez la victime de torture le phénomène « classique » de trouble dissociatif. Mais ce trouble peut prendre des proportions catastrophiques car la torture peut présenter un caractère répétitif et s'étendre sur une très longue durée. La victime, pendant la torture, va vivre un combat inouï pour tenter de survivre. La dissociation, pour sauvegarder, autant que faire se peut l'intégrité psychique, se fait sur une période si longue que les effets en sont décuplés. Bruno Bettelheim décrit parfaitement ce « sacrifice psychique » :

> J'eus l'impression que ces épreuves terribles et dégradantes ne m'arrivaient pas à « moi » en tant que sujet, mais à « moi » objet [...] comme si j'observais les événements auxquels je ne participais que vaguement. [...] Je me refusais à accorder de la réalité à des

> événements si extrêmes qu'ils menaçaient mon intégrité psychique, et, la plupart du temps, l'intégrité psychique devait être sacrifiée à la survie[1].

« Abandonner le corps pour sauver l'esprit », écrivent Maren et Marcelo Vinar, deux psychanalystes uruguayens[2] :

> À ce point aigu de la torture, le mépris du corps meurtri permet, au niveau hallucinatoire, la restructuration fantasmatique d'un autre corps. Clivage et projection massive du corps dans ce nouvel espace de sa relation avec l'autre.

Régressions vitales

La torture ne provoque pas seulement une grave dissociation de la personnalité, elle entraîne de multiples régressions dans tous les secteurs de la vie psychique et sociale.

La torture met à nu. Elle dépouille l'individu de toutes ses qualités. Au propre, comme au figuré. Faire se déshabiller la victime est très souvent l'un des premiers actes de cette dégradation. Il s'agit de l'humiliation première. Le vêtement ne sert plus de protection, il n'identifie plus. Il est l'un des premiers liens d'humanité qu'on supprime. Tout ce qui pouvait rattacher un homme à sa vie sociale, à construire son identité va être supprimé. La torture isole. La victime n'a plus d'autre interlocuteur que son ou ses bourreaux. Plus question de plainte, de recours, de dialogue. Nous sommes dans la pure soumission d'un être nu face à un homme tout puissant. La victime est réduite à un objet primaire, coupé de tout. Elle subit une régression vitale qui la dépouille de tout ce qui l'avait fondée en tant qu'individu. Elle sort du monde des hommes pour entrer dans celui des choses. On peut lui attribuer un numéro, un matricule, une étoile. Mais son identification n'ira pas plus loin. Elle est et reste une chose sur laquelle le bourreau peut exercer sa fantaisie. Elle n'a pas plus de résistance qu'un corps, qu'une chair, qu'une matière. Attachée, le plus souvent, elle n'a rien d'autre à offrir qu'une parole de soumission. La victime est aussi nue et impuissante qu'un bébé qui vient de

1. B. Bettelheim, *Survivre (1952-1976)*, Paris, Robert Laffont, 1979.
2. M. et M. Vinar, *Exil et torture*, Paris, Denoël, 1989.

naître. Un enfant qui serait livré au pouvoir absolu de l'adulte sans pouvoir rien lui opposer. La victime vit subitement l'expérience primitive d'un monde sans droit, hors du droit, livré à l'arbitraire absolu. Les thérapeutes décrivent effectivement une régression aux stades infantiles de la relation à l'adulte, régression qui sera au cœur d'une problématique de guérison.

La torture n'est pas seulement une violence, elle est une entreprise calculée de désorganisation du sujet. Il s'agit d'ôter tous les repères ordinaires, de temps, d'espace, de sociabilité. La vie ordinaire est mise entre parenthèse, remplacée par une vie artificielle dépendant du seul maître des lieux, le tortionnaire. Le rythme du temps est celui des tortures. Elles reviennent au gré du bourreau. Sans qu'aucune prévisibilité ne soit possible. La victime ne sait plus quelle heure il est, quel jour il peut être; il perd la notion du jour ou de la nuit. Les rythmes ordinaires de sa vie sont brisés : repas, sommeil, repos, tout cela n'a plus la moindre régularité. Les techniques de privation sensorielle sont les outils de cette régression. On a vu qu'il ne s'agissait pas d'une négligence ou d'un acharnement de la part du bourreau. Ainsi, on ne prive pas la victime de sommeil parce que le temps presse ou par simple méchanceté mais parce que des études – dont nous avons précédemment parlé – ont prouvé que cette technique assimilable à la torture, pouvait être utilisée pour l'« attendrir », l'accabler de fatigue et désorganiser un peu plus sa personnalité. La torture déshumanise parce que l'humanité se définit par le lien aux autres et que là, la victime est mise dans un état d'isolement total et de renversement du lien. Le seul contact qui subsiste avec l'humanité est un lien négatif qui est là pour contribuer à sa souffrance, son avilissement.

La présence indélébile du tortionnaire

La caractère indélébile de la torture permet de comprendre pourquoi elle fascine tant celui qui la programme, l'ordonne, l'exécute ou la surveille. Car au-delà du mal physique ou psychique, ce qui reste chez la victime, c'est aussi l'image du tortionnaire. Il pénètre durablement dans le corps et l'esprit de sa victime et le plus souvent il y reste à vie. Cette persistance n'est pas un hasard, une conséquence inattendue ou imprévisible. Les actes du bourreau sont faits pour durer. Ils se traduisent parfois physiquement par des atteintes irréversibles au corps, mais ils s'installent aussi dans la tête du torturé et dans son être entier. Sa personne devient obsessionnelle. Une effraction cruelle le fait pénétrer dans la vie de sa victime. Pendant des années et des années, la victime est à la merci d'un retour inopiné de son bourreau. Les scènes traumatiques peuvent resurgir à tout moment de façon inattendue en écho à un geste, un mot, une situation et replonger la victime dans son face à face tragique, avec une précision et une douleur étonnante. Ainsi donc le tortionnaire n'est pas seulement celui qui inflige des séances de souffrances aigues. Le tortionnaire vient habiter l'être du torturé. Le pire est que cette présence n'est pas passive. Il ne s'agit pas simplement d'une image obsédante. Souvent le tortionnaire « agit » encore sur sa victime bien longtemps après. L'abaissement subi, les humiliations imposées peuvent rester très longtemps actives et influencer le comportement.

La perte de confiance dans l'humanité

L'insoutenable de la torture est qu'elle est produite par un autre homme. Il est normalement impossible pour quiconque d'imaginer qu'un « semblable » puisse infliger, en face à face, les yeux dans les yeux, une souffrance aussi intense. Il est inimaginable, même quand la victime y a été préparée, de vivre ce moment-là. L'homme ne peut pas être fait pour ça. L'horreur ne vient pas que de la souffrance. Elle vient de ce qu'elle est intentionnellement produite par celui que l'on prenait pour l'un des siens, même s'il était un ennemi. Cet étonnement horrifié est des plus destructeurs. Plus que les liens coupés entre la victime et le monde extérieur; il est un lien coupé avec l'humanité. Car le tortionnaire n'est pas sous le coup de l'émotion, il n'est pas le jouet d'une pulsion. Il met froidement en œuvre une technique de l'horreur. Lui aussi est réduit à l'état d'objet, de machine. Lui aussi est dévêtu de tous ses sentiments, de tout ce qui le rattache normalement à l'humanité.

La torture coupe chez la victime cette confiance dans les siens qui est l'un des fondements silencieux de notre sociabilité. Pour pouvoir vivre en société, il faut qu'une sorte de pacte tacite nous relie les uns aux autres. Une sorte de contrat social où chacun reconnaît à l'autre son appartenance commune et se met en devoir de la lui préserver, quelles que soient les circonstances. La torture est la rupture de ce pacte-là. Une trahison qui jette la victime, dans un désarroi profond sur la validité du pacte global et l'amène à une défiance insupportable. Car tous ces pactes que nous passons au fur et à mesure avec l'ensemble de ceux qui vivent à nos côtés, sont indissociables. Que l'un d'eux vienne à faillir et c'est l'ensemble de la chaîne qui risque de se défaire.

Cette conséquence terrible de la torture en fait une arme privilégiée pour les tortionnaires. En relâchant une victime, qu'elle se taise ou qu'elle trouve la force de parler, ils savent qu'elle sera un témoin actif de la terreur qui sèmera la panique parmi ses proches et parmi les opposants. Ils savent aussi qu'elle va souffrir longtemps de ses relations à l'autre. La torture s'en prend à la part collective de l'individu et cherche à anéantir ce pacte qui le lie aux autres.

Chez les enfants cette perte de confiance a des conséquences encore plus dramatiques. Quel crédit porter dès lors à cet adulte qui, avant d'être son bourreau, aura pu être son parent, son voisin, son enseignant ?

> On enlève aux enfants leur part d'humanité [affirme Françoise Sironi] quand on les rend incapables de pouvoir établir une distinction entre les adultes « bons » et les « méchants ». À leurs yeux, tout le monde sera désormais potentiellement susceptible de devenir un bourreau. Cette expérience marquée au fer rouge (mais dont ils peuvent oublier, plus tard, la douleur cuisante) les rend tantôt hypercraintifs et sécuritaires, tantôt « sauvages », agressifs, déculturés, recherchant les situations de violence sur un mode traumatophilique. Ils se montreront tour à tour soumis ou révoltés. Mais la peur et le discrédit du monde des adultes resteront gravés au plus profond d'eux-mêmes [1].

L'inoculation de l'indignité et de la culpabilité

Certains tortionnaires essaient, de façon extrêmement préméditée, avec une volonté sadique vertigineuse, d'atteindre la victime au plus profond de son être. Il y a en effet des violences tellement

1. F. Sironi, *Bourreaux et victimes. Psychologie de la torture*, *op. cit.*

ignobles, tellement inimaginables, qu'on ne pourra pas parler, ou dans des conditions exceptionnelles de bienveillance ou de thérapie. Les tortures corporelles peuvent pousser l'homme jusqu'à ses ultimes limites physiques, au-delà d'un pic de douleur difficilement descriptible. Mais il y a là, au bout de ces souffrances, l'image d'un héros, avec parfois même une certaine admiration du bourreau, étonné de la résistance de sa victime. Certaines tortures sont dans un tout autre registre, dans une ignominie pure dont on ne peut sortir, une boue qui restera nécessairement de la boue. Comment supporter d'assister à la torture d'un autre ? Au viol d'un autre ? À la nudité imposé d'un proche ? Le tortionnaire inocule à sa victime une culpabilité; la honte d'avoir vécu, vu, supporté des choses indignes auxquelles il n'a pu s'opposer.

Mais le pire est peut-être pour celui qui a fini par parler. Car la torture veut non seulement exclure l'homme de l'humanité en lui enlevant sa dignité mais elle veut le couper des siens en l'acculant à les trahir. Beaucoup mentent, beaucoup inventent. Beaucoup résistent. Certains meurent. On connaît quelques uns de ces héros. Jean Moulin, mort sans rien dire en juillet 1943, sous les coups de la Gestapo. Mais d'autres parlent. Qui pourrait leur en vouloir ? Qui pourrait dire : « moi, je résisterai » ? La torture abaisse encore plus lorsqu'elle a fait son œuvre et que le torturé a parlé. À l'ignominie de la souffrance, s'ajoute l'abaissement de la trahison. À l'indignité de la violence extrême s'ajoute celle d'avoir parlé. Le remords sera là ensuite en permanence. Non seulement le remords mais l'exclusion de la communauté dans laquelle il vivait, une exclusion que s'impose souvent de lui-même celui qui a cédé et qui ne cherche même plus le pardon. Certains préfèrent parfois changer complètement de personnalité et de camp, faute de pouvoir revenir vers les leurs.

Rupture et démolition

Les thérapeutes constatent tous que les victimes de torture, quelle que soit leur pays d'origine, quelle que soit leur culture, décrivent tous les conséquences de la torture de la même manière, avec les mêmes mots. La torture diffuse dans l'être tout entier. Peu importe la partie du corps qu'elle atteint. Dès lors qu'elle s'attaque à la dignité de l'homme, elle l'englobe. La torture c'est, étymologiquement, ce qui « tord ». La personne passée par la torture et qui lui a survécu ne sera plus jamais la même. Sa personne a changé, globalement. « Ce qui provoque chez tous une souffrance majeure, c'est d'avoir été changés, de ne plus être les mêmes qu'avant »[1]. Ces personnes sont éteintes, « cassées ». La volonté de provoquer la douleur la plus insupportable possible s'inscrit dans une stratégie visant à briser une résistance. Le tortionnaire s'attaque au nœud central de la personne. Il y a l'atteinte à un élément fondamental de l'homme. Non seulement son intégrité physique et sexuelle est brisée mais son identité même.

1. F. Sironi, *Bourreaux et victimes. Psychologie de la torture*, *op. cit.*

CONCLUSION

La torture participe de l'entreprise générale et permanente de démolition de l'homme

La torture, un mal permanent

Pas d'abolition possible d'un fait. Ne rêvons pas. La torture n'a jamais disparu et elle ne disparaîtra jamais. Il est donc inutile d'espérer une « abolition » de la torture. On abolit une loi, on abolit la peine de mort. On n'abolit pas un fait. Le crime ne sera jamais « aboli ». Elle est depuis trop longtemps inscrite dans l'histoire de l'humanité. Depuis les premiers temps, elle est là et elle n'a jamais connu d'éclipse. Il faut donc l'admettre comme une réalité, la penser comme telle, sans jamais croire qu'après les meilleures analyses, les meilleures solutions, les meilleures lois, nous en serons quittes. Le renouveau de l'idéologie de la torture a ceci de bon qu'il dessille nos yeux pour le cas où le rêve nous aurait envahis.

Pas de pessimisme. Affirmer que la torture existera toujours n'est pas verser dans un pessimisme noir, ni proposer une vision négative de l'homme ou de l'humanité. L'homme n'est pas qu'un loup pour l'homme. Que le premier homme, Cain, ait été un criminel, n'implique pas que tous les suivants le seront ni qu'il faille se résigner devant le crime. C'est au contraire cette lucidité qui permet de penser et d'agir. L'homme n'est ni ange, ni démon. Il a en lui les possibilités du meilleur et du pire, sans d'ailleurs que l'humanité se partage entre les partisans de l'un et les adeptes de l'autre. Nous avons, chacun d'entre nous, de quoi nourrir la mort ou l'amour. Il y a, en chacun de nous, la place pour torturer ou pour résister à la torture, pour fermer les yeux ou pour les ouvrir. L'humanité n'est garantie contre aucune régression de quelque importance qu'elle soit. Personne ne sait vraiment de quoi sera fait l'humanité dans les décennies à venir. Nous savons seulement qu'elle ne sera apparemment pas le paradis, ni forcément l'enfer. La torture prendra nécessairement d'autres formes. D'autres dangers surgiront contre lesquels de belles âmes soutiendront encore que la torture est cette fois nécessaire, mais à titre exceptionnel et provisoire, bien sûr.

La torture n'est pas le propre des nations « barbares » ni des individus psychopathes

Beccaria avait tort. Il pensait que la torture et les peines cruelles étaient l'apanage des nations cruelles. Un peu moins de deux siècles plus tard, Jean Améry lui répond. Lui, l'écrivain, essayiste autrichien, torturé par la gestapo, rescapé d'Auschwitz, qui se donnera la mort comme Primo Levi, se demande comment « le grand peuple allemand, un peuple de grande intelligence, de grand rendement industriel, d'une richesse culturelle sans pareille, le peuple des poètes et des penseurs »[1], a pu en arriver au nazisme.

Il faut définitivement cesser de penser que la torture, les supplices, les châtiments cruels ou inhumains sont réservés à des peuplades reculées, aux premiers pas de l'humanité ou à des régimes dictatoriaux, brutaux et sanguinaires. Il n'y a aucun rapport entre l'ancienneté et le raffinement d'une culture et son respect de la dignité humaine. Toutes les nations, toutes les civilisations se sont faites à la torture. Toutes s'en sont accommodées. Toutes lui ont trouvé une petite place entre la règle qu'on proclame et l'exception qu'on néglige. Mais juge-t-on Rome à partir de la torture infligée aux esclaves ? Jugera-t-on les États-Unis à partir d'Abou Graïb ?

De même que les nations « raffinées » n'échappent pas au mal, les hommes « normaux » n'en sont pas indemnes. L'ancien résistant peut devenir tortionnaire. L'ancienne victime peut passer dans le camp des bourreaux. À quelques heures de gégène peut succéder un dîner en famille au coin du feu. Les jours de repos, à Auschwitz, on

1. J. Améry, *Par delà le crime et le châtiment*, *op. cit.*, p. 14.

riait, on dansait beaucoup du côté des gardiens. Nombre d'exécuteurs deviennent de calmes citoyens, amoureux de l'ordre, émouvants d'humanité.

Ni le bien, ni le mal ne choisissent définitivement leur camp. Que la frontière soit mouvante, voire incertaine, que les rôles puissent être interchangeables, ne signifie pas que les valeurs soient relatives. Au contraire ces valeurs – le respect de l'intégrité, de la dignité humaines – sont d'autant plus fortes.

L'entreprise est plus vaste

> Alors, pour la première fois, nous nous apercevons que notre langue manque de mots pour exprimer cette insulte : la démolition d'un homme.

C'est ce qu'a ressenti et pensé Primo Levi à son arrivée à Auschwitz.

Le monde a – pour l'instant – connu ce pire, la Shoah, les camps d'extermination, la barbarie nazie. Il ne s'agit pas de dresser le tableau de déshonneur de la folie humaine ou de graduer l'enfer. La torture et ses succédanés n'ont pas à être comparés à ce génocide terrifiant ni à d'autres entreprises criminelles. Il suffit de constater qu'ils participent très étroitement à la même œuvre noire.

Tout se tient. Classifier les entreprises de « démolition de l'homme » n'a pas de sens. Les faits parlent d'eux-mêmes. Prendre conscience de leur langage commun est en revanche une nécessité. Et même une urgence. On peut regrouper par exemple l'entreprise d'extermination nazi, les goulags, les boucheries organisées de la première guerre mondiale. D'autres rapprochements sont possibles. Il ne s'agit pas de comparer, mais de relier et de mettre en perspective.

La torture tient sa place dans cette économie du mal car elle habitue lentement au pire. Elle est si lancinante, et si fascinante en même temps, qu'elle glisse subrepticement à travers les siècles, sans même qu'on s'en aperçoive. Au point qu'on la croit parfois disparue. La torture n'a pas besoin de loi, ni de coutume. Sa présence est si sournoise que l'homme croit parfois la réinventer alors qu'elle est sous ses yeux.

La vérité est que la torture se moque de l'histoire. Elle est l'une des manifestations permanentes de la nature humaine qui la précipite à chaque instant vers sa négation. La civilisation n'est pas une nécessité. Les arts, les sciences, la justice, tout peut disparaître demain. Cette capacité auto-destructrice n'apparaît souvent qu'au détour d'une immense catastrophe.

On ne pense souvent aux gigantesques mouvements internes de la planète-terre qu'au moment où les failles, les fractures, trop fortes, après d'intenses mouvements souterrains irréversibles, renversent les bâtiments des hommes et les engloutissent avec eux. Mais le mouvement est de chaque instant. Imperceptible.

L'entreprise de démolition de l'homme par l'homme est un lent travail qui connaît pareillement des apogées dans des périodes de crises, de conquêtes et de guerre. Le dernier siècle a été l'une d'entre elles.

La démolition technique peut difficilement être plus efficace. 1945. L'homme s'est doté des moyens techniques permettant de raser une ville comme Dresde et de tuer ses dizaines de milliers d'habitants. En quelques minutes plus de 100.000 hommes peuvent disparaître à Hiroshima. La technique est au point. Alliée au mal qui est en nous, elle donne l'abomination des camps. L'entreprise de démolition n'est plus alors simplement celle d'une disparition des corps, mais celle de l'effacement de l'identité humaine. Mais en dehors de ces grandes périodes intensément tragiques le travail de démolition continue. Le ressort est le même.

Une attaque organisée de l'essence de l'homme

La torture peut se faire à grande échelle. Elle peut être une arme permanente du pouvoir, un des ressorts principaux d'un régime politique fondé sur la terreur. Mais elle peut aussi être présentée comme une atteinte provisoire et limitée aux droits de l'homme, dans un État qui se voudrait par ailleurs respectueux de ces mêmes droits. Elle n'en est que plus dangereuse. Il n'est de meilleure caution pour la torture qu'une démocratie légèrement réticente ou à peine consentante.

On peut raser un immeuble d'un coup, le désintégrer d'un souffle. La démolition peut aussi se faire pierre à pierre, insensiblement. Accepter la torture, même du bout des lèvres, ce n'est pas seulement quitter un état de droit, c'est, bien au-delà du droit, nier l'homme dans son essence.

Il y a un lien étroit entre la torture et les grandes entreprises d'extermination. Tous les génocides utilisent la torture. Le camp S 21 était une immense usine à torturer; elle était un rouage du génocide cambodgien. Tous les prisonniers ou presque étaient exécutés à l'issue des tortures. On estime que bien plus de 100.000 femmes ont été violées pendant les trois mois du génocide rwandais. Les tortures nazies étaient indissociables de leur entreprise d'extermination.

Dès lors qu'il a été décidé d'amputer l'humanité d'une partie d'elle-même, torturer l'un de ses membres promis de toutes façons à la mort ne revêt aucune signification particulière. Il s'agit du même projet.

Toute torture n'implique évidemment pas l'intention de commettre un génocide mais elle décline la même négation. Avec d'autant plus de force qu'elle n'est pas un crime isolé, une agression individuelle, mais qu'elle s'en prend à une collectivité, un groupe de sous-hommes, et qu'elle attaque l'homme dans son universalité.

Cette solidarité du mal ne tient pas au nombre des victimes. La nocivité de la torture ne dépend pas de la taille des camps ou des lieux où elle se pratique. Elle tient au caractère organisé et minutieusement prémédité des terribles souffrances infligées à chacune de ces victimes. Aujourd'hui, personne ne peut plus ignorer les conséquences de la torture. Ni sur un peuple, ni sur un individu. Plus personne ne peut dire qu'il ne savait pas. Les victimes, les survivants ont parlé. Tous ceux qui tentent de les aider, de les soigner ont aussi témoigné. Commission vérité et réconciliation ou procès, les paroles sont là, publiques, définitives. Elles sont identiques, d'une génération à l'autre, d'une langue à l'autre, d'un continent à l'autre.

Face à la torture, une entreprise générale et permanente de construction de l'homme

Il est difficile de faire un bilan historique de la torture. A-t-elle progressé? A-t-elle reculé? Comment mesurer ce qui est soigneusement caché et nié? Il reste que des progrès sont réels dans la dénonciation et la traque de la torture ainsi que dans les soins apportés aux victimes. Que les États aient dû se rallier, un à un, à un mouvement abolitionniste est déjà, en soi, une avancée, même si elle est ancienne. Que les gouvernants doivent aujourd'hui masquer leurs agissements et en répondre devant l'opinion publique internationale voire devant des juridictions en est un réel progrès même si la torture n'a pas pour autant disparu. Il existe désormais des règles internationales non seulement pour définir ce qu'est la torture mais, depuis peu, pour procéder à des surveillances dans tous les lieux privatifs de liberté. Certes de nombreux pays – là où le danger est le plus fort – échappent encore à cette réglementation internationale, mais l'important est dans l'idée sur laquelle tous s'accordent : il faut se méfier des pouvoirs et les contrôler. Sans ce regard extérieur, tous les abus sont possibles.

La vraie pyramide du pouvoir

Il est temps de tirer les leçons d'une des principales constatations de ces dernières décennies. Si la torture peut être mise en œuvre partout, y compris dans des démocraties, par des hommes ordinaires, il faut faire preuve d'une méfiance permanente à l'égard de toutes les institutions qui disposent d'une part de la violence légale, sans que personne puisse être à l'abri du soupçon.

Tout pouvoir est une tentation de l'excès. Toute force est une promesse de brutalité. Toute peine est un risque de supplice. Tout interrogatoire peut cacher une torture. Il n'y a pas de fatalité du pire. Mais si le pouvoir ne rencontre pas sur son chemin de quoi le freiner, s'il peut se développer dans l'obscurité, s'il sent que personne ne l'observe ni ne le conteste, qu'aucune voix ne s'élève contre lui, il ira nécessairement vers la facilité de la violence. « Pour qu'on ne puisse abuser du pouvoir, rappelait Montesquieu, il faut que, par la disposition des choses, le pouvoir arrête le pouvoir »[1]. Il faut au moins qu'il puisse être dénoncé, contesté, contrôlé. Cette règle-là reste plus que jamais valable aujourd'hui.

Mais ne nous trompons pas sur le sens du mot « pouvoir ». Au début du XXIe siècle la réalité a peu de rapport avec ce que pouvait penser ou imaginer un magistrat ou un philosophe trois siècles plus

1. Montesquieu, *De l'esprit des lois*, Livre XI, chap. IV.

tôt. Le monde dans lequel nous vivons est celui de la terre entière. Rien de ce qui se passe dans le plus petit pays ne nous est étranger. Le pouvoir a changé de taille. Non seulement grâce aux moyens dont il dispose mais du fait des multiples connexions qui s'établissent d'un pays à l'autre. Les gouvernements et les services d'État disposent d'immenses moyens de fichage, de surveillance, de contrôle, de répression et d'enfermement qui auraient fait pâlir de jalousie tous les tyrans du XXe siècle. Le risque est donc permanent de voir tout cet arsenal mis au service d'un régime dictatorial dont notre siècle n'est pas avare ou d'un nouveau totalitarisme dont nous savons bien que l'avenir n'est pas exempt.

La vigilance est aujourd'hui une nécessité vitale. Nous pouvons certes nous réjouir de voir le droit national et international s'étoffer d'année en année pour construire un système de prévention, d'alerte et de poursuite de plus en plus complet même s'il est loin, très loin d'avoir l'efficacité souhaitée. Comment ne pas se féliciter de voir enfin créées des juridictions internationales, même si elles fonctionnent de façon encore très imparfaite ? Le risque est que l'habitude se prenne de vivre dans ce monde imparfait. Les États totalitaires ont toujours pris la mesure des institutions démocratiques et s'en sont joués. Il n'est que de se rappeler le mépris absolu dans lequel Hitler tenait la SDN.

Il est donc nécessaire que cette vigilance soit non seulement permanente mais généralisée. Les institutions nationales et internationales, à elles seules, ont un pouvoir limité. Elles peuvent, demain, être asphyxiées par une coalition d'États ou simplement par des mesures de restriction budgétaire qui les déposséderont de leurs prérogatives sans même les nier dans leur existence.

C'est à la société civile que revient la charge principale de la sauvegarde des libertés. Toutes les organisations non gouvernementales sont le levier principal de la surveillance et de la résistance. Elles ont l'immense mérite de ne rien laisser passer. Car là est la clé de la vigilance. Fermer les yeux sur les tortures pratiquées au Myanmar ou en Somalie c'est encourager celles qui peuvent se pratiquer partout ailleurs. Ne pas dénoncer Guantanamo c'est permettre l'ouverture d'autres centres de torture n'importe où ailleurs.

Aucun acteur de l'ignominie ne doit être épargné. Certes les responsabilités principales sont au sommet du pouvoir, mais à la base et à tous les échelons intermédiaires prolifèrent les indispensables fonctionnaires de la banalité. Tous ceux qui obéissent et exécutent par habitude, par conviction, par lassitude ou par zèle. Aucun d'entre eux ne doit se sentir à l'abri du soupçon. Étienne de la Boétie décelait avec lucidité l'une des clés de la tyrannie dans cette pyramide du pouvoir où chaque petit détenteur d'une parcelle de puissance a quelque chose à gagner. Face à la torture, ce n'est pas seulement au citoyen de se révolter en prenant conscience de sa force, c'est au fonctionnaire de désobéir. Il peut le faire par conviction. On peut aussi l'y pousser par calcul : qu'il ait plus à y perdre qu'à y gagner. Il doit sentir que dans son amour de l'ordre et du travail bien fait, dans l'accomplissement de son labeur quotidien et sa tranquille obéissance, il n'est à l'abri de rien.

Construire l'homme, c'est reconstruire en permanence cette pyramide du pouvoir. Pour qu'un gouvernement en arrive à autoriser la torture, pour que ses agents en arrivent à la pratiquer froidement, il faut qu'ils aient totalement oublié leur légitimité : être au service des hommes mais surtout de l'homme. La parcelle de violence concédée à l'État n'a aucun autre fondement que le service des autres. L'organisation dont font partie un gouvernant, un fonctionnaire, un militaire, un policier a une mission propre (conduire les affaires d'un pays, défendre un territoire, empêcher la criminalité, etc.) mais cette mission est secondaire par rapport à son essence : servir et respecter tous les hommes dont ils sont les mandants. La hiérarchie que les schémas ordinaires nous montrent au sein de l'État est fausse : elle est simplement le dessin de l'architecte, garant de la solidité du bâtiment, mais non le cœur du projet qui est d'y faire vivre des hommes. Il faut inverser la pyramide du pouvoir. La seule véritable hiérarchie est celle au sommet de laquelle se trouvent les citoyens et à la base les gouvernants. On parle souvent de « serviteurs de l'État », il faut parler de « serviteurs des citoyens ». Contrôler le pouvoir et ses agents n'est donc que respecter l'ordre naturel de l'humanité.

La même condition

Il y a aujourd'hui dans le monde un potentiel ordinaire de dictateurs et de tortionnaires. Le potentiel de victimes est tout aussi constant. Les guerres, officielles ou non, civiles ou non, fournissent leur lot habituel d'ennemis « torturables » à merci. Mais, même sans guerre, dans un monde hanté par le fantasme d'une sécurité sans faille, et qui étend ses contrôles dans tous les secteurs de la vie sociale et au plus intime de la vie de chacun, l'ennemi semble être partout. Des idéologies déshumanisantes sont toujours à l'œuvre, désignant les monstres et les sous-hommes d'aujourd'hui et de demain. Il manque encore parfois quelques uns de ces facteurs que nous avons tenté d'étudier mais qui ne sauraient tarder. Le plus puissants d'entre eux est toujours actif : cette fabrication inlassable de catégories d'êtres inférieurs et de boucs émissaires.

La lutte contre la torture rejoint alors un combat ordinaire, celui pour l'égalité des hommes et l'affirmation d'une commune humanité. Plus personne, évidemment, au début du XXIe siècle, n'ose affirmer ouvertement qu'il existe des sous-hommes, voire des surhommes. Il n'est plus question de race, en ce sens, ni de hiérarchie dans les civilisations. Officiellement du moins. Il n'est pas interdit de le penser mais il est pénalement répréhensible de l'affirmer publiquement. Dès lors surgissent de nouvelles formes sournoises de discriminations. Ainsi, sous couvert de lutte contre l'immigration clandestine, les étrangers en situation irrégulière, les « sans papiers », subissent dans la plupart des pays du monde un statut extrêmement discriminatoire, font l'objet d'enfermements injustifiés, parfois avec leurs enfants, souvent dans des conditions dégradantes et indignes et sont reconduits dans leur pays d'origine au mépris de leur sécurité. De nouveaux « monstres » surgissent qui peuvent faire l'objet d'une haine commune, de traitements inhumains voire de tortures. Les délinquants récidivistes et les délinquants sexuels sont ainsi devenus les cibles de politiques publiques démagogiques qui, plutôt que de chercher à comprendre le pourquoi de cette criminalité complexe avant de la traiter ou de la punir, renvoient ces sujets à des mesures d'exclusion et d'enfermement inhumains, parfois perpétuels. Quant aux terroristes ou présumés tels, s'ils constituent à l'évidence un danger, ils sont devenus la cible de tous les fantasmes et donnent lieu à une surenchère de mesures répressives hors-normes et sont la cible privilégiée de la torture.

Il faut donc livrer bataille pour construire un autre type de société. La lutte contre les discriminations, le racisme, la xénophobie, les exclusions, constitue un premier rempart contre la torture; elle construit en même temps une autre humanité, faite d'égalité et de solidarité. Tout recul, tout lâcheté dans ce combat se paye un jour. C'est qu'il est si facile de se taire, de ne pas voir, d'acquiescer à des arguments faciles pour condamner, sans même les avoir entendus, ces hommes infréquentables, indéfendables, trop inquiétants, trop dérangeants, alors que nous partageons la même condition.

La part lumineuse de l'homme

Au plus profond de la souffrance, à l'avant-dernier degré de la mort, la torture échoue. Elle échoue à tuer l'homme. Son travail de démolition s'arrête là, devant la dernière porte. Elle peut emporter le corps. Mais ce gain est misérable. Pitoyable. Dans le dernier souffle, celui qui permettra peut-être de survivre, il y a encore l'espace d'une parole. Réduite à rien, presque rien. Cet ultime résidu de la vie, c'est la part lumineuse de l'homme. Celle qui a résisté à tous les assauts de l'indignité, à toutes les mécaniques du mal.

C'est cette lumière, cet éclat que l'on retrouve au sortir de certaines nuits. Ce sont les Lumières des philosophes au crépuscule de l'Ancien Régime. C'est la foi des survivants au lendemain de l'Holocauste, des résistants au sortir du nazisme.

Il y a, dans les déclarations des droits de l'homme, la trace des humiliations, des tortures, des exterminations, des génocides. Relisons le préambule de la Déclaration universelle des droits de l'homme de 1948.

> Considérant que la méconnaissance et le mépris des droits de l'homme ont conduit à des actes de barbarie qui révoltent la conscience de l'humanité et que l'avènement d'un monde où les êtres humains seront libres de parler et de croire, libérés de la terreur et de la misère, a été proclamé comme la plus haute aspiration de l'homme.
>
> Considérant qu'il est essentiel que les droits de l'homme soient protégés par un régime de droit pour que l'homme ne soit pas

> contraint, en suprême recours, à la révolte contre la tyrannie et l'oppression[1].

Le principal rédacteur de cette déclaration universelle est René Cassin qui fut aussi le père de la convention européenne de sauvegarde des droits de l'homme et des libertés fondamentales. Leurs articles 5 et 3 qui condamnent absolument la torture se ressemblent étrangement. René Cassin a été condamné à mort par contumace par le régime de Vichy et déchu de sa nationalité française. Trois mois après avoir écrit « L'État-Léviathan contre l'homme et la communauté humaine », il s'était embarqué à Saint-Jean-de-Luz à bord d'un croiseur pour rejoindre, à Londres, la France Libre.

La force de ces principes universels, l'éclat de ces paroles ne terniront jamais. Trouvés au plus profond de l'homme, ils ont été approuvés par des assemblées auxquels participaient des hommes et des femmes de toutes origines, de toutes confessions. Ils sont un socle d'humanité que rien ne peut atteindre et qui échappent à toute entreprise de démolition. Les interdits qu'ils posent sont absolus. Dans la convention internationale de 1984 sur la torture, l'essentiel est dans l'article 2 :

> Aucune circonstance exceptionnelle, quelle qu'elle soit, qu'il s'agisse de l'état de guerre ou de menace de guerre, d'instabilité politique intérieure ou de tout autre état d'exception, ne peut être invoquée pour justifier la torture[2].

Il n'y a donc aucun raisonnement à développer, aucune justification à rechercher, aucune argumentation à contrecarrer.

Certes l'homme est un sujet « merveilleusement vain, divers et ondoyant », constatait Montaigne dont quelques ancêtres marranes s'étaient consumés dans des autodafés, mais il ne peut vivre sans absolus et interdits qui le définissent et le construisent.

1. http://www.un.org/fr/documents/udhr/
2. http://www2.ohchr.org/french/law/cat.htm

INDEX DES NOTIONS, DES ŒUVRES ET DES ÉVÉNEMENTS

INDEX DES NOMS, DES LIEUX ET DES INSTITUTIONS

TABLE DES MATIÈRES

Imprimerie de la manutention à Mayenne (France) - Janvier 2011 - N° 629259E
Dépôt légal : 1er trimestre 2011